RELACIÓNATE

Comunicación avanzada

STASIE HARRINGTON
University of Wisconsin-Madison

TAMMY JANDREY HERTEL
Lynchburg College

HEINLE
CENGAGE Learning

AUSTRALIA ■ BRAZIL ■ CANADA ■ MEXICO ■ SINGAPORE ■ SPAIN ■ UNITED KINGDOM ■ UNITED STATES

HEINLE
CENGAGE Learning

Relaciónate: *Comunicación avanzada*
Stasie Harrington and Tammy
Jandrey Hertel

VP, Editorial Director: PJ Boardman

Publisher: Beth Kramer

Executive Editor: Lara Semones

Acquiring Sponsoring Editor: Judith Bach

Editorial Assistant: Gregory Madan

Managing Media Editor: Morgen Gallo

Associate Media Editor: Patrick Brand

Executive Brand Manager: Ben Rivera

Market Development Manager: Courtney
Wolstoncroft

Senior Content Project Manager: Aileen
Mason

Senior Art Director: Linda Jurras

Manufacturing Planner: Betsy Donaghey

Rights Acquisition Specialist: Jessica Elias

Production Service: Nesbitt Graphics/
Cenveo

Cover Designer: Harold Burch

Interior Designer: One Visual Mind/Hecht
Design

Cover Images: © Getty images

Compositor: Nesbitt Graphics/Cenveo

For product information and technology assistance, contact us at
Cengage Learning Customer & Sales Support, 1-800-354-9706

For permission to use material from this text or product,
submit all requests online at **www.cengage.com/permissions.**
Further permissions questions can be emailed to
permissionrequest@cengage.com.

Library of Congress Control Number: 2012951382

Student Edition
ISBN-13: 978-1-133-60424-2
ISBN-10: 1-133-60424-2

Heinle
20 Channel Center Street
Boston, MA 02210
USA

Cengage Learning is a leading provider of customized learning solutions
with office locations around the globe, including Singapore, the United
Kingdom, Australia, Mexico, Brazil and Japan. Locate your local office at
international.cengage.com/region

Cengage Learning products are represented in Canada by Nelson Educa-
tion, Ltd.

For your course and learning solutions, visit www.cengage.com.

Purchase any of our products at your local college store or at our pre-
ferred online store **www.cengagebrain.com.**

Instructors: Please visit **login.cengage.com** and log in to access
instructor-specific resources.

Printed in Canada
1 2 3 4 5 6 7 16 15 14 13 12

SCOPE AND SEQUENCE

© Getty Images/Gavin Hellier

TO THE STUDENT

Relaciónate: Comunicación avanzada is the title of this new and innovative conversation and composition textbook because it has been specifically created for advanced language learners like you. As an advanced language learner, you have learned a lot about the Spanish language and have the lexical and grammatical knowledge necessary to express yourself. Nevertheless, it is quite common at this stage in your language acquisition to feel uncertain at times about how to communicate and interact with native speakers in an accurate and culturally appropriate manner. *Relaciónate* will prepare you for such interaction by providing you with the tools and practice necessary to help you to continue building on and improving your listening, speaking, reading, and writing skills.

The most innovative and exciting aspect of **Relaciónate** is that its content is based on the popular Spanish television series *La que se avecina*. A spin-off of one of the most successful Spanish television series of all times, the video episodes from this situational comedy are not only entertaining, but more importantly, provide you with authentic input and cultural content that you will then use as a springboard for further interactive communication in Spanish. Let's see how...

- Since **Relaciónate** is unified and organized by the content of *La que se avecina*, the text and its chapters are cohesive and easy to follow. Characters, themes, and even vocabulary repeat themselves from episode to episode. You will come to know the characters, contexts, and ongoing plots, which in turn will make the television series more and more accessible to you as you progress through the textbook chapters.

- *Relaciónate* draws its **vocabulary** and **grammar** directly from the video episodes that you will watch in each chapter and thus consistently provides you with contextualized, authentic examples of the Spanish language.

  - **Vocabulary.** In order to help you keep thinking and communicating in Spanish at all times, the vocabulary of **Relaciónate** is not translated to English but rather is explained in Spanish in the end-of-chapter *Glosario*, which includes both "regular" vocabulary and an informal / colloquial vocabulary section called *Aquí se habla así*. This unique presentation and accompanying practice of informal language and colloquial expressions from around the Spanish-speaking world will prepare you to speak in a less formal and more colloquial variety of Spanish. Finally, complementing the regular and informal / colloquial vocabulary is a *Vocabulario confuso* section that focuses on expressions that often cause problems for English speakers.

  - **Grammar.** Since you are an advanced language learner, all of the activities in the textbook have been created to give you contextualized, communicative practice of the language structures being reviewed in each chapter. On the Premium Website, you will find brief grammar explanations and additional self-correcting practice activities that provide you with extra support and practice with the targeted advanced-level structures.

- *Relaciónate* includes **conversational strategies** and **pronunciation** in each chapter. The *Estrategias conversacionales* section includes conversational strategies that will help you perform real-world functions (e.g., interrupting, stalling / buying time, apologizing) in situations of varying levels of formality. The *Pronunciación* section presents aspects of Spanish pronunciation that prove difficult for English speakers learning Spanish. The practice provided in these sections will not only benefit your oral proficiency and intercultural competence, but also help you to feel more confident when conversing in Spanish.

- In each chapter of **Relaciónate** you will be presented with an **authentic reading** from various Spanish-speaking countries that expands on the chapter themes and provides you with additional cultural information. The *Lecturas culturales* have been carefully selected so as to be of interest to advanced language learners like you. These sections include pre-reading and post-reading activities that not only ask you to demonstrate your comprehension but also to go beyond the texts themselves and to share and discuss your experiences and opinions on the issues and cultural topics that are raised.

- In addition to the video episodes from the Spanish television sitcom *La que se avecina*, **Relaciónate** provides you with additional **authentic listening practice** and **cultural exploration** at the end of each chapter in the *Extensión: Voces de Latinoamérica* section. So as to expose you to more varieties of Spanish, unscripted video interviews of Latin American Spanish native speakers from Argentina, Colombia, Costa Rica, Cuba, Mexico, and Peru are provided on the Premium Website. The accompanying textbook activities invite you to reflect on the native speakers' experiences and opinions regarding the chapter themes and also give you the opportunity to share your own cultural perspectives.

- *Relaciónate* includes both shorter, **less formal writing assignments** in every chapter as well as optional **process-oriented writing assignments** in every other chapter (2, 4, 6, 8). The inclusion of both types of writing allows you to practice and develop your written language skills in different contexts and for a variety of real-world purposes and target audiences. For all of the longer, process-oriented writing assignments you will be provided with step-by-step guidance as you describe, express, and defend your opinion, and write expository and argumentative essays.

It is now time for **you** to **Relaciónate**! We hope that you enjoy the journey.

PROGRAM COMPONENTS

TEXTBOOK

1. Preparación

- **Práctica de vocabulario.** This section includes a variety of activities that focus on both the "regular" chapter vocabulary, as well as the informal / colloquial expressions from *Aquí se habla así*. All of these vocabulary words are taken from the chapter's *La que se avecina* episode in order to prepare you for viewing the episode. The first vocabulary activity of each chapter previews (Chapter 1) or reviews and previews (Chapters 2–8) the episode you are about to watch and has you complete the summary with key vocabulary from the episode. You will also be presented with direct quotes from the episode to complete with the chapter's vocabulary as well as creative, open-ended, and personalized activities that will allow you to use all of the vocabulary under study to express and share your ideas and opinions.

2. A ver el video

- **Información de fondo: Cultura.** In this section you will research background information that will help you better understand the cultural references made during the television episode.

- **Charlemos un poco antes de ver.** This section includes questions that activate your background knowledge, help you to anticipate and make predictions, and generally get you thinking more about the episode you are about to watch. Your instructor may have you answer these questions in small groups and/or may assign them for homework in the form of a **diario**, or journal, to provide you with informal writing practice.

- **Comprensión y conversación.** This section includes post-viewing listening comprehension activities, as well as small group discussion tasks in which you are asked to share your opinions regarding specific themes or ideas related to the episode you viewed.

- **Expansión.** This section contains two creative follow-up activities based on the content of the episode. The first activity, **Diario**, is an open-ended, informal writing assignment. The second activity, **Diálogo**, is a small group role-play in which you create and enact scenes based on the episode you viewed.

3. Mejoremos la comunicación

- **Vocabulario confuso.** This section focuses on vocabulary expressions that often prove challenging for English speakers (e.g., *to take* = **sacar, quitar, retirar, coger, tomar,** depending on the context). Following the presentation of the expressions, there are practice activities with specific examples taken from the video episode, as well as more creative, open-ended practice activities.

- **Gramática: práctica comunicativa.** This section contains contextualized and communicative activities that target the grammatical structure being reviewed. You will also find a brief grammatical explanation and self-correcting practice exercises on the Premium Website.

- **Pronunciación.** This section includes a brief explanation of a common pronunciation difficulty for English-speaking learners of Spanish, followed by a pronunciation activity based on a dialogue excerpt from the chapter's video episode.

- **Estrategias conversacionales.** This section focuses on a particular linguistic function (e.g., apologizing, calling someone's attention / interrupting) and a variety of ways to express the function in specific contexts. A special focus is given to using appropriate levels of formality / politeness. Following the explanation you will work with quotes from the video episode that include the expressions, and practice using them in role-play situations of varying levels of formality.

4. Más allá

- **Lectura cultural.** These authentic cultural readings are topically related to each chapter's *La que se avecina* video episode. This section includes a previewing activity that prepares you for the reading, a post-viewing comprehension activity, and a post-viewing open-ended activity (**Vamos más a fondo**) that prompts you to express your opinions, relate the reading to your own lives, and to "dig deeper" into the cultural issues treated in the reading.

- **Extensión: Voces de Latinoamérica.** This section includes unscripted videos of native speakers from a variety of Latin American countries discussing the chapter themes. It includes a comprehension task and open-ended discussion questions in which you make cultural comparisons and express your opinions.

- **Grabación.** Using the videos from *Voces de Latinoamérica* as a model, you record your own videos about each chapter's theme, from your own cultural perspective.

- **Escritura.** Every other chapter (Ch. 2, 4, 6, 8) includes a process-writing assignment with a specific purpose (e.g., to describe, to persuade). Questions are included to guide you through the pre-writing, draft writing, and editing stages.

5. Glosario.

At the end of each chapter there is a list of all of the focused vocabulary for the chapter, with definitions and examples in Spanish. The list is divided into two sections, the "regular" *Vocabulario* and *Aquí se habla así* informal / colloquial expressions. The *Aquí se habla así* expressions are supplemented with Latin American equivalents for the Spain-specific expressions whenever possible, since these expressions vary greatly by region.

Premium Website

- Streaming video of the *La que se avecina* episodes that correspond to each chapter

- Downloadable *Voces de Latinoamérica* videos of native speakers from a variety of Latin American countries, discussing chapter themes

- Search terms and links to websites with cultural information corresponding to the *Información de fondo: Cultura* section

- Grammar explanations and self-correcting grammar practice activities that complement the communicative grammar activities in the textbook

- Audio files from the episode, corresponding to the pronunciation practice activity for each chapter

ACKNOWLEDGMENTS

Many thanks to our reviewers, who helped shape the direction of our efforts along the way.

Laurel Abreu   University of Southern Mississippi

Mary Baldridge   Carson-Newman College

Anne Becher   University of Colorado-Boulder

Elizabeth Bruno   University of North Carolina - Chapel Hill

Flor Maria Buitrago   Muhlenberg College

Luis Cano   University of Tennessee - Knoxville

Beatriz Cobeta   George Washington University

Heather Colburn   Northwestern University

Ava Conley   Harding University

Caryn Connelly   Northern Kentucky University

Barbara Domcekova   Birmingham-Southern College

Otis Elliott   Southern University

Rafael Falcon   Goshen College

Charlene Grant   Skidmore College

Todd Hernandez   Marquette University

Carmen Jany   California State University - San Bernardino

Herman Jara-Droguett   The University of Akron

Deborah Kessler   Bradley University

Lina Lee   University of New Hampshire

Maria Luque   DePauw University

Debora Maldonado-DeOliveira   Meredith College

Marilyn Manley   Rowan University

Carlos Martinez   New York University

Phyllis Mitchell   Wheaton College

Jorge Munoz   Auburn University

Jerome Mwinyelle   East Tennessee State University

Claudia Ospina   Wake Forest University

Conny Palacios   Anderson University

Susan Pardue   University of Mary Hardin-Baylor

Bryan Pearce-Gonzales   Shenandoah University

Jacqueline Ramsey   Concordia University

Timothy Reed   Ripon College

Isidro Rivera   University of Kansas

Debra Rodriguez   Hiram College

Judy Rodriguez   California State University - Sacramento

Francisco Solares-Larrave   Northern Illinois University

Janie Spencer   Birmingham-Southern College

Leonor Vazquez-Gonzalez   The University of Montevallo

Sarah Williams   University of Pittsburgh

Jiyoung Yoon   University of North Texas

Theresa Zmurkewycz   Saint Joseph´s University

We are also thankful to our colleagues who reviewed the on-line grammar component of the textbook: Eva-María Suárez Büdenbender, Tina Christodouleas, Rachel Knighten, Mariam Kummetz, Edwin Lamboy, Gillian Lord, Kern Lunsford, Tim Reed, Georg Schwarzmann, and Lety Temoltzín.

In addition, we thank: Barbara Rodríguez-Guridi for her transcription work, Gillian Lord for her phonetics / phonology expertise, the native speakers (Axel Presas, Jaime Vargas Luna, Laissa Rodríguez Moreno, Marilyn Jones, María del Pilar Casal, and María Rocío Ramírez Cornejo) who shared their perspectives in the *Voces de Latinoamérica* video interviews, and the many other friends and colleagues who supported our efforts along the way.

We would both like to express our thanks to the many people from Heinle-Cengage who helped bring this project to fruition: Beth Kramer, Judith Bach, Heather Bradley Cole, Sara Dyer, Harold Swearingen, and our invaluable developmental editor, Kristin Swanson, as well as the other Heinle-Cengage colleagues and freelancers with whom we worked: Natalie Hansen, Aileen Mason, Carolyn Nichols, Adam Abelson, Shirley Webster, Veruska Cantelli, Janet Gokay, María Pérez, and Grisel Lozano-Garcini.

A mi marido Manuel, a mis preciosos hijos Diego y Marc, a mis padres y a mi co-autora Tammy. Manuel, this textbook project was born in Madrid as we shared many a laugh watching *La que se avecina*; *gracias por compartir esos momentos conmigo y por tu apoyo mientras se desarrollaba este proyecto*; thank you Diego and Marc for your smiles and hugs; thanks to my parents for taking such wonderful care of their grandchildren and while doing so giving me time to work on this project; and a special thanks to Tammy, my co-author, for her creativity, insights and passion for teaching, and for sharing every step of this journey with me. —S.H.

I would like to thank my husband, Jay, for his support and encouragement throughout this project; *mis hijitos lindos*, Reese and Sonia, for their patience and excitement about "the book"; my parents, without whom I would not have traveled this road; and my co-author, Stasie, for making this long and sometimes arduous process fun and rewarding. —T.H.

CAPÍTULO 1

A conocernos

¡Bienvenidos a *Relaciónate*! En este capítulo empezarán a conocer la serie *La que se avecina* y a sus personajes.

© Telecinco en colaboración con Alta Adriática

VOCABULARIO CONFUSO
traer, llevar, llevarse bien / mal

GRAMÁTICA
Los pronombres de objeto directo e indirecto

PRONUNCIACIÓN
Las vocales átonas

ESTRATEGIAS CONVERSACIONALES
Disculparse, llamar la atención y pedir permiso

LECTURA CULTURAL
El rechazo a magrebíes y gitanos en las aulas supera a las otras culturas

VOCES DE LATINOAMÉRICA
La xenofobia

© Ken Welsh / Alamy

PREPARACIÓN

A. INTRODUCCIÓN El siguiente texto incluye una introducción a los personajes de la serie *La que se avecina*. En cada capítulo de *Relaciónate*, verás un episodio de esta serie española de humor que cuenta las aventuras de una comunidad de vecinos ficticia situada en una nueva urbanización llamada "El Mirador de Montepinar" en la calle Ave del Paraíso, número 7, a las afueras de Madrid. El edificio se compone de diez viviendas y un local comercial. Lee la información a continuación sobre los habitantes de las viviendas y luego completa el plano del edificio con los nombres correctos.

En lo más alto del edificio hay dos áticos dúplex. En el ático A vive Sergio, un joven soltero que es estrella de culebrones (telenovelas) y en el B viven Javier "Javi" y Dolores "Lola", una pareja de recién casados.

Por debajo de los áticos dúplex, hay tres pisos (apartamentos) en la segunda planta. En el 2ºA viven Amador y Maite, un matrimonio con tres hijos. Los vecinos llaman a esta pareja "los Cuquis" porque emplean con mucha frecuencia el apodo afectuoso "cuqui" cuando se hablan entre sí. Un vecino de "los Cuquis" es un habitante misterioso que vive en el 2ºC. Este nunca sale de su piso y nunca paga las cuotas de comunidad obligatorias y por lo tanto recibe el apodo de "el Moroso". Más adelante, Vicente y Gregoria "Goya", los padres de Javi del ático dúplex B, acaban comprándole el 2ºB a una joven llamada Cristina "Cris" que se ve obligada a venderlo y trasladarse a un piso de alquiler en la primera planta, el 1ºA. Más tarde veremos que lo compartirá con un compañero de cuarto cubano llamado Silvio.

También en la primera planta vive Leonardo "Leo", un hombre soltero que ejerce como vicepresidente de la comunidad y, según piensan los vecinos, es bastante pesado. Y completando la planta están los Recio, los vecinos del 1ºC. Los Recio, o en palabra de los vecinos "los Rancio", lo compone el matrimonio entre Antonio y Berta. Esta pareja católica, rígida y sin sentido del humor, se ocupa de quejarse de lo que hacen todos los demás vecinos.

En la planta baja se sitúan los bajos con jardín A y B. Puesto que todavía está a la venta el Bajo A, ahí se encuentra el piso piloto donde trabajan Eric y Joaquín, dos vendedores de la empresa constructora, junto con Raquel, su jefa. Un poco más tarde veremos que el piso piloto será tomado por unas "okupas" (o sea, Izaskun y María Teresa "Mari Tere", dos señoras mayores que decidieron fugarse de una residencia de ancianos). El Bajo B lo compra Enrique, un concejal del ayuntamiento local, para que su familia tenga un hogar nuevo. También en la planta baja hay un local donde la esposa de Enrique, Araceli, ha montado una peluquería. Sus dos empleados, Fabio (un argentino) y Sandra, la becaria, aunque no son personajes principales, se añaden al reparto de personajes excéntricos del edifico.

Finalmente, dos personajes que no viven en la urbanización, pero que participan en los acontecimientos de los vecinos, son Máximo "Maxi", el conserje, y Jorge "Coque", el jardinero.

Un(a) okupa es un ocupante ilegal de viviendas deshabitadas. En la serie veremos que Izaskun y Mari Tere deciden "ocupar" el piso piloto del edificio y la serie satiriza el movimiento okupa verdadero en el cual los okupas reclaman una redistribución de los recursos económicos de forma eficiente e igualitaria, y habitan edificios desocupados y abandonados.

PLANO DE LA URBANIZACIÓN "EL MIRADOR DE MONTEPINAR", CALLE AVE DEL PARAÍSO, NÚMERO 7

Ático dúplex A

_____ **Arias**

[Primero vive solo pero luego vendrá a vivir con él su hermano Joaquín Arias, el que le vendió el piso.]

Ático dúplex B

Dolores "_____" Trujillo y Javier "Javi" Maroto

2°A

Amador Rivas y _____ Figueroa (los "Cuquis") y sus hijos Carlota, Rodrigo y Fernando

2°B

_____ **Maroto y Gregoria "Goya" Gutiérrez**

2°C

El _____

Shutterstock

1°A

Cristina "Cris" Aguilera y _____ Ramírez

1°B

Leonardo "Leo" Romaní

1°C

_____ **Escobar y Antonio Recio** [y a veces su hijo Álvaro]

Images © Telecinco en colaboración con Alba Adriática

(continúa en la siguiente página)

Local comercial	Bajo A	Bajo B

La peluquería de Araceli Madariaga donde trabajan Fabio Sabatani y _____ Espinosa	**Piso piloto donde trabajan Joaquín Arias, _____ Villanueva y Eric Cortés** **... y luego viven María Teresa "Mari Tere" Valverde e _____ Sagastume, las "okupas"** 	 **_____ Madariaga, Enrique Pastor, Francisco "Fran" Javier Pastor Madariaga, su hijo, y doña Charo de la Vega, la madre de Araceli**

Máximo "Maxi" Angulo (el portero / conserje)
y Jorge "Coque" Calatrava (el jardinero)

B. PREDICCIONES Trabajando en grupos de tres o cuatro personas, contesten las siguientes preguntas. ¿Tienen predicciones y opiniones parecidas sobre lo que van a ver? Estén listos para compartir sus respuestas con la clase.

1. ¿Qué saben de Madrid y de los tipos de viviendas (apartamentos o pisos, casas y comunidades) que hay en el centro y en las afueras? Según la empresa constructora, la urbanización El Mirador de Montepinar es de lujo y está en una zona de "alto standing". ¿Creen que será así o tendrá algún defecto? (Pista: ¡Recuerden que la serie es una comedia en la que *todo* se exagera y de ahí viene el humor!)

2. Cris tiene que vender el 2°B a Vicente y a Goya, los padres de Javi, pocos días después de comprarlo. ¿Qué contratiempo le habrá ocurrido para que tuviera que vender su piso nuevo?

3. ¿De qué se quejarán los Recio? ¿Por qué?

4. Enrique está muy emocionado con la compra del Bajo B pero los demás miembros de su familia no comparten su alegría. ¿Por qué será?

Práctica de vocabulario

Antes de hacer las actividades de esta sección, repasa la lista de palabras nuevas y sus definiciones en el **Glosario** de las páginas 26–28.

© Telecinco en colaboración con Alba Adriática

C. A COMPRAR UN PISO

PASO 1: Los pasos que uno sigue a la hora de comprar un piso pueden variar mucho según su situación económica. A continuación se presentan dos ejemplos distintos basados en las experiencias de varios personajes de la serie *La que se avecina*. Primero lee la información de fondo sobre los personajes que viven en los dos áticos del edificio y luego ordena los pasos que siguieron. El vocabulario nuevo que vas a aprender se indica en **negrita.**

© Telecinco en colaboración con Alba Adriática

De profesión, **Sergio Arias** es el actor que interpreta al doctor Ventura en el **culebrón** del momento, *La pecaminosa*. Debido a su éxito, Sergio tiene dinero de sobra. Su madre le ha pedido que le compre un **piso** de los que vende Joaquín, su hermano menor.

Los pasos (1–5) que siguió Sergio a la hora de comprar su piso:

_____ Al tener altos ingresos como actor de telenovela, su banco le concede una **hipoteca** sin **aval.**

_____ **Estrena** el ático amueblado con una gran fiesta en la cual se divierte con sus compañeros de reparto de la telenovela y muchas mujeres guapísimas, ¡cómo no!

_____ A petición de su madre y como favor a Joaquín, su hermano menor, elige el ático A de la urbanización "El Mirador de Montepinar".

___1___ En vez de seguir viviendo de alquiler, decide **invertir** su dinero en la compra de un piso propio.

_____ Ahora con los papeles bancarios firmados, le pide la llave a Joaquín y la deja con el nuevo **conserje** del edificio para que él se encargue de abrirle la puerta a su decoradora personal y a los empleados que ella contrate.

Javier "Javi" Maroto y Dolores "Lola" Trujillo acaban de casarse. Poco después de instalarse en su nuevo hogar, Goya y Vicente, los padres de Javi, los sorprenden con la noticia de que ellos han vendido su apartamento en el centro de la ciudad para poder mudarse también a la urbanización "El Mirador de Montepinar". ¡Serán vecinos!

© Telecinco en colaboración con Alba Adriática

Los pasos (1–5) que siguieron Javi y Lola a la hora de comprar su piso:

_____ Javi y Lola encuentran un ático que les encanta y, unos días antes de su boda, piden cita con una agente del promotor e intentan **regatear** el precio del ático.

_____ Ahora con poco más que su ropa, los regalos de la boda que recibieron y el **felpudo** de bienvenidos que acaban de comprar, Javi y Lola empiezan a amueblar su nuevo hogar.

__1__ Puesto que no conocen el **mercado inmobiliario**, Javi y Lola le piden consejo a una amiga que es agente inmobiliaria. Ella les avisa que en el centro de Madrid solo encontrarán pisos de precio inasequible y les aconseja que miren urbanizaciones de nueva construcción en las afueras de la ciudad.

_____ Tras hablar con varios bancos, Javi y Lola no tienen otro recurso que pedirles a los padres de Javi que les **avalen** con sus firmas un préstamo bancario.

_____ A pesar de que la agente del promotor se niega a bajar el precio ni un euro y se sienten decepcionados, Javi y Lola siguen enamorados del sueño de tener su propio hogar y empiezan a hacer números.

PASO 2: Ahora piensa en tu primera experiencia como comprador(a) o inquilino(a) de una vivienda. Si todavía no has tenido la experiencia de comprar tu primer hogar, intenta recordar cómo llegaste a alquilar un piso o solicitar una habitación en una residencia estudiantil de tu universidad. Haz una lista de los pasos que seguiste y luego compártelos con un(a) compañero(a) de clase. ¿Tuvieron experiencias semejantes o diferentes? ¿Por qué?

D. ASOCIACIONES Decide cuál de las palabras de cada grupo **no** se asocia con las palabras indicadas.

1. dinero
    a. impuestos   **b.** regatear   **c.** madrugar   **d.** avalar

2. delito
    a. chantaje   **b.** denunciar   **c.** bandas   **d.** agacharse

3. mercado inmobiliario
    a. subsanar   **b.** hipoteca   **c.** piso   **d.** invertir

4. acción negativa
    a. castigar   **b.** estropear   **c.** atropellar   **d.** estrenar

5. apartamento
    a. piso   **b.** culebrón   **c.** conserje   **d.** llamar al timbre

E. UN CUENTO COLABORATIVO

PASO 1: Saca una hoja de papel y empieza a escribir un cuento espontáneo y creativo, utilizando tantas palabras de vocabulario como sea posible. La primera oración del cuento es: "Había una vez una familia feliz que vivía en una casa muy bonita".

PASO 2: Cuando tu profesor(a) te lo diga, deja de escribir, y pasa tu hoja de papel a la izquierda. Lee lo que escribió la persona a tu derecha y sigue escribiendo ese cuento, otra vez incorporando tanto vocabulario como sea posible. Este paso se repite varias veces.

PASO 3: Cuando lo indique tu profesor(a), recoge tu cuento original, léelo y escribe un final. Luego compártelo con unos compañeros de clase en grupos pequeños. ¿Quién tiene el cuento más creativo?

Andresr/Shutterstock.com

Aquí se habla así: Introducción

En esta sección, como complemento del vocabulario regular de cada capítulo, vas a tener la oportunidad de reconocer en contexto, analizar y practicar el uso adecuado del vocabulario **coloquial**, que se encuentra en la sección del **Glosario** llamada *Aquí se habla así* (páginas 29-30).

En el diccionario, la *categoría sintáctica* de una palabra se identifica con abreviaturas.

En el **Glosario** al final del **Capítulo 1**, encontrarás una lista de todas las *abreviaturas* que se emplean en las definiciones para todas las palabras de vocabulario de cada capítulo.

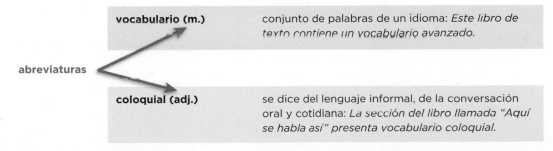

vocabulario (m.)   conjunto de palabras de un idioma: *Este libro de texto contiene un vocabulario avanzado.*

abreviaturas

coloquial (adj.)   se dice del lenguaje informal, de la conversación oral y cotidiana: *La sección del libro llamada "Aquí se habla así" presenta vocabulario coloquial.*

F. SITUACIONES ¿Cómo responderías? Lee las situaciones a continuación y luego emplea el vocabulario coloquial de este capítulo para responder.

Consulta la página 29 para ver la lista completa.

Modelo: Tu hermano(a) menor te molesta, cantando repetidamente una canción que detestas.

*¡Ya estoy **quemada!** Si sigues **dando la lata,** voy a llamar a mamá.*

1. Un(a) amigo(a) te llama para invitarte a salir, pero ya tienes planes.

2. Tu novio(a) te da un regalo sorpresa.

3. Tu padre sugiere que salgan a comer a un restaurante elegante.

4. Tu hermano(a) te hace una pregunta indiscreta sobre tu vida amorosa.

5. Un(a) amigo(a) está cansado(a), triste y desanimado(a) porque no puede encontrar trabajo.

6. Tu familia va a salir, pero tu hermano(a) lleva ropa sucia y tiene el cabello despeinado.

7. Hablas con un(a) amigo(a) sobre un(a) compañero(a) de cuarto que siempre sale de fiesta.

8. Le pides permiso a tu madre para usar su coche, pero te responde que tienes que usar el otro coche de la familia, que es viejo y feo.

G. UN DIÁLOGO ORIGINAL Con un grupo de compañeros de clase, imaginen que son amigos que viven juntos en el mismo piso. Escojan una situación específica: que están dando una fiesta para estrenar el piso, que están cenando informalmente entre semana, etc. Escriban un diálogo original, incorporando por lo menos *seis* expresiones del vocabulario de **Aquí se habla así.** Luego van a representar el diálogo para sus compañeros de clase.

© Radius Images / Alamy

A VER EL VIDEO

🌐 INFORMACIÓN DE FONDO: CULTURA
URLs

> El sitio web de *Relaciónate* tiene unos enlaces y términos de búsqueda para ayudarte a empezar. Si tienes amigos hispanos, también puedes entrevistarlos para aprender más sobre algunos de los temas.

Busca información sobre los temas a continuación como preparación para ver el primer segmento de *La que se avecina*. Compartirás la información que encuentres con tus compañeros de clase.

- El problema del acceso a la vivienda: ¿Por qué existe este problema en España? ¿Existe un problema semejante en EE. UU. y/o en Latinoamérica? Incluye en tu investigación los temas que siguen: okupas y la burbuja inmobiliaria en España.

- Los culebrones en el mundo hispano: ¿Qué son? ¿Son populares? Compáralos con los programas semejantes de EE. UU.

- Las características del habla del centro de España: ¿Cuáles son algunas de las características distintivas de la pronunciación y la gramática del centro de España?

Charlemos un poco antes de ver

A. NUESTRAS OPINIONES Habla con tus compañeros de clase sobre las preguntas que siguen, las cuales los prepararán para ver el primer segmento de *La que se avecina*.

1. ¿Qué tipos de programas de televisión ven? ¿Prefieren comedias, dramas, culebrones, los *reality shows*, etc.? ¿Han visto programas de televisión en español antes? ¿Qué programas y de qué países?

2. El programa que van a ver se basa en las relaciones entre vecinos que viven en un edificio de pisos. En España es más común vivir en un piso que vivir en una casa grande. ¿Cuáles son las ventajas y desventajas de cada tipo de vivienda? ¿Qué tipo de vivienda prefieren?

3. ¿Qué comodidades son importantes cuando buscan un apartamento o una casa? Pongan los siguientes factores en orden de importancia, primero individualmente, y luego hablen en grupo de sus prioridades para compartir con la clase.

_____ ubicación	_____ muchos baños	_____ cocina grande
_____ precio	_____ electrodomésticos modernos	_____ patio grande (mucho espacio afuera)
_____ tamaño		
_____ moderno / nuevo	_____ amueblado	_____ vecinos amables
_____ antiguo / con carácter	_____ bonita decoración	_____ ¿otros?

Repasemos los personajes antes de ver

B. ¿QUIÉNES SON? Conociste a los personajes de la serie en la primera actividad de este capítulo. Antes de ver el primer segmento vamos a repasar un poco más la información sobre ellos. Mira las siguientes fotos de los personajes. Luego escribe el nombre de cada uno al lado de su descripción.

Maxi y Coque

Leo

Lola y Javi

Mari Tere e Izaskun

Araceli y Enrique

Sergio

Berta y Antonio

Vicente y Goya

Cris (y Agustín)

Amador y Maite

Fabio y Sandra

Joaquín, (Raquel) y Eric

Images © Telecinco en colaboración con Alba Adriática

1. Una pareja infeliz y paranoica _____
2. Una pareja de recién casados; uno es presidente de la comunidad _____
3. Un actor famoso de un culebrón, hermano de Joaquín _____
4. Una pareja "esnob"; "los Cuquis" _____
5. Una mujer joven neurótica, soltera; al principio del episodio piensa casarse _____
6. Dos prejubilados, padres de Javi _____

7. Trabajan en la peluquería; una joven insegura y torpe y un argentino gay _____

8. El conserje algo loco _____

9. Esposo de Araceli y padre de Fran _____

10. Dos vendedores de pisos _____

11. El jardinero; recién salido de la cárcel _____

12. Dueña de la peluquería, esposa de Enrique, madre de Fran e hija de doña Charo _____

13. Dos señoras mayores, okupas del piso piloto _____

14. Un "pesado", vicepresidente de la comunidad _____

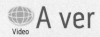 A ver

 Video

Ahora mira el segmento para el **Capítulo 1**.

Comprensión y conversación

C. ¿ENTENDISTE? ¿Conoces a los personajes?

PASO 1: Tu profesor(a) va a poner una hojita con el nombre de uno de los personajes en tu espalda. Tienes que hacerles muchas preguntas de tipo "sí o no" a tus compañeros de clase para determinar quién eres.

PASO 2: Siéntate con la familia o los amigos de tu personaje. (Si tu personaje no tiene amigos / familia, júntate con otro personaje que tampoco tenga.) Con tu grupo, discutan las características de cada personaje. ¿Qué opinan de cada uno? ¿Qué problemas tienen y qué predicciones tienen Uds. para ellos?

PASO 3: Cada estudiante del grupo comparte las características, opiniones y predicciones más importantes para su personaje con la clase, y la clase responde.

D. ¿QUÉ OPINAS? Hay muchos conflictos en este segmento. Vamos a repasarlos y a compartir nuestras reacciones.

1. ¿Cómo responde Javi en varias escenas cuando todos se quejan y le piden ayuda? ¿Qué harías tú si fueras Javi? ¿Y si fueras Lola? ¿Y si fueran los residentes de la comunidad, con tantos desperfectos?

2. ¿Cómo responde Araceli, a diferencia de Enrique, durante las tres escenas en las que ellos tienen un conflicto con Berta (y Antonio)? ¿Qué habrías hecho tú en su lugar?

3. ¿Cómo reacciona Cris cuando rompe con ella Agustín? ¿Qué habrías hecho tú en su lugar?

© Telecinco en colaboración con Alba Adriática

4. ¿Cuál es el conflicto que tienen los dos hermanos, Sergio y Joaquín? ¿Cómo se portan los dos? Si tienes hermanos(as), ¿te sientes identificado(a) con esa escena? ¿Cómo te llevas con ellos(as)?

© Telecinco en colaboración con Alba Adriática

5. ¿Qué otros conflictos notaste o te parece que van a surgir durante la próxima mitad del episodio?

EXPANSIÓN

1. **Diario** Es posible que tu profesor(a) pida que escribas en un diario de clase, en el cual puedes expresarte de manera más informal que en las composiciones, centrándote más en la fluidez que en la forma. En la entrada para este capítulo, contesta la siguiente pregunta: Si pudieras ser cualquier personaje de la serie, ¿quién te gustaría ser? Explica por qué.

2. **Diálogo** En pequeños grupos, escojan una escena conflictiva y escriban un nuevo guión, cambiando la manera en que se resuelve el conflicto. Luego realicen el diálogo para la clase. Los compañeros decidirán qué versión prefieren, la de la serie o la de ustedes.

Vocabulario confuso

To bring / take (y otros significados de **llevar**)

traer	to bring / take something or someone to a destination <u>where the speaker already is</u>	Señorita, ¿me **trae** un cafecito, por favor? Cuando vengan a visitarme, mis padres me van a **traer** un televisor nuevo.
llevar	1. to bring / take something or someone to a destination <u>other than where the speaker is</u> 2. to wear 3. to spend time in a particular situation	1. Vamos a **llevar** un pastel a tu fiesta mañana. ¿Te parece bien? 2. No sé si debo **llevar** pantalones o falda porque es posible que llueva. 3. Ellos **llevan** cuarenta años de casados. ¡Imagínate!
llevarse bien / mal	to get along well / poorly (with someone)	Mi compañero de cuarto y yo no **nos llevamos** bien; siempre discutimos por todo.

 A. ¿TRAER, LLEVAR O LLEVARSE? A continuación está una lista de citas del segmento de *La que se avecina*. Indica cuál de las palabras se debe usar para completar cada frase. Luego compara tus respuestas con un(a) compañero(a) y explícale por qué escogiste el vocabulario en cada caso.

1. **CRIS:** *(enseñándoles el piso a Goya y Vicente)* Bueno, este es el salón. Los muebles los acaban de (**traer / llevar**). Aquí íbamos a poner una planta...

2. **JAVI:** Mamá, tengo un cesto de ropa sucia... ¿Me explicas cómo va esto o te la (**traigo / llevo**)? ¿Qué prefieres?

3. **LEO:** ¡Lo último, lo último! Hay una caravana que (**trae / lleva / se lleva**) todo el día aparcada en la puerta. ¿Qué medidas tomamos?

4. **DOÑA CHARO:** Hija, ¿pero dónde me habéis (**traído / llevado**)? Mi habitación es enana.

5. **ENRIQUE:** Araceli, es pronto para juzgar. El primer encuentro vecinal es como una primera cita: estás nervioso, sonríes mucho, dices tonterías... Con esta pareja podemos (**traer / llevar / llevarnos**) bien.

6. **LEO:** Este es Coque, el jardinero. *(Coque, con un chaleco reflectante, aparece por la acera montado en un cortacésped motorizado.)*

   MAXI: ¡Si no (**traes / llevas**) luces!

   COQUE: ¡No, pero (**traigo / llevo**) chaleco!

B. EN UNA FIESTA Imagina que estás en una fiesta con un(a) amigo(a). Los (Las) dos conversan sobre los siguientes temas. **OJO:** Utiliza **traer**, **llevar** o **llevarse** para hablar de cada tema.

- la comida que prepararon para la fiesta
- alguien no tiene coche / carro y necesita transporte para llegar a casa
- sus opiniones del novio de una amiga y su relación con él
- la ropa que será apropiada para un baile el fin de semana que viene

Gramática

Práctica comunicativa con los pronombres de objeto directo e indirecto

C. ¿QUÉ PRONOMBRE FALTA? Completa las siguientes frases del segmento que viste, llenando los espacios con el pronombre apropiado: **me, te, lo, la, le, nos, os, los, las** o **les**.

1. **CRIS:** *(hablando del piso)* ¿Podemos ver_____ otra vez?

2. **ENRIQUE:** *(a Eric y Joaquín, formal)* Buenos días, ¿_____ queda algún bajo con jardín?

3. **JOAQUÍN:** Si es que nosotros somos de ventas... ¿Habéis mandado un fax al teléfono que _____ di de...?

   AMADOR: ¡Dieciocho faxes hemos mandado ya! ¡Y no _____ ha llamado ni Dios!

4. **LEO:** Mandé una circular pidiendo los datos bancarios para domiciliarlas, y no _____ ha contestado ningún vecino.

   JAVI: ¿Cuándo _____ mandaste?

5. **JAVI:** Vamos a ver, lo del timbre se puede arreglar. Di_____ a Said que suba un momento, y...

6. **LEO:** Ah, _____ *(a Uds.)* comento que el felpudo igual _____ tienen que quitar, ¿eh?

   BERTA: *(sorprendida, se dirige a Antonio, con referencia a Leo)* ¿Qué _____ pasa?

   LEO: Vamos a poner_____ todos iguales, por estética.

7. **JOAQUÍN:** *(a dos clientes)* No, pero esperen, que no _____ he enseñado las zonas comunes...

   MAXI: Venga, vamos a ver_____.

   JOAQUÍN: ¡No, yo a vosotros no tengo que enseñar_____ nada. Id a ver al presidente, ático B!

8. **JOAQUÍN:** Oye, subo un momento a ver a mi hermano.

   ERIC: Mira que _____ _____ dije, que no es bueno hacer negocios con la familia.

D. UNA ENTREVISTA: ¿DEBEMOS SER COMPAÑEROS DE PISO? Entrevista a un(a) compañero(a) de clase usando las preguntas a continuación, y también otras preguntas que inventes tú, para determinar si son suficientemente compatibles para compartir piso. Tu compañero(a) también te entrevistará a ti. Luego comparte la información que descubras y tu conclusión con la clase. **OJO:** Ten cuidado con el uso de los pronombres de objeto directo / indirecto.

- ¿Qué comidas te gustan? ¿Las preparas tú o comes mucho en restaurantes?
- ¿Limpias mucho el piso o lo dejas desarreglado con frecuencia?
- ¿Te gusta la música? ¿Qué tipos? ¿La escuchas en casa? ¿Hasta qué hora te gusta escucharla?
- ¿Ves mucho la tele? ¿Cuándo la ves? ¿Qué programas ves?
- ¿Les hablas mucho por teléfono a tus amigos y a tu familia? ¿Te visitan mucho?
- ¿Tienes novio(a)? ¿Te visita mucho él (ella) o lo (la) visitas mucho tú?
- ¿Te gustan los animales? ¿Quieres tenerlos en el piso?
- ¿Estudias? ¿Trabajas? ¿Vas a muchas fiestas? ¿Das muchas fiestas?
- ¿...?

© PHOVOIR / Alamy

E. UNA PRUEBA: UN RESUMEN DEL PRIMER SEGMENTO Con un(a) compañero(a) de clase, escriban (a lápiz) un resumen del primer segmento de *La que se avecina*, **incorporando tantos pronombres de objeto directo e indirecto como sea posible.** Luego borren los pronombres, dejando espacios en blanco para los pronombres. Intercambien "la prueba" con otro grupo, y completen el resumen que escribió ese grupo. Finalmente, corrijan las respuestas del otro grupo y comparen con ellos sus respuestas.

Pronunciación

La pronunciación de las vocales átonas: evitar el uso de [ə] y [ɪ]

Todas las vocales en español, incluso las átonas (las que no reciben el acento de la palabra), se pronuncian de manera tensa y corta en español. En inglés, sin embargo, las vocales átonas se pueden cambiar para producir un sonido más relajado como la *schwa* [ə] (como *about* en inglés) o la [ɪ] (como *sit* en inglés). Un error común de los hablantes de inglés es usar estos sonidos cuando pronuncian las sílabas átonas en español.

F. PRÁCTICA DE PRONUNCIACIÓN EN CLASE Escucha de nuevo la siguiente escena del segmento de *La que se avecina*, prestando especial atención a la pronunciación de las vocales átonas subrayadas. Luego lee el diálogo con un(a) compañero(a) de clase, centrándote en pronunciar las vocales subrayadas de manera tensa y corta, sin pronunciar [∂] ni [I].

Pronunciation
Audio

JAVI   *(Al teléfono.)* Oig**a**, si son cuatro chorrad**a**s, vengan a **a**rreglarlas, por car**i**dad cr**i**stian**a**, que están los v**e**cinos muy quemados... ¡Sí, hemos mandado el fax! Es que soy el pres**i**dente de la comun**i**dad, ¿sabe? Me empiezo a sentir como Bush de p**a**seo por Bagdad... Graci**a**s... Sí, llám**e**me, por f**a**vor.

JAVI   Lol**a**... ¿Qué te pas**a**?

LOLA   No sé qué program**a** poner, hay muchos botones... Me he visto reflejad**a** en el tambor y tenía la mism**a** car**a** que pone tu madre delante del video.

JAVI   Ya pasó... Una lav**a**dor**a** es como una tragaperras: dale a cualquier botón y que se pong**a** a dar vuelt**a**s, a ver qué sale.

LOLA   Javi, esto no va a func**io**nar, cuando empiez**a**s a lavarle los calzoncillos a tu chico es el pr**i**ncipio del fin, necesitamos una as**i**stent**a**.

JAVI   Que no podemos, si gan**a**n más que yo.

LOLA   Que sí, hago hor**a**s extr**a**s, bautizos, c**o**muniones, fotos de carnet, lo que hag**a** falt**a**.

JAVI   Escuch**a**, llevamos menos de un mes c**a**sados, nos estamos **a**coplando. ¿No te das cuenta? ¡Somos pr**i**vilegiados, nos hemos emanc**i**pado antes de los cuarent**a**!

LOLA   Ya, pero me siento como que no sé qué hago **a**quí... Como doña L**e**tizia en el desfile de las Fuerz**a**s Armad**a**s.

JAVI   Veng**a**, reláj**a**te, ya pongo yo la lavador**a**.

LOLA   Es un b**a**jón puntual, ¿eh? Te quiero mucho...

© Telecinco en colaboración con Alba Adriática

Estrategias conversacionales
Disculparse, llamar la atención y pedir permiso

¡Cuánto lo siento!

¡Mil disculpas!

© Cengage Learning 2014

La disculpa

La disculpa es un acto de habla cuyo objetivo es restablecer las relaciones entre los interlocutores. Dicho de otra manera, es una petición de perdón por parte del hablante por haber cometido una falta. A través de la disculpa, el hablante intenta restablecer su relación (que se ha roto por su conducta) con el oyente y conseguir su perdón.

A la hora de pedir disculpas, tenemos que calibrar la intensidad o gravedad de la molestia causada al interlocutor y reaccionar acorde con ella. También es importante tener en cuenta a quién va dirigida la disculpa y el tipo de relación que existe entre ambos interlocutores (formal, informal, íntima, etc.).

Las expresiones más frecuentes para pedir disculpas son aquellas en las que aparecen verbos que indican una disculpa, como **disculpar** y **perdonar**, o que subrayan la expresión de sentimiento, como **sentir** y **lamentar**.

Ejemplos de formas verbales	Ejemplos de formas sustantivas
(Ud.) **Disculpe / Perdone** la molestia. ¿Me **perdona(s) / disculpa(s)?**	**Mis disculpas**, señora, parece que me he equivocado de número.
Le pido perdón.	**(Con) Perdón**. Te iba a llamar, pero se me olvidó.
Lamento / Siento (mucho) haber llegado tarde.	Ay, **mil perdones**. No te vi. (después de chocar / topar con alguien)
¡Cuánto lo siento!	

Es importante notar que los verbos **sentir** y **lamentar** también se utilizan en contextos en los cuales el hablante **no asume ninguna culpa**, sino que simplemente expresa su pesar hacia una mala noticia o un hecho acaecido. Por ejemplo, en un fallecimiento: Era una persona muy querida; **lamento** su pérdida. O en el caso de un accidente: ¡Tu hijo se rompió la pierna! No sabes cuánto **lo siento / lamento**.

En contextos más formales o para dar más énfasis, es común utilizar el verbo **rogar** conjuntamente con **perdonar** y **disculpar** en el modo subjuntivo, por ejemplo: Le **ruego** (que) me perdone / disculpe.

Finalmente, si nos fijamos en los ejemplos anteriores, vemos que la expresión de la disculpa suele ir acompañada de **interjecciones, tratamientos** y **frases** o **fórmulas**.

1. **Interjecciones y tratamientos:** Es común abrir una disculpa con una **interjección** como **ay**, **uy** o **vaya**, para destacar el elemento de espontaneidad de la disculpa y comunicar la intencionalidad: ay, perdone; vaya, lo siento. También es posible dirigirse al interlocutor con **tratamientos** con el fin de preparar el terreno para obtener el perdón: **señor(a/es/as)**, lo siento; usted(es), perdone(n); **cariño / mi amor / cielo**, perdóname, etc.

2. **Frases y fórmulas:** A través de frases y fórmulas, el hablante subraya la no intencionalidad del daño producido y/o su arrepentimiento.

No era mi intención.	No sé qué decir.
Fue sin querer.	Es culpa mía.
No lo sabía. / No sabía nada.	Me siento / Estoy (muy / realmente) avergonzado(a).
No pretendía ofender(te, os, la/lo, las/los).	
No lo hice (he hecho) a propósito.	No volverá a pasar / ocurrir / suceder.

Llamar la atención y pedir permiso

Perdonar y **disculpar** también son utilizados para **llamar la atención en las peticiones.** Sirven como elementos de cortesía que abren el camino de la petición y actúan como forma de disculpa. Con este uso, el hablante se disculpa por algo que va a hacer (llamar la atención de alguien, interrumpir, etc.) no por algo que haya hecho: **Perdón / Perdona(e) / Disculpa(e)...** ¿para el autobús 51 aquí?

Se emplea **permiso** o **con permiso** como fórmula de cortesía cuando uno **quiere entrar o salir de un lugar:** Por ejemplo, estás en el cine y pasas enfrente de algunas personas para poder llegar a tu asiento y les dices "**(Con) permiso...** ¿puedo pasar?" También empleas **permiso** o **con permiso** cuando **quieres hacer uso de algo:** Por ejemplo, estás en un restaurante comiendo con tus amigos y mientras coges el salero de la mesa les dices "**Con permiso**".

G. EN CONTEXTO A continuación hay una lista de citas del segmento de *La que se avecina* que viste. Indica cuál de las palabras se debe usar para completar cada frase. Recuerda que a veces hay más de una respuesta posible.

1. **BERTA:** Hola, hola… somos Antonio y Berta, los vecinos de arriba. Es que de repente nos ha empezado a vibrar toda la casa, y hemos dicho: "Uy, esto viene de abajo".

   ANTONIO: Es música, o algo, que tenéis puesto.

   ENRIQUE: (**Lo siento / Perdonad / Con permiso**), es nuestro hijo; le ha dado por el hiphop y nos tortura sin compasión.

2. **MARI TERE:** Mi marido murió en una tormenta en la playa.

   JOAQUÍN: ¿Se ahogó?

   MARI TERE: No, le cayó un rayo quitando la sombrilla.

   JOAQUÍN: Ay, (**lo siento / perdón / disculpe**)…

3. **MARI TERE:** Tengo tres hijos, pero estoy en una residencia para no darles la lata. En mi cumpleaños siempre vienen a verme.

   JOAQUÍN: Claro, porque la querrán mucho… ¿(**Perdón / Me disculpa / Con permiso**) un segundito? (*Al móvil, metiéndose en el salón.*) Sergio, ¿qué te pasa ahora?

4. **BERTA:** Perdonad que os moleste a estas horas, es que estamos intentando dormir y es imposible, tenéis la tele a un volumen que nos retumba todo el dormitorio.

   ENRIQUE: (**Con permiso / Lo siento / Mis disculpas**), no nos ha dado la sensación de que podía molestar.

   BERTA: Es que mi marido madruga mucho, y está desesperado, el pobre.

   ARACELI: Berta, no está alta, la tele.

© Telecinco en colaboración con Alba Adriática

5. (*Enrique llamando a la puerta del ático B. Javi abre la puerta completamente grogui, en estado nocturno-comatoso.*)

   ENRIQUE: (**Lo siento / Perdona / Con permiso**) Javier, ¿estabas durmiendo?

   JAVI: (*Grogui.*) No, no, estaba… dime.

   ENRIQUE: Es que los vecinos de arriba, los Recio, están pegando como bastonazos en el suelo con el claro objetivo de perturbar nuestro descanso.

H. ¿QUÉ DIRÍAS? Imagínate en las siguientes situaciones y piensa en la mejor manera de pedir disculpas. Recuerda reaccionar según la gravedad de la molestia y no olvides de tener en cuenta el tipo de relación que existe entre los interlocutores (formal, informal, íntima, etc.) y utilizar tratamientos y formas verbales apropiadas.

1. Estás de compras en una tienda de ropa y, puesto que es temporada de rebajas, está más llena de gente de lo normal. Cuando intentas entrar en el probador acabas chocándote con una señora mayor. ¿Qué le dirías a la señora?

2. Mientras Luisito, tu sobrino de 5 años, está de vacaciones con tu hermana y tu cuñado, te ha pedido el favor de cuidar y darle de comer a sus queridos peces de colores. Una mañana descubres a uno de los peces boca arriba en la pecera. ¿Qué le dirías a Luisito cuando vuelva?

3. Estás en casa de tus padres. Mientras estás lavando los platos de la cena rompes sin querer la taza de café favorita de tu padre, la que tu hermana le hizo hace años en el colegio para el día del padre. ¿Qué le dirías a tu padre?

4. Un poco molesta, marcas rápidamente el número de Marta, tu mejor amiga. Cuando oyes la voz desconocida de un hombre, te das cuenta de que has marcado un número equivocado. ¿Qué le dirías al hombre?

5. Eres estudiante de secundaria y el viernes pasado en vez de asistir a clase decidiste ir a un parque de atracciones con tus amigos. Una madre de otro compañero tuyo los vio en el parque y se lo dijo a la directora de la escuela. Cuando la directora te llama a su despacho el lunes por la mañana, ¿qué le dirías?

6. Hoy llevas un año saliendo con tu novio(a). Desafortunadamente, no te acuerdas de las fechas. Cuando él (ella) se entera de que no has planeado nada especial para celebrar el aniversario, se enfada. ¿Qué le dirías a tu novio(a)?

Ostill/Shutterstock

©James Brunker / Alamy

MÁS ALLÁ

LECTURA CULTURAL
La xenofobia

Antes de leer

A. LA XENOFOBIA

PASO 1: En el segmento de *La que se avecina* que vieron, se hizo referencia a la xenofobia:

JAVI	Dile a Said que suba un momento, y...
LEO	No, el conserje se ha ido, nos ha denunciado por xenofobia, por un comentario del señor Recio.
ANTONIO	Y dale.
LEO	Me dijo textualmente: Dile al moro ese que suba a por la basura. Y Said le oyó.
ANTONIO	¿Pero es moro o no es moro? ¡Es que uno ya no sabe cómo hablar!
BERTA	Si es que se bajan del cayuco y ya están a la defensiva.

> Antonio y Berta están hablando de los inmigrantes ilegales que llegan a España desde África en pequeñas embarcaciones llamadas **cayucos**. Aquí Antonio muestra los prejuicios que tiene hacia los magrebíes (los inmigrantes que vienen del Norte de África).

PASO 2: Ahora con un(a) compañero(a) de clase, contesten las siguientes preguntas.

1. ¿Qué es la xenofobia?

2. Analicen el diálogo que acaban de leer arriba. ¿Por qué se menciona la xenofobia? ¿Por qué dejó Said su trabajo de conserje? Expliquen por qué es ofensivo el comentario de Antonio. ¿Y es ofensivo el comentario de Berta? ¿Por qué?

3. En tu opinión, ¿cuáles son las causas de la xenofobia? Y más específicamente, ¿por qué habrá prejuicios contra los magrebíes en España?

A leer

B. EN LAS AULAS DE ESPAÑA
Ahora lean el siguiente artículo sobre la xenofobia en las escuelas de España, según los resultados de una encuesta de alumnos de secundaria de Valencia.

El rechazo a magrebíes y gitanos en las aulas supera a las otras culturas

Neus Caballer

bikeriderlondon/Shutterstock

El 27,4% de jóvenes expulsaría al colectivo romaní y el 34% a los norteafricanos

¿Cómo está la escuela? Como un reflejo de la sociedad. Y esto significa que "a mayor número de inmigrantes, más racismo en las aulas". Este es el "diagnóstico" sobre el grado de integración y de multiculturalidad en las aulas que ayer pusieron sobre la mesa Demetrio Gómez Ávila, fundador del Forum Of European Roma Young People (FERYP), y Ángel Galán, de la Coordinadora de Acción y Prevención de la Intolerancia en la Comunidad Valenciana, durante las jornadas sobre Diversidad y mediación intercultural en el ámbito educativo en la Facultad de Ciencias de la Educación.

Galán, que se dedica a realizar acciones de prevención del racismo en centros educativos, coincide con Gómez Ávila en que diversos estudios confirman que "el rechazo a los gitanos" —que tradicionalmente eran percibidos como el primer grupo de riesgo entre padres, profesores y alumnos— "ha sido superado ya por los magrebíes, a la vez que se produce un rebrote[1] del odio hacia los judíos".

Una encuesta realizada por la ONG[2] valenciana revela que el 34% de alumnos de Secundaria echaría de clase y del país a los magrebíes —a los que despectivamente sigue considerando "moros"—; el 28% a los centroafricanos negros; el 22% a sus compañeros chinos y el 12% a los latinoamericanos. El estudio valenciano coincide con el patrón de conducta que afloró en 2008 en otro estudio realizado por el director del Centro de Estudios sobre Migraciones y Racismo, Tomás Calvo Buezas, según el cual un 37,9% de los escolares siente

[1]nueva aparición [2]organización no gubernamental
www.elpaisinternacional.com

"antipatía por los gitanos" y 27,4% "los echaría de España", añadió Gómez Ávila.

Los datos refuerzan también el repunte de los grupos ultra[3] que "captan a chavales de 8 y 9 años" para organizaciones que operan a nivel nacional y promueven el odio a los judíos. Un 8% de estudiantes de Secundaria defiende las actitudes racistas, la xenofobia y la violencia.

Teniendo en cuenta la definición de la Real Academia Española (RAE) de "gitano" como "alguien que tiene gracia y arte para ganarse las voluntades de otros" o "que estafa u obra con engaño" y que en las escuelas los currículos todavía enseñan que "Jaume I fue un rey bueno porque expulsó a los malos de los moriscos[4]", ironizó Gómez Ávila, se puede concluir que existe un "currículo oculto" que obstaculiza el alcanzar una verdadera integración cultural. Es decir, donde las diferentes culturas se respeten, sin asimilarse unas a otras. Sin contar "los prejuicios de profesores y padres con los que llegan los niños", añade. "El problema de la escuela está en las calles, en las familias", remata[5] Galán.

Otro factor que ambos denuncian es la concentración de alumnos inmigrantes y gitanos en las aulas públicas que acaban provocando un "gueto"[6] dentro del propio centro. Ambos condenan la segregación de estos alumnos en itinerarios diferenciados y en aulas separadas, porque acaban reproduciendo entre ellos el mismo racismo y odio.

[3] la subida de la popularidad de grupos extremadamente derechistas [4] moros [5] concluye [6] barrio pobre donde vive una comunidad que ha sido aislada y marginada debido a motivos raciales, religiosos, políticos o culturales

iStockphoto.com/Michael DeLeon

Después de leer

C. ¿ENTENDISTE?

1. ¿Cuál es la idea principal del artículo?

2. Según el artículo, ¿cuáles son los factores que contribuyen a la xenofobia y al racismo en el caso de los jóvenes valencianos encuestados?

3. ¿Cuáles son los grupos que son el blanco de la xenofobia en España?

4. ¿Cómo han cambiado las actitudes hacia estos grupos a lo largo de la historia?

D. VAMOS MÁS A FONDO
Ahora comparte tus ideas y experiencias con tus compañeros de clase, analizando de manera más profunda los temas tratados en la lectura.

1. ¿Están de acuerdo con el artículo con respecto a los factores del #2 de la Actividad C? ¿Qué otros factores podrían contribuir a la xenofobia en España o en el mundo?

2. ¿Les sorprende algún dato mencionado en el artículo? Expliquen.

3. ¿Cómo se puede comparar la situación de España con la de Estados Unidos? ¿Cuáles serían los resultados de una encuesta hecha en las escuelas secundarias de su ciudad? ¿Qué grupos son el blanco de la xenofobia en nuestro país? ¿Por qué? ¿Son iguales o diferentes los factores que contribuyen a la xenofobia en EE. UU. y en España? ¿Ha cambiado el tipo de grupos que sufre de la xenofobia en nuestro país a lo largo de la historia? Expliquen.

4. ¿Existe, en las escuelas de EE. UU., un "currículo oculto" que contribuya a la xenofobia e impida la integración cultural de diferentes grupos étnicos y raciales? Expliquen, incluyendo ejemplos específicos cuando sea posible.

5. ¿Qué se puede hacer para luchar contra la xenofobia, a nivel social y a nivel individual?

Andresr/Shutterstock.com

EXTENSIÓN
VOCES DE LATINOAMÉRICA

 La xenofobia
Video

E. OTRAS OPINIONES

PASO 1: Ahora mira los videos del sitio web de *Relaciónate* para aprender más sobre el concepto de la xenofobia desde la perspectiva de gente de varios países latinoamericanos. Luego completa las actividades que siguen.

PASO 2: Copia la siguiente tabla y llénala con la información que aprendes de los hablantes. Luego contesta las preguntas que siguen.

Nombre y país de origen	La xenofobia en su país	Causas / soluciones

1. ¿Notas algunas semejanzas entre lo que dijeron varios de los hablantes? ¿O alguna semejanza entre la xenofobia (según ellos) en Latinoamérica y la xenofobia en EE. UU. o en España? ¿O alguna diferencia? ¿A qué se deberán estas semejanzas y diferencias?

2. ¿Te sorprendió algo? Explica.

3. ¿Estás de acuerdo con los hablantes con respecto a las causas y soluciones que mencionaron?

4. Si pudieras hacerle una pregunta a una de las personas, ¿cuál sería?

F. TU PROPIO VIDEO Ahora graba tú un video sobre la xenofobia en EE. UU., usando los videos de "Voces de Latinoamérica" como modelo. Tu video debe durar solo 2-3 minutos. El contenido del video debe ser el siguiente:

1. Comenta la xenofobia en EE. UU. En tu opinión, ¿hay mucha? ¿Es peor o mejor que hace cinco años?

2. ¿Qué grupos sufren de la xenofobia? ¿Por qué?

3. ¿Cuáles son las causas? ¿Cuáles son algunas de la razones que la gente da para intentar justificar la xenofobia?

4. ¿Qué soluciones aportarías para tratar de eliminar la xenofobia de este país?

GRABACIÓN

GLOSARIO

ABREVIATURAS

adj.	adjetivo		Arg.	Argentina
Anat.	anatomía		Bol.	Bolivia
Cin.	cinematografía		CAm	Centroamérica
col.	coloquial		Chl.	Chile
com.	nombre común en cuanto al género		Col.	Colombia
Dep.	deportes		C.R.	Costa Rica
Der.	derecho		Cu.	Cuba
desp.	despectivo		Ec.	Ecuador
exprs.	expresión		El Sal.	El Salvador
f.	femenino (sustantivo)		Esp.	España
interj.	interjección		Guat.	Guatemala
loc.	locución		Hon.	Honduras
m.	masculino (sustantivo)		LAm	Latinoamérica
malson.	malsonante		Méx.	México
prnl.	pronominal (verbo)		Nic.	Nicaragua
tr.	transitivo		Pan.	Panamá
U. m. c. prnl.	usado más como pronominal		Par.	Paraguay
U. m. en pl.	usado usada más en plural		Pe.	Perú
U. t. c. s.	usado también como sustantivo		P.R.	Puerto Rico
			R.D.	La República Dominicana
			SAm	Suramérica
			Ur.	Uruguay
			Ven.	Venezuela

VOCABULARIO

agacharse (prnl.) — inclinarse, encoger el cuerpo hacia abajo: *El profesor se agachó para recoger la tiza que se le había caído mientras escribía en la pizarra.*

avalar (tr.) — respaldar por medio de aval, o sea, una garantía de pago que suele requerir un banco cuando cree que existe un riesgo de que la persona que solicita el préstamo o crédito no pueda hacer frente a los pagos: *El banco le concedió la hipoteca a condición de que le avalaran sus padres.*

aviso (m.) — documento o cartel por el cual se comunica información: *Acabo de ver el aviso en el tablón de anuncios sobre la reunión de vecinos este viernes.*

banda (f.) — grupo de personas con intenciones ilegales o criminales: *La policía arrestó a dos miembros de una banda organizada que se dedica al tráfico de drogas.*

bata (f.)	prenda usada por gente que trabaja en laboratorios, hospitales, peluquerías, etc. que se lleva encima de la ropa y que sirve para proteger la ropa y mantener la higiene: *El peluquero llevaba una bata negra.*
bicho (m., desp.)	dicho de cualquier animal pequeño, especialmente los insectos: *No soporto las arañas; son unos bichos feos y repelentes;* (col.) animal de compañía: *Tienen tantos bichos en esa casa que parece un zoo.*
calefacción (f.)	sistema de máquinas y tuberías por el cual se calienta un edificio: *Cuando se nos rompió la calefacción en pleno invierno, pasamos mucho frío hasta que vino el fontanero al día siguiente.*
castigar (tr.)	dar un castigo, o sea, una pena o sanción, a alguien que ha cometido un error, falta o delito: *El padre castigó al niño por haberle mentido.*
chantaje (m.) (chantajes emocionales)	amenaza o presión que se le hace a alguien para conseguir algún beneficio o sacar provecho de una situación: *El chantaje emocional es una forma de manipulación muy poderosa que algunas personas emplean con sus seres queridos.*
choza (f.)	vivienda de mala calidad, típicamente construida de materiales de calidad deficiente: *Esa casa tiene muy mala pinta. Parece una choza.* Nota: también se emplea irónicamente: *¡Vaya choza!* (en referencia a una casa espectacular, lujosa, etc.)
conserje (com.)	empleado que cuida y mantiene un edificio y que se encarga de pequeñas tareas para los dueños o inquilinos de las viviendas o locales: *El nuevo conserje no es tan trabajador como el antiguo; pasa la mayor parte del día leyendo el periódico.*
crío(a) (m., f.)	bebé o niño(a) pequeño(a): *Sí, ellos van a por el tercero. Alicia está embarazada de nuevo y ya tienen dos críos.*
culebrón (m., desp.)	telenovela melodramática de varios capítulos de argumento enredado y tono sentimental: *Los culebrones latinos gozan de gran popularidad y de mucha audiencia en EE. UU.*
delito (m.)	acción u omisión prohibida por la ley penal y sancionada con una pena: *Todos sabemos que conducir bajo los efectos del alcohol es un delito.*
denunciar (tr.)	proclamar abiertamente que se cree algo abusivo, improcedente o prohibido por ley: *Los vecinos denunciaron el mal estado del barrio al alcalde.*
desgraciado(a) (adj.)	usado para describir a alguien que inspira lástima o conmiseración: *El desgraciado acaba de firmar un prestamo hipotecario de 30 años. ¡Uf, los años de pagos que le esperan!* (U. t. c. s.) *pobre desgraciado*
enano(a) (adj., m., f.)	dicho de algo que parece excesivamente pequeño: *Cuando viajé por Europa todos los coches me parecían enanos. No se ven tantos todoterrenos gigantescos como en EE. UU.*
estrenar (tr.)	utilizar algo por primera vez: *Al final de mes por fin estrenaremos casa. ¡Qué ilusión!*
estropear (tr., prnl.)	deteriorar gradualmente, dejar de funcionar, romper: *Esta mañana se me ha caído el móvil y ahora está estropeado. ¡Vaya semana que llevo! Hace dos días también se estropeó el GPS de mi coche.*
felpudo (m.)	un tejido (estera o alfombra) que se coloca a la entrada de una vivienda para que la gente pueda limpiarse los zapatos: *Compramos un felpudo nuevo ayer; es marrón con el dicho "Mi casa es su casa" en letra blanca.*
garita (f.)	pequeño cuarto en la entrada de un edifico que ocupa el conserje: *El conserje saluda a los residentes desde su garita.*

gracia (f.)	algo divertido o chistoso (que provoca la risa): *Es mi comediante favorito; sus chistes tienen tanta gracia que no me paro de reír.* **hacer (tanta) gracia** (loc.) que significa agradar: *A Rosa ya no le hace tanta gracia como antes el sarcasmo de su marido.*
hacer caso (a alguien/algo) (loc.)	prestar atención, obedecer o tomar en cuenta: *Mis hijos no me hacen caso y la situación está fuera de control.*
hacerse mechas (hacerse unas mechas) (prnl.)	teñir partes del cabello mediante la aplicación de un tinte o decolorante sobre un gorro de plástico especial con una brocha o pincel o al emplear papel de aluminio para poder diseñar y combinar los mechones: *En el invierno, me gusta hacerme mechas para que el cabello brille más.*
hipoteca (f.)	contrato entre un cliente y una entidad financiera (p. ej. banco) que sirve como garantía que asegura el cumplimiento por parte del cliente del pago de un crédito o préstamo sobre un inmueble (p. ej. piso, casa): *El banco le concedió una hipoteca a 30 años.*
impuesto (m.)	cantidades de dinero que se pagan obligatoriamente al Estado para financiar necesidades públicas (infraestructuras, sanidad, educación, defensa, etc.): *Debido a la crisis económica actual, el gobierno está estudiando un plan que aumentaría los impuestos locales el año que viene.*
invertir (tr.)	destinar dinero (p. ej. la compra de bienes o activos financieros) con el fin de ganar dinero, o dedicar tiempo o esfuerzo a algún proyecto o meta: *He invertido cuatro años de mi vida en sacarme un título universitario.*
junta (f.)	reunión de gente que se convoca para discutir o considerar un asunto o llegar a un acuerdo por voto: *En la próxima junta de vecinos decidiremos la fecha de apertura de la piscina.*
madrugar (intr.)	levantarse muy temprano, típicamente cuando empieza a aparecer la luz del día: *Puesto que siempre se acuesta muy tarde, mi hermano casi nunca madruga.*
magdalena (f.)	bizcocho pequeño y redondo hecho de harina, azúcar, huevos, aceite y leche y horneado en un molde individual: *Hoy desayunamos magdalenas con café con leche.*
mercado inmobiliario (m.)	sistema de compra y venta de bienes inmuebles (viviendas, edificios, etc.): *El mercado inmobiliario se está recuperando gracias al aumento de las ventas de viviendas de segunda mano.*
obras (f.)	se refiere a proyectos de construcción de terrenos y edificios nuevos y/o arreglos o mejoras de terrenos y edificios ya existentes: *Este verano iniciarán las obras para remodelar la estación de trenes.*
pares o nones (exprs.)	juego cuyas reglas consisten en adivinar si la suma de los elementos que esconden los jugadores será un número divisible por dos: *—¿Quién va a pagar hoy la cena? —No sé, ¿nos la jugamos a pares o nones?*
piso (Esp.) (m.)	las viviendas que se encuentran en un edificio de varias plantas: *Si ganara la lotería, me compraría un piso en Manhattan.*
regatear (tr.)	negociar el comprador y el vendedor el precio de algo que está a la venta: *En los mercados es típico regatear hasta llegar a un precio de mutuo acuerdo.*
subsanar (tr.)	solucionar un problema, compensar un error o remediar un daño: *La empresa informática va a subsanar los errores de seguridad del nuevo sistema operativo.*
timbre (m.)	mecanismo que produce un sonido que sirve para llamar o avisar a alguien: *Vino el cartero pero no me di cuenta porque el timbre está roto.* **llamar al timbre** (loc.) es hacer sonar el timbre para que alguien abra la puerta: *Cuando llames al timbre, bajaré enseguida. No hace falta que subas a recogerme.*

AQUÍ SE HABLA ASÍ

OJO: Cuando una expresión de vocabulario se usa en un país o en una región en particular, se indica con una abreviatura (p. ej., LAm, Pan.). La clave de las abreviaturas se encuentra en la primera página del **Glosario**. También se debe notar que las palabras escritas en **negrita** son las que aparecen en la serie *La que se avecina*, mientras las que siguen, en **verde**, son las variantes equivalentes que se usan en distintas partes del mundo hispano.

¡Anda! (que) (interj., col.)	(Esp.) indica asombro, sorpresa o disgusto: *¡Anda, mira qué mal están jugando!*
cacharro (m., col.)	(Esp.) aparato viejo, de mala calidad o en malas condiciones: *Este ordenador es un cacharro. Tengo que comprar uno nuevo.* (En partes de LAm *cacharro* significa "un carro viejo").
cariño (m., col.)	se usa como apelativo afectuoso: *Ven acá, cariño.*
coger el/al toro por los cuernos (loc., col.)	afrontar una situación difícil con valor y decisión: *Mira, Juan, no debes tener miedo de las consecuencias. Hay que coger el toro por los cuernos.*
(me) da igual (exprs., col.)	indica "No (me) importa": *Me da igual lo que hagas. Tú eres el que va a sufrir las consecuencias.*
dar (la) lata (loc., col.)	molestar, fastidiar: *Deja ya de dar la lata o no te voy a llevar al cine esta noche.*
de cachondeo (exprs., col.)	actividad divertida, poco seria: *Ellos siempre están de cachondeo; me parece que nunca tienen que trabajar.* (Los equivalentes latinoamericanos que siguen significan "de fiesta").
de vacilada/reventón	(Méx.)
de parra	(Par. y Ur.)
de parranda	(muchas partes de LAm)
estar hecho(a) un asco (loc., col.)	estar muy sucio o descuidado: *¡Uy! ¡Estás hecho un asco! ¿Qué estabas haciendo?*
estar hecho(a) polvo (loc., col.)	estar muy cansado: *Mis hijos me despertaron mil veces anoche y hoy estoy hecho polvo.*
estar hecho(a) un lío (loc., col.)	estar muy confundido: *Sarita está hecha un lío. Ya no tiene ni idea de lo que quiere.*
memez (f., col.)	(Esp.) tontería, estupidez: *Ella siempre dice memeces porque habla sin pensar.*
huevada	(Arg., Bol., Chl., Ec., Par., Pe.)
bayuncada	(El Sal.)
tarugada	(Méx.)
pasta (f., col.)	dinero: *No, hombre. No puedo comprarlo. Cuesta mucha pasta.*
lana / plata	(LAm)
¡Qué grosero! (exprs.)	indica que alguien es descortés, sin educación: *¡Qué groseros son los nuevos vecinos! Ni nos saludan.*
Qué guay (adj., col.)	(Esp.) excelente, estupendo, fantástico: *Qué guay esa fiesta, anoche, Miguel. ¿Cuándo vas a dar otra?*
qué chévere	(Col., Cu., Ec., El Sal., Hon., Pan., Pe., P.R., Ven.)
qué copado	(Arg.)
qué padre / qué chido	(Méx.)
qué churo	(Bol.)
qué pura vida	(C.R.)
¿Qué más (te) da? (exprs., col.)	significa "¿por qué te importa? No tiene que ver contigo.": *—Mamá, ¿me dejas ir al cine con mis amigos? —No hijo, se sale muy tarde. —Venga, mamá, ¿qué más te da?*

quedar (intr.)	acordar una cita, hacer planes para hacer algo: *Quedamos en tomar un café esta tarde.*
quemado(a) (adj., col.)	(Esp.) harto, enojado: *Vaya, ¡que mi jefe es insoportable! Estoy quemado.*
acatarrado	(Méx.)
hasta el copete / hasta la coronilla	(LAm)
tío(a / os / as) (m., f., col.)	(Esp.) se usa para referirse a un(a) desconocido(a) o cuando no se quiere usar el nombre de alguien: *Ese tío es el que vimos esta mañana en el café.*
tipo	(LAm y Esp.) (puede ser desp. o no según el contexto)
vale (interj., col.)	(Esp.) expresa que el hablante está de acuerdo: *Vale, nos vemos mañana a las siete.*
Está bien.	(LAm y Esp.)
OK	(LAm)
sale	(Méx.)
¡vaya! (interj., col.)	expresa sorpresa, admiración o disgusto: *¡Vaya, cómo han crecido los niños!*
¡caramba!	(LAm)
¡híjole!	(Méx.)
venga (interj., col.)	(Esp.) se usa para dar ánimo o prisa: *¡Venga, puedes hacerlo!*
vamos / dale	(LAm y Esp.)
ándale	(Méx.)

CAPÍTULO 2

¿Convivir o no convivir?

En este capítulo verán la segunda parte del primer episodio de *La que se avecina*, "Mirador de Montepinar".

© Telecinco en colaboración con Alba Adriática

© Ken Walsh / Alamy

PREPARACIÓN

Práctica de vocabulario

Antes de hacer las actividades de esta sección, repasa la lista de palabras nuevas y sus definiciones en el **Glosario** de las páginas 51–52.

A. RECAPITULACIÓN Y PREDICCIONES El siguiente texto incluye una recapitulación de algunos de los momentos más destacados de la primera parte del episodio junto con preguntas sobre qué va a pasar en la segunda parte que vas a ver en este capítulo.

PASO 1: Completa los espacios en blanco con el vocabulario nuevo que se presenta a continuación. No olvides conjugar los verbos cuando sea necesario según el contexto.

allanamiento de morada	aprovecharse de sobra	dimitir hacerle ilusión	plaza trato
alquilar	desequilibrado	picadero	

Se concluyó la primera parte del episodio con Lydia huyendo del piso piloto, asustadísima al haber encontrado a Mari Tere e Izaskun en la cama. Eric se quedó solo, perplejo y más que nada enfadado con las viejas por haberle estropeado la noche romántica que tenía planeada. Ahora veremos cómo se desenvuelve la situación con el piso piloto y las dos okupas. ¿Volverá a ser un piso piloto normal y corriente por el día y el **1.** _____ personal de Eric por la noche? ¿Se quedarán Mari Tere e Izaskun con el piso como su nuevo hogar o serán desalojadas por la policía y encarceladas por haber cometido un delito de **2.** _____?

¿Y adónde irá Cris, ya que Vicente y Goya le van a comprar el piso? ¿Volverá a casa de sus padres o **3.** _____ un piso para ella sola? ¿Podrá **4.** _____ de la ruptura con Agustín para hacer cambios en su vida y salir adelante?

Y la llegada de Vicente y Goya a la urbanización sí va a ser una gran sorpresa para Javi y Lola. Veremos en este segmento la reacción de los recién casados y también cómo el puesto de Javi como presidente de la comunidad le ocupa más y más tiempo. ¿Permitirá Javi que el puesto perjudique su relación con Lola o **5.** _____ de su cargo para que Lola esté feliz? ¿Acabará Javi **6.** _____ debido a las constantes quejas e incapacidad de los vecinos para resolver sus problemas sin recurrir constantemente al presidente de la comunidad?

Y Sergio, el galán de la comunidad, ¿seguirá teniendo remordimientos por el favor que le hizo a su hermano Joaquín al haberle comprado el ático A? Parece que su vida iba de maravilla: es atractivo, estrella de un culebrón y tiene dinero **7.** _____. Sin embargo, hacerse propietario le está empezando a complicar la vida y eso no **8.** _____ para nada. Todo empezó con la escalera de caracol y luego vino el problema con su **9.** _____ de garaje. ¿Recibirá por fin su nueva escalera? ¿Tendrá más enfrentamientos con Maite y Amador (los Cuquis)?

Y no podemos concluir sin mencionar la situación ya hostil entre Enrique y Araceli y los Recio, sus excéntricos y muy exigentes vecinos de arriba. A pesar de los conflictos ya experimentados, ¿acabarán llevándose bien a través de un **10.** _____ amistoso? ¿O no? Ya veremos...

PASO 2: Ahora compara tus respuestas con las de un(a) compañero(a) y luego contesten las preguntas que se incluyen en el texto. ¿Tienen predicciones y opiniones parecidas sobre lo que van a ver?

B. MÁS PRÁCTICA CON EL VOCABULARIO

PASO 1: Empareja las palabras a continuación con sus definiciones.

_____ **1.** agotado(a)   **a.** grupo de animales de una misma especie que andan juntos

_____ **2.** canas   **b.** librarse / botar / quitar

_____ **3.** grúa   **c.** muy cansado(a)

_____ **4.** equivocado(a)   **d.** vehículo que transporta / mueve a otro vehículo

_____ **5.** buzón   **e.** caja por donde se echan cartas al correo

_____ **6.** rozar   **f.** rascar; dejar en la superficie una marca

_____ **7.** amenazar   **g.** cabello blanco

_____ **8.** manada   **h.** has cometido un error; no tienes razón

                       i. decir que vas a hacerle daño a alguien

PASO 2: Ahora completa los siguientes fragmentos de diálogo del segmento que vas a ver en este capítulo con las palabras de vocabulario del **Paso 1**. Haz los cambios necesarios (de género o forma verbal) para el contexto dado.

1. **SERGIO:** Hola, gracias a todos por bajar... bueno, o salir, en el caso de los bajos... Eh... me llamo Sergio Arias, y soy vuestro vecino del ático A, y, como ha habido ciertas tiranteces por tonterías de escaleras y obreros, pues a lo mejor os habéis hecho una imagen _____ de mí. Y, bueno, quería pediros disculpas por... por lo que sea, que no sé lo que es, y deciros, bueno, que... que estoy arriba para invitaros a una copa o a lo que os apetezca.

© Telecinco en colaboración con Alba Adriática

2. **ENRIQUE:** A mí también me gustaría presentarme, soy Enrique Pastor, concejal de juventud y tiempo libre del ayuntamiento, y también me pongo a vuestra disposición para informaros sobre cursos, actividades, excursiones... tenéis todos una tarjeta mía en vuestro _____.

3. **ENRIQUE:** Antonio, yo, como concejal de...
   ANTONIO: ¿Me estás _____?
   ARACELI: ¡Déjalo, vámonos!

© Telecinco en colaboración con Alba Adriática

4. **LOLA:** No, que dice tu madre que está _____, la pobre, que se van a ir yendo ya.

5. **MARI TERE:** Mira, nos hemos echado una amiga. *(refiriéndose a doña Charo)*
   IZASKUN: Si es que los jubilados somos como los ñus, vamos en _____.

6. **SERGIO:** ¡No me gusta ser mayor!
   JOAQUÍN: ¿Ah, no? ¡Pues te han salido _____!

7. **SERGIO:** ¿Y dónde lo dejo? *(refiriéndose al coche)* Es mi plaza...
   AMADOR: Sergio, si yo lo digo porque nos vamos a estar _____ con las puertas, ¿eh?

8. **JAVI:** Es que por lo visto según la ley de propiedad horizontal, el trozo de tu coche que sobresale de la línea blanca está invadiendo una zona común, y si no lo quitas, yo como presidente tengo que llamar a la _____.

© Telecinco en colaboración con Alba Adriática

C. ¿LÓGICO O ILÓGICO? Escribe diez oraciones, utilizando el vocabulario de esta lección. Algunas frases deben ser lógicas y otras ilógicas. Luego comparte tus oraciones con un(a) compañero(a) de clase, quien debe decidir cuáles son ilógicas.

Modelo: *Si quieres echar una siesta, sube la **persiana** para que entre más luz.* (ilógica)

D. ¡ADIVINEMOS! Van a trabajar en parejas para describir las palabras de vocabulario. Deben sentarse de manera que una persona pueda ver la pizarra y la otra no. Su profesor(a) va a escribir una lista de vocabulario en la pizarra, y la persona que ve la pizarra debe usar definiciones, ejemplos, etc., para describirle las palabras a su compañero(a), quien las adivina. ¡El primer equipo que adivine todas las palabras gana! Luego se turnarán para que todos tengan la oportunidad de dar y recibir pistas con una nueva lista de palabras.

Aquí se habla así

Antes de hacer las actividades de esta sección, repasa la lista de palabras nuevas y sus definiciones en el **Glosario** de las páginas 53–54.

E. COMPLETAR Para cada mini-diálogo a continuación, elige la palabra o frase correcta según el contexto. Las expresiones son de este capítulo y el anterior.

1. **NURIA:** Oye, tenemos que ir a Madrid el fin de semana que viene.
   IVÁN: _____. Está muy lejos y quiero descansar.
   NURIA: Les prometí a mis padres que iríamos así que tenemos que ir.

   a. Estoy en ello   **b.** Me cae mal   **c.** No me da la gana

2. **JUANA:** ¿No iba a comprar Javi los billetes de tren en la página web esta mañana?
   LUIS: Sí, acabo de hablar con él. _____ y nos va a enviar el número de confirmación en cuanto lo reciba.

   a. Está en ello   **b.** Está a tope   **c.** Está chalado

3. **MARTA** (*muy enojada*): ¿_____ no pagaste el alquiler? ¡Nos van a echar del piso!

   a. No me da la gana que   **b.** Qué más da que   **c.** Cómo que

4. **JORGE:** Mi nueva vecina es buena onda.
   LAURA: Sí, _____

   a. me cae bien.   **b.** le echo la bronca.   **c.** ¿qué más da?

5. **LOLA:** Esa _____ vive cerca de mi casa. Es un poco tímida, pero es agradable y muy lista.

   a. chalada   **b.** chavala   **c.** chunga

6. **NIÑO:** Mamá, _____ para ir al cine.
   MADRE: Vale, llámame cuando llegues.

   a. fardo   **b.** me piro   **c.** quedo

7. **ENRIQUE:** ¿Vienes a la fiesta esta noche?
   PABLO: No, tío, no puedo. Voy a cenar con mi _____.

   a. jamacuco   **b.** cacharro   **c.** churri

8. **SUSANA:** Estoy _____. No sé qué carrera escoger.
   ROSA: Pero, mujer, eres toda una artista. Estudia arte dramático.

   a. hecha un lío   **b.** a tope   **c.** en ello

F. UN DIÁLOGO En grupos pequeños, escriban un diálogo original, incorporando por lo menos seis expresiones de la sección de vocabulario **Aquí se habla así**. Luego van a representar el diálogo para sus compañeros de clase. Consideraciones:

- La situación debe ser **informal**, ya que el vocabulario es coloquial.
- Para las expresiones que tienen variación dialectal, decidan si van a usar las variantes latinoamericanas o las españolas. Deben ser consistentes con el dialecto que escojan.

A VER EL VIDEO

🌐 INFORMACIÓN DE FONDO: CULTURA
URLs

El sitio web de *Relaciónate* tiene unos enlaces y términos de búsqueda para ayudarte a empezar. Si tienes amigos hispanos, también puedes entrevistarlos para aprender más sobre algunos de los temas.

Busca información sobre los siguientes temas como preparación para ver el próximo segmento de *La que se avecina*. Compartirás la información que encuentres con tus compañeros de clase.

- El concepto cultural de "la convivencia" o "convivir": ¿Qué significa? ¿Es diferente o igual el significado de la traducción literal en inglés? ¿Qué importancia cultural tiene en los países hispanohablantes?

- El concepto cultural de "independizarse": ¿Cómo defines tú esa idea? ¿A qué edad, o en qué circunstancias ocurre? ¿Varía de cultura a cultura? Explica.

- El tamaño de los coches: ¿Qué modelos de coches son los más populares en España? ¿Y en Latinoamérica? ¿Cómo se compara con los coches que son populares en EE. UU.? ¿Qué factores influyen en estas tendencias?

Gallimaufry/Shutterstock

- La religión: ¿Cuál es el porcentaje de los españoles que son "practicantes" de una religión? ¿Y los que se declaran "católicos"? ¿Cómo se compara con la situación en los países latinoamericanos?

- Los "enchufes": En España, si tienes un "enchufe", puede resultar más fácil que consigas trabajo, que te inscribas en las clases que necesitas, o, en el caso de Sergio, que te arreglen rápido algo de tu casa o de tu piso. ¿Qué es "un enchufe" y cómo funciona el sistema de enchufes en España? ¿Es igual en Latinoamérica? ¿Y en EE. UU.?

Charlemos un poco antes de ver

 A. NUESTRAS OPINIONES Habla con tus compañeros de clase sobre las preguntas que siguen, las cuales los prepararán para ver la continuación del primer episodio de *La que se avecina*.

1. En los países hispanos, es bastante común que los jóvenes vivan con sus padres hasta que se casen, y luego que vivan cerca de ellos, en la misma ciudad o en el mismo pueblo (¡o como en el caso de Javi, en el mismo edificio!). Compara esto con las costumbres de nuestro país. ¿Por qué existirá esta diferencia cultural? ¿Cuáles son las ventajas y las desventajas de cada situación? ¿Vives tú con tu familia? ¿Hasta qué edad piensas vivir con tus padres / tu madre / tu padre? ¿Quieres vivir cerca de tu familia en el futuro?

2. En el segmento de este capítulo vas a observar diferentes conflictos entre padres e hijos, y también entre hermanos (Joaquín y Sergio). Si tienes hermanos(as), ¿se llevan bien ustedes? Describe tu relación con ellos(as).

Levent Konuk/Shutterstock

3. También es más común en los países hispanos que en EE. UU. que las personas mayores vivan con sus hijos en vez de estar en una residencia de ancianos, como es el caso con doña Charo, la madre de Araceli. Comenta esta práctica. ¿Cuáles son las ventajas / desventajas?

4. ¿Conoces a tus vecinos? ¿Te llevas bien con ellos? ¿Cuáles son las características de un buen vecino? ¿Tienes algún vecino que siempre se meta en los asuntos de otros? ¿Qué otros problemas pueden surgir entre los vecinos? ¿Has tenido tú problemas así?

5. Al final de este segmento, Cris se enfrenta con una situación incómoda al conocer a su nuevo compañero de piso. ¿Alguna vez te has encontrado en una situación parecida con un(a) compañero(a)? Explica los detalles de la convivencia y por qué no te llevabas bien con él o ella.

🌐 A ver
Video

Ahora mira el segmento para el **Capítulo 2**.

Comprensión y conversación

B. ¿ENTENDISTE? Después de ver el segmento, decide si las siguientes frases son **ciertas** o **falsas**. Si son falsas, corrígelas.

1. Javi sabe que Lola y Goya (su mamá) no se llevan bien.

2. Los otros residentes de la comunidad se enojan cuando se enteran de que los obreros le están cambiando la escalera a Sergio.

3. Berta y Antonio no quieren alquilarle el piso a Cris después de que ella lleva vino a la cena y admite que no practica ninguna religión.

4. Izaskun y Mari Tere se asustan con la broma de Eric.

5. A Izaskun y Mari Tere las dejan quedarse en el piso piloto porque piensan comprarlo y quieren ver si les gusta.

6. Enrique y Araceli se compran un perro para hacer sentir mal a Berta y Antonio.

7. Silvio, el nuevo compañero de piso de Cris, es amigo de Fabio.

8. Sergio se dio por vencido y compró un coche nuevo porque el otro era demasiado grande para la plaza y se estaban quejando sus vecinos.

© Telecinco en colaboración con Alba Adriática

 C. ¿QUÉ OPINAS? Compartan sus opiniones de las siguientes preguntas.

1. ¿Cómo es la vida de los residentes del edificio? ¿Te gustaría vivir allí? ¿Por qué sí o no? Haz una lista de los aspectos positivos y los aspectos negativos de vivir en El Mirador de Montepinar.

2. ¿Qué predicciones tienes para las relaciones entre los personajes de la serie? ¿Qué pasará entre...?

   a. Javi y Lola (y Lola y Goya, su suegra)

   b. Antonio / Berta y Araceli / Enrique

   c. Cris y Silvio (y Agustín)

   d. Sergio y todos los demás

   e. Izaskun / Mari Tere / Maxi y Joaquín / Eric

3. ¿Cuál es tu personaje favorito? Explica. Y si pudieras, ¿a quién escogerías tú para ser tu vecino(a)? ¿A quién **no** escogerías? ¿Por qué?

4. ¿Cuál fue la escena que más te gustó? Explica.

5. ¿Es similar este programa a las comedias de la televisión estadounidense? Explica. ¿Notas alguna diferencia? ¿Te sorprendió algún aspecto del programa o de la cultura española? ¿Qué aspectos culturales notaste? ¿Tendría éxito este programa en nuestro país? Explica.

EXPANSIÓN

1. **Diario** Escribe la entrada del diario de uno de los personajes, describiendo el día desde su perspectiva. No incluyas el nombre del personaje, porque después leerás la entrada y tus compañeros de clase adivinarán el nombre del personaje que escogiste.

2. **Diálogo** Con un(a) compañero(a) de clase, escriban un diálogo entre dos personajes en el que conversan sobre los eventos del día. Luego representarán su "obra" a la clase.

viernes

7:00	
7:30	
8:00	
8:30	
9:00	
9:30	
10:00	
10:30	
11:00	
11:30	
12:00	
12:30	
13:00	
13:30	
14:00	
14:30	
15:00	
15:30	
16:00	
16:30	
17:00	
17:30	
18:00	

MEJOREMOS LA COMUNICACIÓN

Vocabulario confuso

To leave...

dejar + objeto directo	*to leave someone / something somewhere or behind; to leave someone alone*	Ella **dejó a** su esposo después de 10 años de matrimonio. Ay, ¡creo que **dejé** mis llaves en mi cuarto! ¡**Déjame** en paz, ya, que tengo que estudiar!
salir (con)	*to leave / go out (with)*	Debemos **salir** de la universidad a las cuatro. Voy a **salir con** mi novio esta noche.
irse	*to leave (with movement implied)*	¡Ya **me voy**! ¡Hasta luego! **Vámonos**, Jorge. Ya es hora.

A. ¿DEJAR, SALIR O IRSE? A continuación hay una lista de citas de los segmentos de *La que se avecina* que viste para este capítulo y el **Capítulo 1**. Indica cuál de las palabras se debe usar para completar cada frase. A veces hay más de una respuesta posible, como **salir** e **irse**, que con sentido de *to leave* son intercambiables.

1. **JOAQUÍN:** Miren, ¡ya están (**dejando / saliendo / yéndose**) de aquí antes de que llame a la policía!

2. **AMADOR:** Oye, ¿podrías no (**dejar / salir / irse**) tu coche en esa plaza? Es que es imposible entrar en el mío.

3. **CRIS:** Me ha (**dejado / salido / ido**) mi novio.

4. **IZASKUN:** Mira, vamos a escondernos en el cuarto de basuras hasta que (**dejen / salgan / se vayan**) PinyPon.

5. **MARI TERE:** ¿Cómo vamos a (**dejar / salir / irnos**) de aquí? ¡Que nos van a ver!

6. **BERTA** (*hablando de la perra*): ¿Pero cómo la (**dejas / sales / te vas**) con desconocidos? Si tiene ansiedad...

7. **SERGIO:** Hola, gracias a todos por bajar... bueno, o (**dejar / salir / iros**), en el caso de los bajos...

8. **GOYA** (*hablándole a Cris sobre la importancia de los padres*): Disfrútalos ahora, que luego (**dejan / salen / se van**) y ya no vuelven.

9. **ANTONIO:** ¡(**Dejadnos / Salíos / Idos**) ya en paz, por favor os lo pido!

10. **MAXI:** Oye, chaval... ¿te importaría (**dejarme / salirme / irme**) esta noche las llaves del piso piloto? Es que la grúa se me ha llevado la *roulotte*.

11. **MARI TERE:** Uy... me tengo que tomar la pastilla; me la (**he dejado / he salido / he ido**) en la cocina.

12. **AMADOR:** ¿Ah, sí? ¿Cómo sacamos las cosas de los niños del maletero? Además, ¿por qué voy a tener que cambiar yo mi vida por este fantasma? ¡Que no, que (**dejo / salgo / me voy**) a hablar con él ahora mismo!

B. CONVERSEMOS Ahora vas a hablar con tus compañeros de clase sobre algunas de las situaciones que se mencionan en las citas de la **Act. A** en la página anterior. Con tu grupo, comparte tus ideas sobre las siguientes preguntas, empleando correctamente el vocabulario confuso.

1. En el #2 de la Act. A, Amador le pide a Sergio que no deje su coche en esa plaza. ¿Qué opinas sobre la situación del coche de Sergio? ¿Le habrías pedido tú que dejara su coche en otro lugar? ¿Te parece que es una situación injusta para Sergio, o es un actor egoísta y mimado que cree que se lo merece todo?

2. En el #3 la pobre Cris sufre porque la ha dejado su novio, Agustín, justo después de que compraron un piso, y antes de casarse. ¿Tienes amigos o parientes a quienes les haya pasado algo semejante? ¿Adónde se va Cris después para consolarse? ¿Qué harías tú si te dejara tu novio(a) justo antes de la boda?

3. En el #6 Berta se preocupa porque piensa que Antonio ha dejado a Chavela en el veterinario, "con desconocidos", pero en realidad la perra está muerta. Comenta esa escena. ¿Cómo reaccionaste al verla? ¿Te gustan los perros? ¿Tienes uno(a) en casa? ¿Lo (La) quieres como quiere Berta a Chavela? Explica cómo es tu relación con tu perro(a) si lo (la) tienes, y si no, cómo puede ser la relación entre los humanos y sus perros. ¿Alguna vez se ha muerto una mascota en tu familia? Comenta la experiencia y compárala con lo que le pasó a Chavela, y con la reacción de Berta, en el segmento.

4. En el #8 Goya comenta que Cris, ahora que no se va a casar, tiene la oportunidad de vivir con sus padres de nuevo, quienes algún día "se van y ya no vuelven". Goya se siente nostálgica porque Javi acaba de casarse y de salir de casa. Pero como Goya y Vicente ahora viven en el mismo edificio que él, Goya no debe estar tan desconsolada. ¿Cómo te sentirías tú si fueras Javi (o Lola)? ¿Te gustaría vivir en el mismo edificio que tus padres, o cerca de tus padres, después de casarte? ¿Cuáles serían las ventajas y las desventajas?

5. En el #11, vemos la situación de las okupas y la broma que les gasta Eric con la domótica. ¿Te parece chistosa la broma? ¿Has gastado tú una broma tan extrema alguna vez? ¿O te han gastado una broma a ti? Explica.

© Telec nico en colaboración con Alba Adriática

Gramática

Práctica comunicativa con los mandatos formales e informales

C. ¿QUIÉN LO DIJO? Completa las siguientes citas con la forma correcta del mandato de **tú** y luego decide **qué personaje** lo dijo y **en qué contexto**.

1. Ay mamá, no tengo tiempo, (cocinar) _____ tú.

2. Al "yes", al verde... ¡Espera, espera! (Coger) _____ tú al niño, ¿vale?

3. Ven, (darme) _____ un abrazo, ¿eh?

4. Pero no (llamar) _____ tanto, que se van a enfadar...

5. Pero, ¡no, no le (mirar) _____ a los ojos! ¡Tápalo!

6. (Disfrutarlos) _____ ahora, que luego se van y no vuelven.

7. ¡Ah! Camilo, Cris. Cris, Camilo. (Decirle) _____ algo, Camilo: "¡Hola tía Cris!"

8. ¡Pues (irse) _____ a un hotel, o a un coche, yo qué sé, hay mil sitios!

9. ¿Para qué? Si ya nos odian, no (gastarse) _____ el dinero.

10. Pues, (fijarse) _____, yo creo que vamos a ser felices en esta comunidad.

 D. CONSEJOS PARA LOS PERSONAJES

Imaginen que son psicólogos y que les tienen que dar consejos a los personajes de *La que se avecina* (¡y es obvio que los necesitan!). Su profesor(a) les va a dar el nombre de uno de los personajes (o de una pareja) y tienen que escribir una lista de mandatos. Luego cada grupo leerá la lista a la clase, y la clase adivinará quiénes son.

Nlshop/Shutterstock.com

OJO: Es una situación formal; usen mandatos de usted / ustedes.

 E. JUEGOS DE ROLES Representen las siguientes situaciones en parejas, utilizando correctamente los mandatos informales.

- Son dos amigos (o novios) que acaban de instalarse en un nuevo apartamento. Los dos son muy mandones y se dan muchas órdenes. (Por ejemplo: *Sal a comprar pintura. No compres un color oscuro. No pongas la lámpara allá; ponla acá.*)

- Son compañeros de cuarto que **no** se llevan bien. Representen una conversación en la cual digan lo que cada uno debe y no debe hacer. (Por ejemplo: *No pongas tu música tan alto. ¡Limpia el cuarto ahora mismo!*)

Pronunciación

La pronunciación de las vocales monoptongales sin diptongación

En el **Capítulo 1** aprendimos que un error común con las vocales átonas en español es pronunciarlas como la *schwa* [Ə] o la [I] del inglés. En inglés también existe la tendencia de alargar o diptongar ciertas vocales. Por ejemplo, las palabras *no*, *tea* y *to* se pronuncian con diptongos, casi como si tuvieran una *w* o una *y* al final. Las palabras **no, ti** y **tú** en español, en cambio, no se deben pronunciar así, sino que se debe mantener su pronunciación tensa y corta. Incluso existen pares de palabras en español que se diferencian solo por la falta o la presencia del diptongo: **le / ley, reno / reino**.

F. PRÁCTICA DE PRONUNCIACIÓN EN CLASE Escucha de nuevo la siguiente escena del segmento, prestando especial atención a la pronunciación de las vocales subrayadas. Luego lee en voz alta el diálogo con un(a) compañero(a) de clase, centrándote en pronunciar las vocales subrayadas de manera tensa y corta, sin formar diptongos.

Pronunciation Audio

BERTA Buen**o**s días.

CRIS ¡Oy**e**! ¡N**o**, n**o**, n**o**... espera, espera!

BERTA ¡N**o** teng**o** nada, no tengo nada!

CRIS Oye, que... ¿alquilas el pis**o**? Es qu**e** estoy interesada. ¿Hola?

CRIS Hola...

BERTA N**o**sotros vivimos enfrente, en el 1°C, qu**e** es orientación sur. Este l**o** hemos comprado para cuando crezca nuestro hijo Álvar**o**, qu**e** está estudiando en Irlanda. Y mientras, pues, l**o** alquilamos y s**e** auto-paga.

CRIS Y... ¿n**o** s**e** podría bajar un poquitín... el precio?

BERTA N**o**.

CRIS Buen**o**, pues me l**o** quedo. Me l**o** quedo.

BERTA Eh, ¿t**e** importa s**i** antes t**e** hago unas preguntas? Porque est**o** de los alquileres es un poquito delicado.

CRIS N**o**, n**o**, n**o**, claro, s**i** no m**e** conoces, podría ser la típica chalada que t**e** destrozara la casa. ¡Que no l**o** soy...!

BERTA ¿Por qué n**o** vienes esta noche a cenar a la casa a las nueve y as**í** t**e** conoce m**i** marid**o**? Y, bueno, y**o** voy preparando el contrato, y tod**o**.

CRIS Ah... s**í**. S**í**, s**í**, s**í** claro. ¿Llevo alg**o**?

BERTA La fianza. Por s**i** n**o**s entendemos.

© Telecinco en colaboración con Alba Adriática

Estrategias conversacionales
Pedir un favor

¿Te importa dejar ese último hueso para mí?

© Cengage Learning 2014

Hay muchas maneras de pedir un favor. En la siguiente tabla se incluyen tres expresiones. Usar **poder** en el condicional es la forma más cortés, mientras que **poder** en el presente del indicativo y **te importa**... son más informales.

Expresión	Ejemplos
¿**Te / le / etc. importa** + infinitivo?	¿**Te importa** comprar unos refrescos para la fiesta? Creo que nos van a hacer falta.
¿**Puede(s) / etc.** + infinitivo?	Oye, ¿**puedes** echarme una mano con esta caja, por favor? Pesa un montón.
¿**Podría(s) / etc.** + infinitivo?	¿Me **podría** escribir una carta de recomendación, por favor?

G. ESCENAS Ahora lee las siguientes escenas de *La que se avecina*. Considera el contexto (formal / informal) y la relación que tienen los personajes (íntima o no, la edad, etc.) y determina cuál es la mejor respuesta. A veces hay más de una respuesta apropiada; considera los cambios sutiles de tono con las diferentes opciones.

1. **SERGIO:** Te dije bien claro antes de comprarte el piso: "¿(**Me puedes / Te importa / Me podrías**) cambiar esta escalera de caracol... por una normal?" Y tú me dijiste: "Sí, no hay problema". Y yo: "¿Seguro?", y tú: "Que sí, que no seas pesado, firma". Entonces yo firmo, llego aquí y ahí está la escalera.

   JOAQUÍN: Mira que eres desagradecido. Encima que te consigo gratis el microondas con *grill*...

2. **SERGIO:** Ya, pero es mi plaza.

MAITE: Oye, ¿y (**puedes / te importa / podrías**) hacerte una foto conmigo? Es que mi amiga Patu no se lo cree... ¡Toma, Cuqui! Hale, enano.

AMADOR: Sergio, si yo lo digo porque nos vamos a estar rozando con las puertas, ¿eh? ¿Dónde le doy, Maite?

3. **BERTA:** Nosotros vivimos enfrente, en el 1ºC, que es orientación sur. Este lo hemos comprado para cuando crezca nuestro hijo Álvaro, que está estudiando en Irlanda. Y mientras, lo alquilamos y se auto-paga.

CRIS: ¿Y no (**se puede / te importa / se podría**) bajar un poquitín... el precio?

4. **BERTA:** No.

AMADOR: Uy, perdona, ¿que estabas dormido?

SERGIO: No, no, no. Tranquilos, ya me habían despertado los obreros.

MAITE: ¿Qué obreros?

SERGIO: De la constructora, es que me estoy cambiando la escalera, que, que no me gustaba.

AMADOR: Ah, muy bien, muy bien... Oye, ¿(**puedes / te importa / podrías**) no dejar tu coche en esa plaza? Es que es imposible entrar en el mío.

SERGIO: ¿Y dónde lo dejo? Es mi plaza...

H. JUEGOS DE ROLES: PEDIDOS ENTRE LOS VECINOS En parejas, túrnense para pedir ayuda en las siguientes situaciones. Piensen en el nivel de formalidad que se requiere para cada contexto (¿**tú** o **usted** y condicional o no?).

1. Un(a) vecino(a) está cocinando y se le ha acabado la harina. Va a la casa de su vecino(a), un(a) señor(a) mayor, para pedirle un poco de harina.

2. Un(a) vecino(a) acaba de comprar un nuevo sillón y va a la casa de su vecino(a), un(a) joven amable, para pedirle que le ayude a llevarlo desde su camioneta a la casa.

3. Un(a) vecino(a) va a irse de vacaciones y quiere que su vecino(a), un(a) buen(a) amigo(a), le riegue las plantas.

StockLite/Shutterstock.com

4. Un(a) vecino(a) tiene niños pequeños y no tiene quien se los cuide mientras trabaja unas horas esta tarde. Va a la casa de su vecino(a), un(a) señor(a) de unos cincuenta años, para pedirle que los cuide.

5. Un(a) vecino(a) le pide a otro(a) vecino(a), un(a) niño(a) de seis años, que le traiga su periódico. (Los dos están afuera.)

MÁS ALLÁ

LECTURA CULTURAL
El concepto cultural del vecino hispano en Estados Unidos

Antes de leer

A. LOS VECINOS

PASO 1: Contesta las siguientes preguntas sobre el concepto cultural del vecino hispano.

1. ¿Cuáles son las características de los vecinos españoles que has visto hasta ahora en la serie *La que se avecina?*

2. ¿Cuáles son los estereotipos que existen en Estados Unidos de "los vecinos hispanos" que viven en nuestro país?

3. Lee el título de la lectura y algunos de los subtítulos. ¿Cuáles serán algunos de los temas tratados en el artículo?

4. Si una nueva familia se instala en tu vecindario, ¿les das algo o vas a su casa para presentarte (o lo hace tu madre o tu padre)? ¿Te gusta que tus vecinos hagan eso cuando tú te mudas o lo consideras una molestia?

5. ¿Alguna vez has llamado a la policía por el ruido que estaban armando tus vecinos? ¿O tus vecinos te denunciaron a ti? ¿Qué opinas de la posible dicotomía de "el derecho" que tienen los vecinos de hacer lo que quieran y "el respeto" que deben mostrar todos hacia sus vecinos?

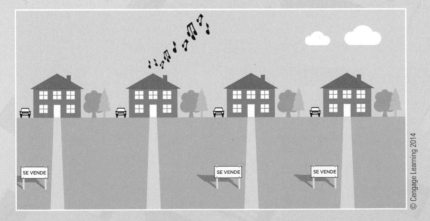

© Cengage Learning 2014

PASO 2: Ojea las preguntas de cierto/falso que siguen al artículo para ayudarte a encontrar la información importante del artículo.

A leer

B. ¿BUENOS O MALOS VECINOS? Ahora lea el siguiente artículo sobre los hispanos y el concepto de vecino.

Los hispanos, ¿somos buenos vecinos?

Un tema para discutir

Josefina March, Univisión Online

La madrugada que escuchó el canto de un gallo, un sonido completamente inusual en su vecindario del condado de Prince William, en Virginia, a media hora de Washington, DC, la uruguaya Virginia Pariz dijo "basta".

Una semana antes, una gallina había "irrumpido" en el jardín de su casa, durante la fiesta de cumpleaños de su hijo de 7 años. "Fue embarazoso", contó Pariz, "los invitados se espantaron y algunos niños se asustaron tanto que comenzaron a llorar, otros querían cazar al ave". A pesar del desastre, en ese momento decidió no hacer nada.

Pero el cacareo matinal fue la gota, o la nota, que colmó el vaso. La mujer presentó una denuncia contra sus vecinos de la casa de al lado, hispanos también, quienes tenían en el jardín un corral con unas siete aves.

Aferrados a las costumbres

Los hispanos solemos estar orgullosos de nuestra vida social en el barrio. La solidaridad, la facilidad para hacer amistades, la disposición para compartir —desde una taza de azúcar hasta la vida completa del otro— son las virtudes que nos destacan.

Sin embargo, a veces, la confianza que logramos con nuestros vecinos excede los límites de las medianeras[1] y convierte la convivencia en algo insoportable. ¿Será cuestión de costumbres? ¿falta de consideración y respeto? ¿o simplemente mala educación?

Ruidosos

El caso de Prince William sirve para abrir el debate. En este condado[2] ha habido en lo que va del año más de mil denuncias contra vecinos, que van desde la crianza de aves de corral en los patios traseros hasta la más usual por ruidos molestos. Aunque los informes oficiales no clasifican al objeto de la denuncia

Blend Images/Alamy

por franja étnica, se estima que al menos el 70 por ciento de estas han sido contra latinos.

"Hay que tener mucho cuidado, porque si bien algunas denuncias son por razones reales, otras veces esconden la desconfianza y la discriminación hacia el hispano", explicó un activista de la organización Mexicanos Sin Fronteras, que realiza trabajo pro inmigrante en la zona.

La sargento Erica Hernández, encargada de asuntos hispanos en la Policía de dicho condado, consideró que lo más frecuente cuando de hispanos se trata son las denuncias por ruidos molestos. "Al menos una de cada tres llamadas es por reclamos por el volumen de la música del vecino", aseguró.

Pero agregó que hay más de mito que de realidad sobre los 'riesgos' de tener latinos como vecinos. "En la mayoría de los vecindarios del área conviven distintos grupos en buena armonía. Creo que ciertas personas que no terminan de adaptarse a la diversidad de este país son los que hacen correr historias descabelladas sobre los vecinos hispanos".

Y si de ruidos molestos se trata, ejemplos sobran en todo el país. "Antes vivía en un apartamento cuyas ventanas daban a la casa de unos mexicanos que todos los fines de semana hacían fiestas y se ponían a tomar cerveza y a cantar", cuenta Carina Roldán, una argentina

[1]pared compartida que divide dos casas contiguas [2]subdivisión territorial administrativa de un estado
Josefina March, Univision.com

que vive en el suroeste de Miami y a quien también le gusta, de vez en cuando, festejar en su patio y poner la música a un volumen alto. Pero el caso de sus vecinos era excesivo y terminaron siendo echados de un vecindario donde la mayoría son hispanos.

[...]

Vivir de puertas afuera

Cuando de disputas vecinales se trata, las diferencias entre comunidades salen a flote[3]. "Creo que los americanos no tienen tantos problemas porque viven muy de puertas adentro", remarca Carina Roldán. En su barrio, con mayoría de hispanos, suele ver a las familias más en los patios o sentados en la puerta de casa conversando.

Para Amanda Balza —quien vive con su marido en Los Ángeles, California— la experiencia fue diferente. "Cuando recién nos mudamos, los vecinos —en su mayoría americanos— vinieron a golpearnos la puerta para presentarse. Luego nos invitaron a ir a un concierto y a la playa; pero como les dijimos que no, no volvieron a molestarnos".

Amanda sí tuvo que padecer la intromisión de su vecina hispana. "Fue cuando vivía en Miami Beach. Mi vecina era una viejita que ya el primer día se metía en nuestra casa y nos contaba cómo a la chica que vivía antes ahí le cortaba el pelo... ¡Hasta nos espiaba por el balcón!". Y aunque le costó un poco más sacarla de su vida que con los americanos, Amanda dice que finalmente, la viejita se cansó de buscar conversación.

[...]

¿Queja puntual o rechazo al otro?

Según el antropólogo Ulf Hannerz, profesor de Antropología Social en la Universidad de Estocolmo, en Suecia, y autor del libro *Explorando la ciudad,* cuando se están construyendo comunidades nuevas —en Estados Unidos se conocen como 'vecindarios en transición'— existe un miedo que es casi primitivo que se denomina en la jerga[4] "el miedo a la otredad".

"Siempre que llega gente nueva, de culturas distintas a las que originalmente conformaron ese núcleo urbano, existe una reacción de miedo que en algunos se procesa y se logra la convivencia equilibrada. Pero otros no superan esa etapa del miedo y es ahí en donde surgen los problemas de rechazo, discriminación y los mitos acerca de las comunidades", reflexiona Hannerz.

En defensa de su comunidad, Arlina Pérez Soldado —quien es originaria de Guatemala y vive en Prince William hace diez años— asegura que, cuando de latinos se trata, siempre se ve la parte vacía del vaso.

"'Todos los vecinos hispanos de mi área tenemos nuestras casas muy cuidadas, el césped cortado, los jardines llenos de flores. Venimos a darle color y vida a esta comunidad y nadie ve eso", asegura. "No nos pueden juzgar por casos aislados que, por cierto, también se presentan con otros grupos raciales", enfatiza.

La Junta de Supervisores del condado, hace pocos meses, votó de manera unánime una norma que indica que los vecinos que violen códigos de vivienda, y críen gallinas en sus jardines, deben ser desalojados o duramente multados. Muchos vecinos reclamaron esta decisión, argumentando que las aves de corral pueden perfectamente ser consideradas como mascotas, es decir, animales domésticos.

Sin dudas, todo depende del cristal con que se mire. Porque, como remata la sargento retirada Jim Lovett, vecina de la zona, "estos animales alteran nuestra calidad de vida". Además, dice: "La ley es la ley y si quieren tener gallinas, que se compren una granja".

Finalmente, la uruguaya Pariz resolvió la disputa con sus vecinos sin necesidad de abogados ni cortes: las gallinas fueron paulatinamente[5] convirtiéndose en cenas familiares y la mujer aceptó "tolerar" un solo pollito, una de las niñas estaba muy encariñada con él. Pero de ninguna manera al gallo cantor.

Mediar en las disputas entre vecinos es casi tan difícil como pretender hacerlo en los problemas familiares. Ya sea por los gallos, los ruidos o la intromisión; la falta de respeto por las leyes de convivencia no distingue raza o lugar. Y cuando un vecino se vuelve insoportable, hay que juzgarlo por su molestia y nada más.

[3]se descubren [4]expresiones particulares de una clase social o una profesión [5]gradualmente

Después de leer

C. ¿CIERTO O FALSO? Indica si las siguientes frases son ciertas o falsas y luego corrige las frases falsas.

1. Como es hispana también, el ruido que hacía el gallo de sus vecinos no le molestaba mucho a Virginia Pariz.

2. En el condado de Prince William, Virginia, las denuncias por ruidos son bastante frecuentes contra los hispanos.

3. Según un activista citado, algunas de las denuncias se deben a la discriminación.

4. Para Amanda Balza, el problema con sus nuevos vecinos "americanos" fue que ni llegaron a su puerta para saludarla.

5. Según Ulf Hannerz, "el miedo a la otredad" puede resultar en problemas de rechazo y discriminación si no se supera con el tiempo.

6. En el condado de Prince William es legal ahora criar gallinas en los jardines de las casas.

Anna Hoycht.k/Shutterstock.com

D. LA IDEA PRINCIPAL ¿Cuáles son las ideas más importantes del artículo? Resume lo más importante en una o dos oraciones.

E. VAMOS MÁS A FONDO Las prácticas reflejan los valores y las creencias culturales que son parte de quienes somos, aunque con frecuencia ni nos damos cuenta. En grupos pequeños, consideren las siguientes situaciones imaginarias, reflexionando sobre las culturas hispanas y las otras culturas de Estados Unidos que conocen. En las dos situaciones deben imaginar que ustedes viven en la misma casa.

1. Como "la vecina viejita de Amanda" en el artículo, ustedes tienen una vecina chicana que siempre quiere charlar y no los deja salir. Le dicen que no tienen tiempo para hablar porque tienen una cita con un amigo, pero parece que no le importa y sigue hablando. ¿Por qué será así? Puede ser su personalidad, pero examinen también posibles factores culturales, comentando sus experiencias personales. Hablen también de las costumbres y los valores de los estadounidenses que no son latinos con respecto a este tema. ¿Qué impresión les podría dar a los latinos recién llegados a este país?

2. Sus vecinos puertorriqueños siempre están afuera, en el patio o el porche, conversando o escuchando música, y también los vienen a visitar con frecuencia algunos de sus familiares (llenando toda la calle con coches). A ustedes les molesta el ruido, el tráfico y la falta de tranquilidad y les parece que no tienen privacidad. ¿Qué factores o valores culturales, de los latinos y de los estadounidenses, podrían entrar en juego aquí?

EXTENSIÓN
VOCES DE LATINOAMÉRICA

 La convivencia
Video

F. OTRAS OPINIONES

PASO 1: Ahora mira los videos del sitio web de *Relaciónate* para aprender más sobre el concepto de la convivencia desde la perspectiva de gente de varios países latinoamericanos. Luego completa las actividades que siguen.

PASO 2: Copia la siguiente tabla y llénala con los datos que mencionan los hablantes. Luego contesta las preguntas que siguen.

Nombre y país de origen	Relaciones entre vecinos en su país	Experiencias con los vecinos

1. ¿Notas algunas semejanzas entre lo que dijeron varios de los hablantes sobre la convivencia? ¿Y diferencias? ¿En qué se parecen y diferencian los problemas que mencionaron ellos con los problemas de EE. UU.? Si hay diferencias, ¿por qué será?

2. ¿Qué es lo más interesante que aprendiste de los videos? ¿Te sorprendió algo de lo que dijeron los hablantes?

3. ¿Qué persona preferirías tener como vecino(a)?

4. Si pudieras hacerle una pregunta a una de las personas, ¿cuál sería?

G. TU PROPIO VIDEO Ahora graba tú un video sobre las relaciones entre vecinos en EE. UU., usando los videos de "Voces de Latinoamérica" como modelo. Tu video debe durar solo 2–3 minutos y debe incluir lo siguiente:

1. ¿Cómo son las relaciones típicas entre los vecinos en Estados Unidos? ¿Cómo se pueden comparar con las relaciones que tienen los vecinos en España y en Latinoamérica, generalmente?

2. ¿Cuáles han sido tus experiencias con los vecinos? ¿Crees que han sido típicas?

GRABACIÓN

GLOSARIO

VOCABULARIO

Para ver otra vez la lista de abreviaturas, ve a la página 26 del **Capítulo 1**.

agotado(a) (adj.) expresa cansancio, debilidad o fatiga: *Pasé toda la noche estudiando para el examen final y ahora estoy agotado.*

allanamiento de morada (m.; Der.) delito que consiste en entrar en el domicilio privado de alguien sin su permiso o por la fuerza: *El hombre acusado de allanamiento de morada por entrar en un piso en el D.F. dijo en el juicio que la puerta ya estaba rota.*

alquilar (tr.) dar o tomar algo para usarlo durante un período determinado y por un precio acordado: *Me han alquilado el piso en la playa por una semana. A 1.000 euros la semana, me sale bastante caro, pero está en una zona preciosa.*

amenazar (tr.) dar a entender a través de acciones o de palabras que uno quiere hacer un mal a otro: *Muchos padres amenazan a sus hijos con castigo para que se comporten bien.*

aprovecharse (prnl.) beneficiarse o sacar provecho de algo o de alguien: *Después de años de alquiler, se aprovechó de la mala economía para comprarse una casa.*

apuntarse (tr.) incorporar a alguien a una actividad, un proyecto, etc.: *Voy a estudiar en Costa Rica el semestre que viene. ¿Te apuntas también?*

atascarse (tr.; U. m. c. prnl.) obstruir o dificultar el conducto de algo: *Cuando se atascó el grifo de la bañera, tuve que llamar a un fontanero.*

avasallar (tr.) someter a obediencia o actuar mediante el abuso de poder o el uso de fuerza sin considerar los derechos de los demás: *No voy a permitir que mi jefe siga avasallándome.*

buzón (m.) caja en donde se depositan las cartas y papeles para el correo u otro destino: *Cuando salí esta mañana, se me olvidó la llave de casa. Déjame la tuya en el buzón cuando vayas, ¿vale? Si no, no voy a poder entrar en casa luego.*

cana (f.; U. m. en pl.) pelo que se ha vuelto blanco o gris: *A pesar de solo tener treinta años, ya le están empezando a salir canas.*

capricho (m.) deseo que dura poco tiempo o decisión arbitraria que es típicamente el resultado de un antojo o de ser extravagante: *Mi mayor capricho fue comprarme un par de zapatos Manolo Blahnik por $500.*

consternado(a) (adj.) apenado, dolorido, triste: *Estamos consternados y muy preocupados por el aumento de la violencia en nuestra ciudad.*

contribuyente (com.; Der.) persona que por ley necesita pagar impuestos al Estado: *Los contribuyentes tienen que presentar sus declaraciones de impuestos al Servicio de Impuestos Internos (IRS) para la fecha límite del 15 de abril.*

de sobra (loc. adj. y adv.) más que suficiente o de lo necesario: *Ganó la lotería y ahora tiene dinero de sobra.*

desequilibrado(a) (adj.; U. t. c. s.) persona que no tiene equilibrio mental y que a veces llega a parecer loca: *El político que acusó a su rival de estar desequilibrado esperando desacreditarlo al final no ganó las elecciones.*

dimitir (intr.) abandonar al cargo que uno desempeña: *El vicepresidente dimitió bajo presión política.*

domótica (f.) grupo de sistemas que controlan de forma automática el equipamiento de las viviendas u oficinas: *La casa está dotada de domótica que controla la luz y la calefacción.*

equivocado(a) (adj.)	que comete un error o equivocación: *Estás muy equivocado en tu análisis de la situación.*
fianza (f.)	garantía de algo, normalmente mediante dinero: *Nos tienes que dar una fianza si quieres que te alquilemos el piso.*
grúa (f.)	vehículo que se utiliza para remolcar otro: *Si planeas ir al centro, no aparques en una zona prohibida porque ya no ponen multas sino que la grúa se lleva los coches.*
hacerle ilusión (f.)	esperanza que no tiene fundamento en la realidad: *Me encantaría salir con ella, pero no me quiero hacer ilusiones antes de saber si está interesada en mí o no;* alegría, satisfacción: *Le hace mucha ilusión asistir a la ceremonia de graduación de su hija.*
hígado (m.; Anat.)	órgano del aparato digestivo que realiza funciones metabólicas como la secreción de la bilis y la desintoxicación de la sangre: *En el cuerpo humano, el hígado se encuentra bajo el diafragma.*
hundir (tr.)	arruinar, hacer fracasar: *La lluvia nos hundió el picnic.*
maletero (m.)	en los vehículos, espacio en la parte trasera designado para maletas o equipaje: *Solamente nos caben dos maletas pequeñas en el maletero.*
manada (f.)	grupo de animales domésticos o salvajes de una misma especie que andan juntos: *De safari en África, vimos una manada de elefantes.*
mando (m.)	(Esp.) mecanismo que hace funcionar otro aparato electrónico: *El mando se quedó sin pilas y ahora no puede encender la televisión.* [En LAm se usa el término **el control remoto** o **el control.**]
persiana (f.)	tipo de celosía colocada en ventanas o puertas que sirve principalmente para regular la entrada de luz: *Busco persianas para mi habitación que bloqueen totalmente el paso de la luz.*
picar (tr.)	ser víctima de un engaño: *Si te piden datos personales por Internet, no piques; puede que sea una estafa.*
picadero (m.)	piso u otro lugar utilizado esencialmente para tener relaciones sexuales: *¿Cómo que usaba el piso de la playa de picadero este invierno? ¡¿Y si se enteran mamá y papá?!*
piquete (m.)	grupo de personas que andan por las calles o se instalan en algún lugar con el fin de imponer pacífica o violentamente que se deje de trabajar o que se mantenga una huelga ya empezada: *Los sindicalistas formaron un piquete y no dejaron pasar a los empleados.*
plaza (f.)	lugar o espacio que puede ocupar algo o alguien: *El restaurante es tan popular que es casi imposible encontrar plaza para aparcar los fines de semana.*
primeros auxilios (m.)	medidas urgentes que se aplican a las víctimas de accidentes o enfermedades repentinas hasta que llegue personal especializado: *Este verano voy a asistir a un curso de primeros auxilios para estar preparado para afrontar situaciones de emergencia.*
prórroga (f.; Dep.)	tiempo extra (que varía según los deportes) añadido al tiempo normal de un partido cuando los dos equipos están empatados: *Al final nuestro equipo de fútbol ganó 1-0 en la prórroga.*
rozar (tr.)	quitar una parte de la superficie de algo al ponerse en contacto una cosa con otra: *Los zapatos nuevos siempre me rozan los talones.*
soso(a) (adj.)	aburrido, poco animado: *Mi habitación es muy sosa, tengo que pintar las paredes de un color vivo lo antes posible.*
trato (m.)	acuerdo entre personas: *Hicimos un trato de no hablar por teléfono mientras conducíamos.*

AQUÍ SE HABLA ASÍ

Para ver otra vez la lista de abreviaturas, ve a la página 26 del **Capítulo 1**.

bárbaro(a) (adj. col.)	(Arg., Cu., Pe., Ur.) estupendo, maravilloso: *El partido estuvo bárbaro. Me divertí un montón.*
caer(le, etc.) bien/mal (loc.)	le gusta o no (la personalidad de) una persona: *Me cae muy bien mi compañera de cuarto; es muy divertida.*
chalado(a) (adj. col.) rayado(a) tostado(a) zafado(a)	(Esp.) loco, necio, chiflado: *Ella está chalada; nunca se sabe qué va a hacer.* (Arg., Ec., Pe., Ur.) (P.R., R.D.) (Guat., Méx.)
chaval(a) (m. / f.) **chavalo(a) y chavo(a)** jevo(a) lolo(a) pelado(a)	(Esp.) muchacho(a), joven: *Oye, chaval, ¿sabes qué hora es?* (Méx., partes de CAm) (Cu., R.D.) (Chl.) (Col., Ec., Pan.)
chungo(a) (adj. col.) fregado(a) yuca	(Esp.) difícil, complicado, desagradable: *Fue un examen chungo.* (Col., Hon.) (El Sal., Guat., Hon., Pe.)
churri (col. m. / f.)	(Esp.) se usa para referirse, de manera cariñosa, a la persona amada; también se usa como apelativo para dirigirse a esa persona: *Ayer salí a cenar con mi churri.*
¿Cómo que...? (exprs.)	significa: ¿Qué quieres decir con que...?; se usa para expresar incredulidad o enojo: *¿Cómo que no hiciste la tarea? ¡Te dije mil veces que tenías que hacerla!*
echarle la bronca a alguien (loc. col.) leerle la cartilla a alguien retar a alguien	(Esp.) regañar / reprender a alguien: *Magda le echó la bronca a Carol por no haberla invitado a su fiesta. ¡Fue una escena desagradable!* (Méx.) (Arg., Chl., Ur.)
estar a tope (loc. col.)	estar muy lleno: *¡Cuánta gente! El autobús está a tope hoy.*
estar (estoy, está, etc.) en ello (loc.)	estar en proceso; estar haciéndolo (un trabajo, un proyecto, etc.): *No te preocupes por lo del problema con los vecinos. Estoy en ello.*
fantasma (m. col.)	(Esp.) alguien que presume de lo que no es verdad o que es una exageración: *Felipe dice que tiene muchas novias, que gana mucho dinero... ¡qué fantasma es!*
fardar (intr. col.) apantallar tirárselas (de)	(Esp.) presumir, alardear: *José pasa todo el día fardando de su trabajo, de su coche, de su novia...* (Col., Guat., Hond., Méx., Nic.) (Arg., C.R., Col., Hon.)
flipar (intr. col.)	(Esp.) estar bajo los efectos de una droga; sorprenderse, maravillarse: *Debería estar flipando. Esto no puede ser.*
jamacuco (m. col.)	(Esp.) ataque repentino (como un desmayo o un mareo): *A mi padre le dio un jamacuco ayer. Se desmayó en medio de la calle y tuvimos que llamar a una ambulancia.*
marrón (m. col.)	(Esp.) obligación o situación incómoda o desagradable: *Me ha caído el marrón de cuidar a los cuatro hijos de Carmen el sábado; siempre se portan mal y no me gustan nada los niños.*

no me (le, etc.) da la gana (exprs. col.; grosero)	no querer, no tener ganas: *No voy a limpiar mi cuarto porque no me da la gana.*
oye (interj. col.)	se usa para llamar la atención a alguien, informalmente (segunda persona singular del verbo oír en imperativo): *Oye, Julio, ¿puedes ayudarme?*
pirarse (loc. col.)	(Arg., Cu., Esp., Ur., Ven.) irse, escapar: *Ya me piro; me está esperando mi hermana.*
por si acaso (loc. adv. o conj.)	por si ocurre algo, como precaución: *Debemos llevar un paraguas por si acaso llueve.*
rematar (tr.)	terminar de arruinar o empeorar algo que ya estaba mal: *Hoy se me perdieron las llaves, llegué tarde a mi clase, y para rematar, se me había olvidado que teníamos un examen.*

ESCRITURA

DESCRIBIR *LA QUE SE AVECINA* PARA UNIVISIÓN

Imagínate que el canal de televisión Univisión va a estrenar la serie de televisión *La que se avecina* aquí en Estados Unidos y te han pedido que escribas una introducción a la serie para su página web. La idea es describir la serie y animar a sus telespectadores a ver el primer episodio.

PRIMER PASO: GENERACIÓN DE IDEAS Y SU ORGANIZACIÓN

1. Haz una "lluvia de ideas" sobre la información más importante sobre la serie y su trama.

    Antes de escribir el borrador de un trabajo, siempre es aconsejable hacer una "lluvia de ideas" *(brainstorm)* para generar muchas ideas sobre el tema. Las preguntas que se incluyen en el primer paso contienen posibles preguntas que puedes contestar para empezar este proceso.

    Datos básicos
    - ¿De dónde es la serie? ¿De qué año es? Género: ¿Qué tipo de programa es?
    - ¿Qué días y a qué horas se emitirá?
    - ¿Quiénes son los actores? ¿Hay algún actor conocido?
    - ¿De qué se trata la serie y dónde tiene lugar?

2. Luego, escribe una lista de los aspectos positivos de la serie y contesta las siguientes preguntas: ¿Por qué ha decidido Univisión añadir esta serie a su programación? ¿Por qué será de interés para sus telespectadores en los Estados Unidos?

3. Finalmente, organiza tus ideas en un esbozo *(outline)*.
    - Introducir el tema
    - Describir los datos básicos sobre la serie
    - Describir los aspectos positivos de la serie: ¿Por qué será de interés?
    - Concluir al reiterar los datos básicos y al animar al lector a ver la serie

SEGUNDO PASO: REDACCIÓN

Escribe un **borrador preliminar** *(rough draft)* de **300–350 palabras**. Recuerda que al escribir dentro de ciertos límites, **cada palabra cuenta**.

TERCER PASO: REVISIÓN Y PREPARACIÓN DEL SEGUNDO BORRADOR CORREGIDO

Ahora lee tu borrador preliminar con un ojo crítico respecto al **contenido, organización** y **vocabulario/gramática**. Al revisar, escribe anotaciones y correcciones a mano **directamente** en el borrador preliminar. Luego escribe a máquina las revisiones y correcciones que anotaste para poder preparar el segundo borrador corregido. Lleva este borrador a clase para hacer el siguiente paso.

A continuación tienes una lista de verificación (*checklist*) para consultar al revisar tu borrador preliminar:

Contenido

- ☐ ¿He incluido suficiente información y la información más importante para describir la serie?
- ☐ ¿Explico de manera completa y concisa la trama de la serie?
- ☐ ¿Es apropiado el tono? ¿Concuerda con el propósito de **describir** y **animar** a los telespectadores?
- ☐ ¿Incluyo suficientes aspectos positivos de la serie para convencer a los telespectadores de que la vean?

Organización

- ☐ ¿Hay una secuencia lógica, con una introducción, un cuerpo y una conclusión?
- ☐ ¿Hay palabras de enlace?
- ☐ ¿Es eficaz la división y organización de ideas en párrafos? ¿Hay párrafos que deban dividirse o reorganizarse? ¿Hay alguna frase o frases dentro de algún párrafo que deba(n) ser eliminada(s), elaborada(s), etc.?

Vocabulario/Gramática

- ☐ ¿He utilizado un vocabulario variado y descriptivo y he evitado palabras básicas como **bueno, malo** y **cosas**? ¿También he verificado que no haya ningún anglicismo (traducción literal)?
- ☐ ¿Hay concordancia entre los sustantivos y sus modificadores (fem./masc./sing./pl.) y entre los verbos y los sujetos?
- ☐ ¿He usado correctamente las estructuras tratadas en los **Capítulos 1–2**?
- ☐ ¿He revisado la ortografía y la puntuación?

CUARTO PASO: REVISIÓN EN COLABORACIÓN

Intercambia tu segundo borrador corregido con el de otro(a) estudiante y utiliza la hoja que te ha dado tu profesor(a) para ayudar a tu compañero(a) a mejorar su trabajo escrito. Él (Ella) hará lo mismo con tu trabajo escrito.

QUINTO PASO: PREPARACIÓN DE LA PRIMERA VERSIÓN

Primero, lee con cuidado los comentarios y sugerencias de tu compañero(a). Después, repite el **Tercer paso** con la lista de verificación que utilizaste para preparar el segundo borrador corregido. Finalmente, escribe una nueva versión de tu trabajo que incorpore las correcciones y los cambios necesarios. Entrégale a tu profesor(a) los siguientes documentos, electrónicamente o una copia impresa, según las instrucciones de tu profesor(a), en este orden: primera versión, hoja para la revisión en colaboración, segundo borrador corregido, borrador preliminar.

Tu profesor(a) te dará sus comentarios sobre tu primera versión. Úsalos para revisar esta versión otra vez y después entregársela a tu profesor(a).

CAPÍTULO 3

En búsqueda de la seguridad

En este capítulo verán el segundo episodio de *La que se avecina*,
"Okupas, flechazos y un golpe en el garaje".

© Telecinco en colaboración con Alba Adriática

© Ken Welsh / Alamy

PREPARACIÓN

Práctica de vocabulario

Antes de hacer las actividades de esta sección, repasa la lista de palabras nuevas y sus definiciones en el **Glosario** de las páginas 79–80.

A. RECAPITULACIÓN Y PREDICCIONES El siguiente texto incluye una recapitulación de algunos de los momentos más destacados del primer episodio junto con preguntas sobre qué va a pasar en el siguiente episodio que vas a ver en este capítulo.

PASO 1: Completa los espacios en blanco con el vocabulario nuevo que se presenta a continuación. No olvides conjugar los verbos cuando sea necesario según el contexto.

chándal	flechazo	picar	suavizante
chupitos	marca	rejas	venganza
demanda	parachoques	retrasar	

El episodio anterior se acabó, irónicamente, con nuevos comienzos. Cris conoció a Silvio, su nuevo compañero de piso, y ella se quedó sorprendida y también desilusionada. ¿Recuerdan por qué? Sergio intentaba hacer las paces con los vecinos, no invitándolos a su casa para tomar una ronda de **1.** _____ sino pidiéndoles disculpas por cualquier malentendido e informándoles que había cambiado el coche que no cabía en la plaza de garaje por uno más pequeño. Y la última imagen fue de Enrique y Araceli paseando al perro y Enrique haciendo el siguiente comentario: "Pues fíjate, yo creo que vamos a ser felices en esta comunidad". Pero la escéptica Araceli no compartía el mismo sentimiento. ¿Quién tendrá razón, Enrique o Araceli?

En este episodio, durante una junta de vecinos se complican aún más las relaciones entre algunos vecinos y también se presenta a un personaje nuevo. Aunque Leo quiere discutir sobre los felpudos, se inicia una discusión sobre las **2.** _____ que recientemente se habían instalado en las ventanas del Bajo B sin permiso previo de la comunidad de vecinos. Cuando Enrique se niega a quitarlas, se calientan las emociones, como ya es de imaginarse entre

© Telecinco en colaboración con Alba Adriática

estos vecinos del edificio Mirador del Montepinar, y la disputa acaba resolviéndose por votación. ¿Cómo votarán los vecinos para que Araceli acabe abandonando la junta y jurando **3.** _____ contra los Recio? Con los ánimos revueltos, sigue la junta. Mientras esperan la llegada del director comercial de la constructora que al parecer se había **4.** _____, los vecinos vuelven a quejarse apasionadamente de la lista de desperfectos, a la que hasta el momento la constructora no había prestado la menor atención. Cuando por fin llega Raquel Villanueva, la directora comercial de la constructora, les sorprende a todos que sea una mujer y los hombres del edificio le dan una bienvenida extremadamente cariñosa. ¡Justo antes de su llegada su ira llegaba a tal extremo que planeaban amenazarla! ¿A qué se deberá este cambio tan drástico de comportamiento por parte de los hombres? Ya veremos…

¿Y qué nos revela el título del episodio que vamos a ver: "Okupas, flechazos y un golpe en el garaje"? Previamente vimos cómo Mari Tere e Izaskun se quedaron con el piso piloto como su nuevo hogar. En este episodio, veremos cómo las okupas se aseguran personalmente de que nadie lo compre. ¿Qué harán para disuadir a los posibles compradores?

El título también nos habla de accidentes. El **5.** _____ que siente Cris por uno de los vecinos se puede considerar una especie de accidente, debido a su naturaleza repentina y al hecho de que la acción de enamorarse puede acabar bien o mal. ¿Por quién perderá Cris la cabeza? ¿Volverá a estar feliz Cris o se tratará de un amor no correspondido? Y el golpe en el garaje, ¿se tratará de algo accidental o intencional cuando uno de los vecinos choca su coche contra el **6.** _____ de otro coche aparcado? ¿Quién haría algo así, contra quién y por qué?

Y los accidentes del episodio no se acaban ahí, pues, hay otros más. Uno, en particular, del cual Berta es víctima, es de índole serio. Berta, a pesar de dar a conocer a los vecinos que invita a cenar en su casa que es alérgica a los lácteos, de repente nota que le **7.** _____ todo el cuerpo. ¿Estará uno de los vecinos intentando envenenarla? ¿Se resolverá el conflicto amistosamente, o se acabará con una **8.** _____ judicial?

Además de los accidentes, se ponen de manifiesto los verdaderos sentimientos y el verdadero carácter de varios personajes. Ya se mencionó anteriormente cómo los hombres revelan su carácter cuando entra en escena la señorita Villanueva. En este episodio, llegaremos a conocer mejor la relación entre Lola y Goya, su suegra, a partir de una disputa que tienen respecto al **9.** _____ de ropa que utiliza Goya. Cuando Lola le pregunta por la **10.** _____ específica que compra, Goya se niega en rotundo a

decírsela. ¿Por qué será? Lola no deja el tema e incluso entra en el piso de su suegra cuando sabe que no está para poder leer la etiqueta de la botella y así resolver la duda. ¿Por qué? ¿A Lola le impresiona tanto el aroma del **11.** _____ que siempre lleva Vicente, su suegro, o habrá otra explicación? Y debido a este conflicto, ¿descubrirá Javi la verdad sobre la relación entre su mujer y su madre?

PASO 2: Ahora compara tus respuestas con las de un(a) compañero(a) y luego contesten las preguntas que se incluyen en el texto del **Paso 1**. ¿Tienen predicciones y opiniones parecidas sobre lo que van a ver?

B. FIRMA AQUÍ Busca compañeros que contesten **sí** a las siguientes preguntas. Deben firmar al lado de la pregunta.

1. ¿Te han puesto una multa alguna vez? _____
2. ¿Puedes silbar bien? _____
3. ¿Te ha picado una garrapata? _____
4. ¿Te abruma la cantidad de tarea que tienes? _____
5. ¿Usas suavizante cuando lavas la ropa? _____
6. ¿Has rechazado una invitación recientemente? _____
7. ¿Has tenido el cuerpo hinchado por una reacción alérgica? _____
8. ¿Has tenido un bollo o un arañazo en el parachoques? _____
9. ¿Estudias para ser informático(a)? _____
10. ¿Has ganado un sorteo alguna vez? _____

C. CARAS Y GESTOS Tu profesor(a) te va a dar una hoja con una palabra de vocabulario. Tienes que actuar enfrente de la clase, sin hablar (usando "caras y gestos"), para que tus compañeros adivinen cuál es la palabra que interpretas.

Shots Studio/Shutterstock.com

Aquí se habla así

Antes de hacer las actividades de esta sección, repasa la lista de palabras nuevas y sus definiciones en el **Glosario** de las páginas 81–82.

D. ADIVINAR DEL CONTEXTO Vas a analizar los siguientes fragmentos de diálogo del episodio de *La que se avecina* que vas a ver, adivinando el significado del vocabulario coloquial. Luego, en cada caso, compara tu respuesta con la de un(a) compañero(a) para explicar por qué la escogiste.

1. **Información de fondo:** Eric y Joaquín se quejan de las okupas.
   ERIC: Oye, ¿hasta cuándo vamos a tener que aguantar a las viejas estas?
   JOAQUÍN: Pues hasta que vendamos el piso, así que **ponte las pilas.**
   - Dado el contexto del diálogo, **ponte las pilas** significará:
   a. ánimo, a trabajar
   b. no te preocupes
   c. no te importa

2. **Información de fondo:** Enrique acaba de instalar un sistema de alarma en el piso.
   ENRIQUE: Este es el código de la alarma, memorizadlo. ¿Ya? Cada miembro de la familia tendrá un mando codificado. En caso de intrusión de banda armada, se pulsa el botón "SOS" y de inmediato aparecerá una patrulla de vigilancia privada.
   FRAN: Sí, claro, dos **pringados** muertos de sueño contra siete excombatientes albano-kosovares.
   - Dado el contexto del diálogo, **pringado** significará:
   a. persona inteligente
   b. delincuente
   c. persona ingenua, fácil de engañar

3. **Información de fondo:** Fabio está cenando con la familia de Araceli y ella se queja de las rejas que compró Enrique.
   ARACELI: (...) ¿Tú sabes lo mal que estamos de dinero?, como para ir tirándolo.
   ENRIQUE: Perdona, pero estamos mal de dinero por la **puñetera** peluquería, que por ahora la única que entra es tu madre, y para peinarse gratis.
   - Dado el contexto del diálogo, **puñetero(a)** significará:
   a. fastidiosa
   b. pequeña
   c. exitosa

   FABIO: Es un desastre, yo me cansé de decirlo.
   ARACELI: Fabio, te estoy dando de comer; por lo menos, **hazme la pelota.**
   - Dado el contexto del diálogo, **hacerle la pelota** significará:
   a. trabajar duro
   b. intentar complacer a alguien para obtener un beneficio
   c. coquetear

4. **Información de fondo:** Cris y Silvio están hablando de Javi y preguntándose si Javi se interesa por Cris o no.

CRIS: He estado siete años con novio. Yo ya no me acuerdo cómo **se liga.** Bueno, en realidad es que nunca he sabido; borracha mejor, pero… poco.

SILVIO: ¡Ay Cris, la tortilla, por favor! A ver, a ver.

CRIS: Y… y… si no le gusto, y si me rechaza…

SILVIO: Niña, que te **tiró los tejos:** "Hola, soy el presidente de la comunidad, ¿eres nueva, **muñeca**?".

CRIS: No, no, **muñeca** no dijo, no inventes.

- Dado el contexto del diálogo, **ligar** significará:

a. pelear

b. comenzar una relación amorosa

c. charlar

- Dado el contexto del diálogo, **tirar los tejos** significará:

a. mirar

b. invitar a salir

c. insinuar que tiene interés amoroso

- Dado el contexto del diálogo, **muñeca** significará:

a. mujer atractiva (un apelativo)

b. juguete

c. persona desconocida

© Telecinco en colaboración con Alba Adriática

 E. UN DIÁLOGO En grupos pequeños, escriban un diálogo original, incorporando por lo menos seis expresiones de la sección de vocabulario **Aquí se habla así.** Luego van a representar el diálogo para sus compañeros de clase. Consideraciones:

- La situación debe ser **informal,** ya que el vocabulario es coloquial.

- Para las expresiones que tienen variación dialectal, decidan si van a usar las variantes latinoamericanas o las españolas. Deben ser consistentes con el dialecto que escojan.

A VER EL VIDEO

🌐 INFORMACIÓN DE FONDO: CULTURA
URLs

El sitio web de *Relaciónate* tiene unos enlaces y términos de búsqueda para ayudarte a empezar. Si tienes amigos hispanos, también puedes entrevistarlos para aprender más sobre algunos de los temas.

Busca información sobre los siguientes temas como preparación para ver el próximo episodio de *La que se avecina*. Compartirás la información que encuentres con tus compañeros de clase.

- Las Viviendas de Protección Oficial (VPO) y ayudas a la vivienda para jóvenes: ¿Qué son? ¿Existe algo semejante en EE. UU.? Explica.

- Los mileuristas en España: ¿Quiénes son? ¿Cuántos dólares estadounidenses equivalen a mil euros?

- Los servicios sociales de la Organización Nacional de Ciegos Españoles (ONCE) y la Fundación ONCE para América Latina (FOAL): ¿Qué son? ¿Cuáles son sus metas?

- Los límites de velocidad: ¿Cómo se comparan los límites de velocidad en España, los países de Latinoamérica y EE. UU.?

Charlemos un poco antes de ver

A. NUESTRAS OPINIONES Habla con tus compañeros de clase sobre las preguntas que siguen, las cuales los prepararán para ver el próximo episodio de *La que se avecina*.

1. ¿Has tenido un accidente de coche alguna vez? ¿Tuviste tú la culpa? ¿Dejaste una nota en el coche de la otra persona? ¿Alguna vez alguien te chocó o abolló el coche? ¿Dejó una nota? Describe la situación.

2. ¿Has recibido una multa por exceder la velocidad máxima? ¿O por otra razón? Explica.

3. ¿Alguna vez le has dado algo a alguien y luego te has arrepentido? ¿Qué pasó? ¿Ha pasado algo semejante al revés? Explica.

4. ¿Vive tu familia en una comunidad / un barrio / un edificio que tenga muchas reglas o restricciones (por ejemplo el color de las casas, poder tener o no mascotas)? Describe algunas de las reglas que suelen tener las comunidades. ¿Cuáles son las razones por las cuales ponen las reglas? Comenta tu opinión de ellas, y de vivir en una comunidad que las tenga.

Video

A ver

Ahora mira el episodio para el **Capítulo 3**.

Comprensión y conversación

B. ¿ENTENDISTE? Decide qué respuesta es la correcta, según lo que viste en el episodio.

1. ¿Qué metió Mari Tere en la caja fuerte del dormitorio y por qué?
   a. las llaves del piso piloto porque no las quería perder
   b. un vaso de leche porque pensaba que la caja era un microondas
   c. el suavizante de Goya para que Lola no descubriera la marca

2. ¿Por qué se enfada Cris con Silvio cuando entra al piso?
   a. Silvio lleva puesto su traje de novia.
   b. Camilo, el perro de Silvio, había mordido sus zapatos favoritos.
   c. Encuentra el piso lleno de muebles y decorado al gusto de Silvio.

3. ¿Por qué necesita vivir Joaquín con Sergio?
   a. Cada mes casi todo su sueldo irá destinado a pagar los mil euros mensuales para la compra del piso de protección oficial que le ha tocado.
   b. Raquel lo despide cuando descubre que Sergio le fue infiel y sin trabajo no podrá pagar un alquiler.
   c. La constructora le pidió a Joaquín que supervisara los arreglos de los desperfectos y le será más fácil si vive en el edificio durante ese tiempo.

4. ¿Cuáles de los siguientes puntos se discutieron en la junta de vecinos a pesar de **no** figurar en el orden del día que Leo, el vicepresidente, tenía planeado?
   a. los toldos y los felpudos
   b. los uniformes del conserje y del jardinero y la instalación de rejas de seguridad
   c. la piscina de verano y las plazas de garaje

5. ¿Cuál de las siguientes tácticas engañosas **no** emplearon Mari Tere e Izaskun para evitar que alguien comprara el piso piloto?
   a. exagerar la cuota de comunidad y los desperfectos del edificio
   b. fingir ser comerciantes de venta y mencionar al ficticio bailaor de flamenco que vive en el piso justo encima
   c. hacer ruidos y hacer aparecer fantasmas para dar la impresión de un edificio encantado

6. ¿Por qué quiere Lola hacerse amiga de Cris?
   a. Goya, su suegra, odia a Cris por haberle "robado" los muebles y por lo tanto Lola cree que ella y Cris podrían ser buenas amigas.
   b. Se siente avergonzada después de haberla tratado como la chacha y de esta manera espera hacer las paces y remediar el malentendido.
   c. Lola sabe que Cris está enamorada de su marido y como dice el dicho "es mejor tener a los enemigos cerca y conocerlos bien".

7. ¿Por culpa de qué prenda de vestir casi se entera Raquel que Sergio estaba con otra mujer?

   a. un abrigo

   b. unas bragas

   c. una bufanda

8. ¿A por quién(es) vienen los dos agentes de la Guardia Civil y por qué?

   a. a por doña Charo por haber envenenado a Berta

   b. a por Antonio por haber excedido la velocidad de conducción y darse a la fuga

   c. a por Araceli por haber golpeado el coche de los Recio en el garaje

C. ¿QUÉ OPINAS? Compartan sus opiniones de las siguientes preguntas.

1. ¿Qué harías si fueras Araceli? ¿Les dirías a los Recio que les habías dañado el coche? Si contestas **sí**, ¿se lo dirías justo después de hacerlo o al final, cuando Antonio se mete en graves problemas? ¿Merecen sufrir las consecuencias los Recio después de tratar así a sus vecinos o es imperdonable el engaño de Araceli y Enrique?

2. ¿Quién tiene el derecho de quedarse con los muebles, Cris o Goya y Vicente? Explica tu opinión.

3. Si vivieras tú en la comunidad, ¿cómo votarías en cuanto a las rejas de seguridad de Enrique y Araceli? ¿Deben poder dejarlas o tener que quitarlas? Explica tu opinión.

4. ¿Qué opinas de la manera en que Sergio trata a Joaquín? Deja que viva con él, pero hace que limpie y lo echa cuando tiene citas. ¿Dejarías tú que tu hermano(a) viviera contigo por dos meses (o dos años)?

5. ¿Cómo te parece la reacción de los hombres al conocer a Raquel Villanueva, la directora comercial de la constructora? ¿Normal, exagerada, etc.? ¿Y la reacción de las mujeres sobre el comportamiento de sus maridos? ¿Por qué empezaron las mujeres a criticar a Raquel sin conocerla de nada?

6. ¿Es ofensiva la manera en que se retrata a la amante ciega de Maxi? ¿Por qué sí o no? ¿Se incluiría a una persona con una discapacidad física de la misma manera en una serie de televisión estadounidense? Explica.

© Telecinco en colaboración con Alba Adriática

7. ¿Qué estereotipos has notado en la serie? Explica tus observaciones y concrétalas con ejemplos específicos del episodio.

EXPANSIÓN

1. **Diario** Escribe una entrada del diario sobre el tema del uso de "gente guapa" para vender un producto o conseguir un fin. En este episodio se ve cómo la constructora se aprovecha de la belleza de Raquel para ablandar a los hombres de la comunidad. ¿Qué opinas de esta técnica? ¿Es algo común en todas las culturas? ¿Es ético? Si hubiera sido un hombre atractivo, ¿habrían reaccionado igual las mujeres? Explícalo. Finalmente, ofrece ejemplos concretos que has observado en la vida real o a través de los medios de comunicación (tele, anuncios, etc.).

Eduardo Slethmakh/Shutterstock

2. **Diálogo** Tú y un(a) compañero(a) van a hacer una lluvia de ideas sobre el tema del engaño que se ve en este episodio. Piensen en los personajes y en las situaciones específicas en las cuales alguien engaña a otra persona, y hagan una lista. Luego, con otra pareja, escojan una de las situaciones y escriban un diálogo en el cual se revele el desenlace del engaño. Por último, presentarán su diálogo a la clase.

MEJOREMOS LA COMUNICACIÓN

Vocabulario confuso

To take...

sacar	to take out; (LAm) to take off, away; to remove	Profe: Por favor, **saquen** los libros y ábranlos en la página 210.
quitar	to take off, away; to remove; to stop (doing something)	**Quita** estos chocolates, por favor, que no puedo dejar de comerlos. Qué calor hace; voy a **quitar**me la chaqueta. ¡**Quita**, ya! Que estoy harta de tus quejas.
retirar	to take away (more formal)	Camarero: ¿Puedo **retirar** el plato?
coger	to take (i.e., grab, hold); to take transportation	No puedo **coger** la bolsa; tengo las manos llenas. Puedes **coger** el bus allá en esa esquina.
tomar	to take (i.e., grab, hold); to take transportation (e.g., a bus); to take in (drink/eat/ingest)	**Toma** este libro, porfa, que se va a caer. Debemos **tomar** el tren porque es más rápido. ¿Quieren **tomar** un café?

A. CITAS A continuación hay una lista de citas del episodio que viste de *La que se avecina*. Indica cuál de las palabras se debe usar para completar cada frase. A veces hay más de una respuesta posible.

1. **GOYA:** Bueno, venga, votos a favor de que se (**saquen / quiten / retiren / cojan / tomen**) las rejas.

2. **RAQUEL:** Joaquín, es sábado, van a empezar a llegar visitas ya.
   JOAQUÍN: Sí, sí, sí, señorita Villanueva. (**Saco / Quito / Retiro / Cojo / Tomo**) algo para que no me dé un bajón de azúcar y salgo disparado.

3. **CRIS:** Qué lata la basura, ¿no?, que la tienes que (**sacar / quitar / retirar / coger / tomar**) todos los días, que si se te rompe la bolsa, bueno luego cómo...

4. **IZASKUN:** ¡Pues va a estar buena la leche cuando la (**saques / quites / retires / cojas / tomes**)!
   JOAQUÍN: ¡Pero Ud. cuándo ha visto un microondas en un dormitorio!

5. **LEO:** Aprobado por mayoría. Se ruega al Bajo B que (**saque / quite / retire / coja / tome**) las rejas a la mayor brevedad posible. Consta en acta digital, Sr. presidente.

6. **FABIO:** ¡Camilo, dejá esa magdalena!
   CRIS: No, no, dásela, si ya la ha chupado.
   SILVIO: Hoy le (**sacas / quitas / retiras / coges / tomas**) de paseo otra vez, ¿eh?, a ver si te vuelves a encontrar con Javi.

7. **ENRIQUE:** ¡Es que no entiendo por qué no miras por el retrovisor! ¡Es que nunca miras!
   ARACELI: Bueno, ¡ya está! ¡No... no vuelvo a (**sacar / quitar / retirar / coger / tomar**) el coche, se acabó!

8. **RAQUEL:** Ah, no sabía que tuvieses novia...

   JOAQUÍN: Bueno, estamos empezando, y yo creo que me va a dejar.

   SERGIO: (*dándole a Raquel su abrigo*) (**Saca / Quita / Retira / Coge / Toma**)...

   RAQUEL: Buenas noches.

9. **DOÑA CHARO:** ¡(**Saca / Quita / Retira / Coge / Toma**) esa perra de ahí!

   FRAN: No la voy a (**sacar / quitar / retirar / coger / tomar**).

   DOÑA CHARO: ¡Que la (**saques / quites / retires / cojas / tomes**)!

10. **LOLA:** Eh... perdona, ¿es verdad que le (**has sacado / has quitado / has retirado / has cogido / has tomado**) los muebles a mi suegra?

    CRIS: Sí... pero, verás, es que eran míos.

11. **JOAQUÍN:** Pero, ¿dónde me voy a estas horas? ¿No tiene alguna amiga?

    SERGIO: Es que las mujeres guapas no tienen amigas. Mira, (**saca / quita / retira / coge / toma**), diez euros y te vas al cine.

12. **JOAQUÍN:** Gracias, tío, gracias, gracias, te quiero...

    SERGIO: Qué haces, ¡(**saca / quita / retira / coge / toma**)! (*Joaquín intenta abrazar a Sergio, pero este se resiste.*)

 B. CONVERSEMOS Ahora vas a hablar con un(a) compañero(a) de clase, empleando correctamente el vocabulario confuso. Primero escribe cinco preguntas que incluyan el vocabulario confuso, dirigiéndote a tu compañero(a). Él (Ella) también va a escribir unas preguntas para ti. Luego conversa con tu compañero(a) para conocerlo(a) mejor, utilizando las preguntas como punto de partida.

Modelo: *¿Con qué frecuencia **tomas** el bus?*

Gramática
Práctica comunicativa con el presente del subjuntivo

C. IDENTIFICACIÓN Lee las citas de la serie a continuación y luego:

   a. Subraya todos los verbos que estén escritos en el presente del subjuntivo.

   b. Explica por qué se usa el subjuntivo en cada caso.

   c. Identifica quién dijo cada cita y en qué circunstancias.

1. Quiero que vuelva y que sufra, y que le atropelle un camión de ganado porcino... y que pierda las dos piernas. Y que vuelva para que lo cuide.

2. —Oye, ¿hasta cuándo vamos a tener que aguantar a las viejas estas?

   —Pues hasta que vendamos el piso, así que ponte las pilas.

3. ¡Pues va a estar buena la leche cuando la saques!

4. Y... hasta que te entreguen tu mansión, ¿dónde piensas vivir?

5. Se ruega al Bajo B que retire las rejas a la mayor brevedad posible.

6. Os resumo el orden del día para que no nos perdamos, para que... nos encontremos, ¿eh?

7. Qué más te da que nos lave mamá la ropa, si se ha ofrecido ella.

8. Hombre, es que si todos empezamos a hacer lo que nos dé la gana, sin pedir permiso a nadie... esto es la ley de la selva.

9. Qué pena que no sea nuestra la casa, porque yo aquí pondría un huertito con tomates y pimientos ecológicos.

10. Pero, qué te cuesta salir con Raquel hasta que la constructora arregle los desperfectos.

11. Quiero... quiero que hablemos, que tomemos café...

12. Propongo que nos vayamos... ¡a Teruel!

D. CONSEJOS Otra vez los pobres personajes de *La que se avecina* necesitan tus consejos. Ayúdalos con las siguientes situaciones, empleando el presente del subjuntivo tanto como sea posible.

Modelo: **JOAQUÍN:** la situación con Sergio

Es una lástima que no se lleve bien con su hermano. Recomiendo que se mude a vivir con un amigo. No creo que deba vivir con Sergio.

1. CRIS: su soledad y desesperación al perder a Agustín

2. ARACELI Y ENRIQUE: la situación con el coche de los Recio

3. SERGIO: la situación con Raquel (y sus vecinos)

4. LOLA: la relación que tiene con Goya (y el suavizante)

5. JOAQUÍN Y ERIC: la situación con el piso piloto (y las okupas)

E. SEAMOS EMPÁTICOS Ahora describe (o inventa) una situación problemática de tu vida. Tus compañeros(as) van a reaccionar con emociones, sugerencias, duda, etc. Tú también debes responder con empatía y consejos a sus situaciones (y claro, utiliza el presente del subjuntivo cuando sea necesario).

3D Mask/Shutterstock.com

Pronunciación

Las vocales: La pronunciación de los diptongos

En los **Capítulos 1** y **2** repasamos la pronunciación de las vocales monoptongales. También hay que tener cuidado con la articulación de los diptongos. Un diptongo es cuando dos vocales se pronuncian en una sola sílaba, por ejemplo **vie-ne**. Existe la tendencia en los hablantes de inglés de dividir los diptongos del español en dos sílabas.

Cuando una **i** o una **u** átona (no acentuada), o una **y** final de palabra aparece al lado de otra vocal, se diptongan para pronunciarse como una sola sílaba. Por ejemplo: **jau-la, fie-bre, ley**. Los diptongos que más suelen causar problemas para los hablantes de inglés son aquellos cuyo primer elemento es una semivocal (la **i** o la **u**). Este tipo de diptongo se llama *diptongo ascendente* y no existe en inglés. Por ejemplo: **Mia-mi, tie-rra, cuo-ta, sua-ve.**

F. PRÁCTICA DE PRONUNCIACIÓN EN CLASE Escucha de nuevo la siguiente escena del episodio, prestando especial atención a la pronunciación de los diptongos subrayados. Luego lee en voz alta el diálogo con un(a) compañero(a) de clase, centrándote en pronunciar los diptongos como una sola sílaba.

Pronunciation Audio

JOAQUÍN	Tío, tengo pi-, tengo piso. Es que todavía no me lo creo; sesenta y tres metros c**ua**drados.
ERIC	Y... ¿c**uá**nto c**ue**sta, el palac**io**?
JOAQUÍN	Tengo que pagar mil **eu**ros al mes durante dos años, y l**ue**go ya, a la entrega de llaves firmo la hipoteca y...
ERIC	Ah, ¿que no está constr**ui**do?
JOAQUÍN	No... pero me mandan emails con fotos de cómo van las obras. Mira...
ERIC	¿Y qué? Es un descampado.
JOAQUÍN	No. Mira, mira, aquí h**ay** un obrero cavando.
ERIC	Eso es un pastor.
JOAQUÍN	Que no, que es un obrero, mira el casco.
ERIC	Tío, es una b**oi**na.
JOAQUÍN	¡B**ue**no, no me amargues la vida, que estoy muy contento!
ERIC	Joaquín, es muy bonito tu mundo de luz y color, pero reflex**io**na: si t**ie**nes que pagar mil **eu**ros durante dos años te van a quedar c**ie**nto trece **eu**ros al mes para vivir.
JOAQUÍN	B**ue**no, sufic**ie**nte. Eric, soy un privileg**ia**do. Hay mucha gente en el planeta que vive con un **eu**ro al día.
ERIC	Ya, pero a ellos les echan comida desde helicópteros, a ti no.
JOAQUÍN	¡B**ue**no, ya veré qué hago! Lo importante es que tengo piso.
ERIC	Y... hasta que te entreguen tu mans**ió**n, ¿dónde p**ie**nsas vivir?
JOAQUÍN	P**ue**s...

Estrategias conversacionales
Expresar acuerdo y desacuerdo

Expresión que expresa acuerdo	Ejemplos
Tiene(s) (toda la) razón.	**Tienes razón,** Elena. Es un problema grave.
(Estoy) de acuerdo.	**Estoy completamente de acuerdo.** No hay ninguna solución.
Claro (que sí). / Por supuesto. / Cómo no.	—Ese restaurante tiene la mejor comida de la ciudad. —**Claro que sí**. Es mi restaurante preferido**.
Qué buena idea.	¿Vamos al cine esta noche? Claro, **qué buena idea.**
(Me parece) muy bien.	—Estaba pensando invitar a los Meléndez a la fiesta. —**Sí, me parece muy bien.**
Vale. *(usado en España)*	—Quiero estudiar en el cuarto esta tarde. —**Vale,** yo también tengo que estudiar.
Es verdad / cierto.	—Uy, qué pesada se ha puesto Marleny. —**Es cierto.** Ya no la aguanto.
Que sí.	—Ese es el mejor equipo de la liga. —**Que sí, que sí.** Van a ganar el campeonato.
Puede ser. *(menos fuerte)*	—El problema del calentamiento global no se puede resolver. —**Puede ser,** pero hay que cambiar nuestros hábitos o se va a empeorar.

Expresión que expresa desacuerdo	Ejemplos
No estoy de acuerdo.	—La pena de muerte es necesaria. —**No estoy de acuerdo.** Creo que es cruel e injusta.
No es posible / cierto / verdad.	—¿Ganará las elecciones Salinas? —**No es posible.** Ese escándalo le va a costar la presidencia.
(Creo que) Está(s) equivocado(a). / Se (Te) está(s) equivocando.	—Mira, Alejandra, **estás equivocada.** Los inmigrantes que vienen a este país aprenden inglés tan rápido como las generaciones anteriores.
Que no	—¡Vamos a salir a bailar esta noche! —¡**Que no, que no!** Tengo un examen mañana.
No puede ser.	—Ellos empezaron a salir hace unos meses. —**No puede ser.** La vi con Jaime en la fiesta la semana pasada.
No lo veo así.	—Comer carne es cruel e inhumano. —**No lo veo así.** Los humanos somos omnívoros por naturaleza.
De ninguna manera	—Shakira es la mejor cantante del mundo. —**De ninguna manera.** Se vendió cuando empezó a cantar en inglés.
Mejor... *(seguido por otra idea)*	—Creo que Machu Picchu sería el destino perfecto para nuestras vacaciones. —**Mejor** nos vamos a una playa tropical para descansar.

Otra manera común de expresar desacuerdo es usar una expresión que indica acuerdo con tono sarcástico, como "Claro, no lo había pensado antes", o "Qué buena idea". Veremos unos ejemplos de esto en la actividad que sigue.

G. ESCENAS Ahora lee las siguientes escenas de *La que se avecina*, y luego analízalas, contestando las siguientes preguntas.

- ¿Cuál es la expresión de acuerdo / desacuerdo que se utiliza?

- ¿Expresa acuerdo o desacuerdo?

- ¿Es sarcástica? ¿Expresa acuerdo o desacuerdo fuerte o débil? ¿Ofrece una alternativa?

1. **IZASKUN:** Es un bajo con un jardín espléndido. Si no lo hemos vendido antes es por el bailaor flamenco que vive justo encima.

   CLIENTE 2: ¿Cómo?

   CLIENTE 1: Un bailaor...

   IZASKUN: Ensaya aquí con la compañía, pero vamos, son dos o tres meses malos al año. El resto del tiempo está de gira, o ingresado en la cárcel, vamos, lo... lo que es un artista, vamos, o sea...

   CLIENTE 1: Bueno, pues, si no le importa... nos lo pensamos un poquito más.

   IZASKUN: Sí, sí, me parece muy bien, porque a nosotros no nos gusta nada engañar al cliente, porque luego vienen las demandas, y tanto juicio cansa.

2. **GUARDIA:** Anoche a las 22:31 horas pasó usted por delante de un radar a ciento ochenta y siete kilómetros por hora en una zona de sesenta.

   BERTA: ¿Cómo?

   GUARDIA: Y cuando le dimos el alto, se dio usted a la fuga.

   BERTA: Pero, pero eso no es posible, si... si ayer, bueno, ayer no... no cogimos el coche.

3. **MARI TERE:** Es que hemos tenido un problema con el microondas del dormitorio, ¡ven!

   ERIC: ¿El microondas del dormitorio?

   MARI TERE: ¡Qué buena idea, ponerlo aquí para no tener que ir a la cocina!

   JOAQUÍN: Que esto no es un microondas, es la caja fuerte.

   MARI TERE: Aaaah... Es que he metido un vaso de leche, le he puesto dos minutos, pero no se abre...

4. **GOYA:** Mira, ya estás volviendo con Raquel, ¿eh?, porque a mí no me funciona el horno, y yo sin horno, ¡no puedo!

   SERGIO: Claro, claro, y yo me caso para que Ud. pueda gratinarse los macarrones, anda que...

   AMADOR: Sergio, Sergio, te estás equivocando otra vez, ¿eh?

5. **LOLA:** Ay, ay, si es que me estoy mareando ya.

   JAVI: Qué pasa, ronda de chupitos.

   LOLA: Ay, mi amor, ven a oler los suavizantes a ver cuál te gusta. Tenemos jabón marsella, frutas del bosque, lima-limón salvaje...

   JAVI: Pero no te compliques, pregúntale a mi madre cuál usa ella.

   LOLA: ¡Claro, es verdad, qué buena idea!

6. **SERGIO:** ¡Hola! Oye mira, que he pensado que mejor vamos al centro a tomar algo, ¿eh?

   ROSA: ¿Con lo que me ha costado encontrar esto? Mejor nos lo tomamos aquí, tranquilitos.

7. **AMADOR:** Oye, oye, ¿no iba a venir el director comercial, de la constructora?

   JAVI: Sí, se habrá retrasado un poco...

   VICENTE: Ni ellos saben encontrar esto.

   ANTONIO: En cuanto llegue hay que amenazarle directamente, ¡que, que note el miedo en el cuerpo!

   AMADOR: Que sí, que sí, que vea que con nosotros no se juega, ¡hombre!

H. MINI-DEBATES En parejas, compartan sus opiniones sobre los temas que siguen. Utilicen las expresiones para expresar acuerdo o desacuerdo para reaccionar.

1. Las corridas de toros
2. El vegetarianismo
3. La pena de muerte
4. El presidente de EE. UU.
5. El mejor restaurante de la ciudad
6. La mejor película del año

MÁS ALLÁ

LECTURA CULTURAL
La seguridad y la delincuencia

Antes de leer

A. LA SEGURIDAD En el episodio de *La que se avecina* que viste en este capítulo, Araceli y Enrique pusieron rejas de seguridad en sus ventanas, y además, se nota que varios residentes tienen un sistema de alarma. En esta sección vamos a considerar el tema cultural de la seguridad. A continuación vas a leer un artículo periodístico sobre la seguridad de las casas y las tiendas en Portoviejo, Ecuador, una ciudad de unos 250.000 habitantes, ubicada cerca de la costa del Pacífico.

PASO 1: Antes de leer el artículo, considera las siguientes preguntas.

1. ¿Te preocupas mucho por tu seguridad personal? Cuando piensas en "la seguridad", ¿qué delitos te vienen a la mente primero? ¿Hasta qué punto consideras el robo a casas y a tiendas un problema grave en EE. UU.?

2. ¿Has viajado a un país hispano? ¿Qué medidas de seguridad notaste (alarmas, rejas, etc.)? Explica tus observaciones y tu reacción personal.

3. ¿Tiene tu casa un sistema de alarma u otra medida de seguridad? ¿y las casas de tus amigos o vecinos? ¿Cómo se protegen de los delitos las tiendas y los demás negocios de tu ciudad?

PASO 2: Ahora ojea las preguntas de comprensión que siguen al artículo para ayudarte a centrarte en la información más importante del artículo.

© Flegere/Shutterstock

A leer

B. A COMBATIR LA DELINCUENCIA Ahora lee el artículo sobre la delincuencia y la seguridad en Ecuador y las actitudes de los residentes allí.

Casas y negocios ubican rejas para tener mayor seguridad

La imagen de Jesucristo cuida su tienda. Pero la fe no lo es todo, ya que también ha colocado rejas en su negocio para tener mayor seguridad.

Este es el caso de Holger Zamora, propietario de la tienda Anita, ubicada en las calles Cristo Rey y Eloy Alfaro, en Portoviejo, quien asegura que los tiempos han cambiado.

Comenta que antes su tienda era como un mini comercial, donde la clientela ingresaba, tomaba sus propios productos, cancelaba[1] y se iba.

Zamora manifiesta que aunque no lo han asaltado, él pensó mucho en la prevención y decidió ubicar rejas metálicas, y que su negocio quede como una tienda normal.

Expresa que esta decisión la tomó por el alto índice de inseguridad que atraviesa no solo la provincia, sino el país entero.

"Antes yo me iba confiado y dejaba a mi padre en la tienda, pero ahora no puedo hacer eso", explica.

Y como todo cristiano, una imagen de Jesucristo está colgada en la parte superior de su local y es como su "ángel guardián". Quizás si los ladrones observan esta imagen se pueden arrepentir de lo malo que hacen.

Pero no solo la tienda Anita es la que ha tomado esta medida de seguridad, pues metros más adelante se encuentra el minicomercial J.Z., que también tiene rejas.

Varias casas ubican rejas

Haciendo un recorrido por la capital de los manabitas[2], se puede observar que la mayoría de casas han optado por esta medida de seguridad.

María Moreira, quien no quiso que *El Diario* dijera la ubicación de su vivienda, dijo que antes ella salía de su domicilio y estaba tranquila porque confiaba en que nadie iba a ingresar a su vivienda.

Hace tres años, cuando se fue la tarde de un domingo a pasear con su familia, varios delincuentes ingresaron a su casa y se llevaron mil dólares en efectivo, un televisor y varias joyas.

Desde ese momento hizo un préstamo para poner rejas en su casa y así sentirse más segura. Cuenta que ahora se acuesta a descansar en una hamaca y la sensación de seguridad es mayor.

Carpas[3] policiales son una alternativa

Para Pedro Macías, quien vive por el sector del parque El Mamey, la seguridad es un problema social y no solo de la Policía.

Dice que desde que se instaló la carpa de auxilio en este lugar la seguridad es mejor, aunque no escondió la preocupación de la situación actual que atraviesa el cantón[4].

Manuel Mendoza, otro habitante de la ciudad, expresó que el alcalde debe encabezar una campaña contra la inseguridad, pero que se la debe realizar en conjunto con la Policía, Fiscalía, Cuerpo de Bomberos, entre otras instituciones que de una u otra forma tienen que ver con la seguridad ciudadana.

Opinión policial

Carlos Guerrero, jefe de la Policía Judicial, manifestó que no es el ciudadano más seguro el que más medidas de seguridad pone, porque esto es quitarse la libertad de uno mismo y dejarle al ladrón que haga de las suyas de las rejas de su vivienda hacia afuera.

[1]pagaba [2]del departamento de Manabí, Ecuador [3] tienda de campaña o cubierta de lona extendida sobre un espacio para darle techo [4]región o condado
www.eldiario.com.ec

Después de leer

C. ¿ENTIENDES? Contesta con tus propias palabras las siguientes preguntas de comprensión.

1. ¿Por qué acaba de poner rejas en su tienda Holger Zamora?
2. ¿Qué otra precaución ha tomado el Sr. Zamora?
3. ¿Es común que las casas de la zona también tengan rejas?
4. ¿Qué le pasó a María Moreira y cómo reaccionó?
5. ¿Qué otra medida se puede tomar para asegurar la seguridad ciudadana?
6. ¿Qué opina el Jefe de la Policía Judicial, Carlos Guerrero?

D. VAMOS MÁS A FONDO Ahora comparte tus ideas y opiniones con tus compañeros de clase, analizando de manera más profunda el tema de la seguridad y sus matices culturales.

1. Examina las fotos que se incluyen a continuación y en la página siguiente. Comenta las medidas de seguridad que tienen (o no tienen) las casas. ¿Por qué existe esta diferencia cultural tan evidente entre los países hispanos y EE. UU.? ¿Cómo crees que afecta esta diferencia la manera de vivir de la gente, o sea, la vida diaria, en los distintos países?

Unos edificios y casas en Latinoamérica

SE RENTAN
DEPARTAMENTOS
99 82 15 20 11

MARGARITAS # 24

© Robert Picture Library/Alamy

© Jeff Greenburg/Alamy

© Amy Johanson/Shutterstock

© wendy connett / Alamy

Unos edificios y casas en EE. UU.

Courtesy of the author.

Courtesy of the author.

© SeanPavone/Shutterstock

Jorge Salcedo/Shutterstock.com

2. ¿Estás de acuerdo con la opinión del Jefe de la Policía Judicial, Carlos Guerrero? Reacciona a lo que dice él sobre el poner medidas de seguridad. ¿En qué situaciones es deseable, por ejemplo, poner un sistema de alarma en una casa? Si tienes tu propia casa o apartamento, ¿has instalado un sistema de alarma? Si no tienes casa / apartamento propia(o), ¿instalarás un sistema de alarma cuando la (lo) tengas? ¿Por qué sí o no?

3. Reacciona al hecho de que el Sr. Zamora ha colgado una imagen de Jesucristo para que este cuide la tienda. ¿Te sorprende? ¿Qué nos puede enseñar esto sobre la cultura ecuatoriana? ¿Has visto algo semejante en EE. UU.?

EXTENSIÓN
VOCES DE LATINOAMÉRICA

Video

La seguridad y la delincuencia

E. OTRAS OPINIONES

PASO 1: Ahora mira los videos del sitio web de *Relaciónate* para aprender más sobre el concepto de la seguridad desde la perspectiva de gente de varios países latinoamericanos. Luego completa las actividades que siguen.

PASO 2: Copia la siguiente tabla y llénala con los datos que mencionan los hablantes. Luego contesta las preguntas que siguen.

Nombre y país de origen	Problemas de seguridad más graves	Medidas de protección que toma	Causas de la delincuencia y posibles soluciones

1. ¿Notas algunas semejanzas entre lo que dijeron varios de los hablantes? ¿Y diferencias?

2. Compara también las opiniones de estos hablantes latinoamericanos con lo que descubriste de España en el episodio de *La que se avecina* y con lo que leíste en el artículo del periódico ecuatoriano. ¿En qué se parece y diferencia la situación en Latinoamérica con la situación en EE. UU., según lo que dijeron los informantes en los videos?

3. ¿Te sorprendió algo de lo que dijeron?

4. ¿Estás de acuerdo con lo que dijeron sobre las causas y las soluciones de la delincuencia? Explica.

5. Si pudieras hacerle una pregunta a una de las personas, ¿cuál sería?

F. TU PROPIO VIDEO Ahora graba tú un video sobre la seguridad y la delincuencia en EE. UU., usando los videos de "Voces de Latinoamérica" como modelo. Tu video debe durar solo 2–3 minutos y debe incluir lo siguiente:

1. ¿Consideras "segura" la comunidad en la que vives? Explica tu opinión. ¿Cuáles son los problemas de seguridad más graves a los que se enfrenta tu comunidad? ¿Y nuestro país en general?

2. ¿Qué hacen tú y tu familia para protegerse de los problemas de la delincuencia?

3. ¿Cuáles son las causas de la delincuencia en nuestra sociedad? ¿Puedes ofrecer algunas soluciones?

GRABACIÓN

GLOSARIO

VOCABULARIO

Para ver otra vez la lista de abreviaturas, ve a la página 26 del **Capítulo 1**.

abrumar (tr.) — angustiar o agobiar a alguien: *Lourdes se está divorciando y la abruman sentimientos de dolor y de angustia.*

arañazo (m.) — raya superficial sobre una superficie lisa y sólida: *Tengo unos cuantos arañazos en la pintura de mi coche. ¡Los aparcamientos son pequeños y estrechos y la gente no tiene cuidado al abrir las puertas de sus coches!*

arrastrarse (prnl.) — humillarse; degradarse: *Es humillante cómo José siempre se arrastra ante su jefe.*

bollo (m., coloq.) — (Esp.) abolladura, un hundimiento de una superficie debido a un golpe: *Anoche cayó una granizada que dejó más de 1.000 coches con bollos.*

braga (f.) — (Esp.) prenda interior femenina que se lleva en la parte inferior del tronco y que tiene dos aberturas en las piernas (**OJO:** usado más en plural con el mismo significado que en singular): *¿Prefieren las mujeres las bragas de algodón o de seda? ¿Cuáles son más cómodas?*

caja fuerte (f.) — caja de seguridad que sirve para guardar dinero y/o cualquier objeto de valor: *Cada habitación del hotel dispone de una caja fuerte para que los huéspedes guarden sus artículos de valor.*

chándal (m.) — (Esp.) prenda deportiva compuesta por un pantalón y una chaqueta: *No hago ejercicio, pero sí tengo un chándal; es comodísimo y lo uso para estar en casa.*

chupito (m.) — (Esp.) pequeño sorbo o trago de licor: *En la recepción de la boda, sirvieron chupitos de tequila para el brindis.*

colocar (tr.) — poner a alguien o algo en su correcto lugar u orden: *La bibliotecaria está colocando los libros en los estantes.*

demanda (f., Der.) — petición o reclamación judicial; documento que inicia un proceso judicial civil: *Si el dueño de la vivienda se niega a pagar los gastos de comunidad, los demás propietarios pueden intentar cobrarlos a través de una demanda judicial.*

ensayar (intr.) — hacer una actividad repetidas veces para lograr realizarla correctamente o para adquirir soltura; repetir un espectáculo antes de ofrecerlo al público: *Hemos formado un nuevo grupo de jazz y ensayaremos cada martes y jueves hasta que tengamos nuestra primera actuación en enero.*

flechazo (m.) — enamoramiento que surge de manera rápida e inesperada: *Sí, Judit y Juan dicen que están enamorados, ¿pero crees que lo suyo es amor verdadero o solamente un flechazo?*

garrapata (f.) — parásito que se agarra al cuerpo de ciertas aves y mamíferos para chuparles la sangre: *La enfermedad de Lyme es una infección bacteriana potencialmente severa, transmitida por la picadura de ciertas especies de garrapatas.*

hinchado(a) (adj.) — cuando una parte del cuerpo ha aumentado de volumen como consecuencia de una reacción alérgica, una herida, un golpe, etc.: *Las picaduras de avispa y de abeja son más propensas a producir reacciones alérgicas y típicamente aparecerán uno o más bultos rojos hinchados en la piel.*

informático(a) (adj.) — se dedica profesionalmente a la informática: *A mi hermano le encanta la programación de computadoras y quiere hacerse informático.* (U. t. c. s. aplicado a una persona)

invidente (adj., com.) — persona privada de la vista; ciego(a): *El método Braille es el sistema de lectura y escritura punteada que se emplea en los programas de educación de invidentes.*

lentilla (f.)	(Esp.) (también conocido como "lente de contacto" en Esp. y LAm) disco pequeño de plástico o vidrio que se aplica sobre la córnea para corregir un defecto de visión: *Mi hermana tiene pensado comprarse lentillas sin graduación porque no le gusta el color de sus ojos. ¡Qué tontería! ¡Tiene la vista perfecta y quiere ponerse lentillas para tener los ojos verdes en vez de marrones!*
marca (f.)	signo externo que un fabricante pone a sus productos para certificar su autenticidad: *No me gusta la marca de pasta de dientes que usa mi novio. Me parece fuerte el sabor a menta.*
mayorista (com.)	persona o empresa que vende y compra al por mayor (o sea, en grandes cantidades): *Pepe es mayorista de ropa infantil; actúa como agente mediador entre los fabricantes y las tiendas.*
multa (f.)	penalización económica que se impone por un delito, falta o infracción: *Leo recibió una multa de 200 euros por aparcar en una zona reservada para minusválidos sin tener autorización. Ya no volverá a hacerlo.*
parachoques (m.)	(no varía en plural) pieza en la parte delantera y trasera de los vehículos que sirve para amortiguar los efectos de un choque: *Por suerte nadie resultó herido en el accidente de coche; solamente uno de los dos coches sufrió daños en su parachoques delantero y luz intermitente.*
pescadero(a) (m., f.)	persona que vende pescado, especialmente al por menor (o sea, en pequeñas cantidades): *Carlos, el pescadero, acaba de cerrar su puesto de pescado en el mercado porque se va a jubilar.*
picar (intr.)	sentir ardor, picor o escozor en alguna parte del cuerpo: *Tengo tos y me pica la garganta.*
rechazar (tr.)	mostrar antagonismo, indiferencia o desdén a una persona, grupo, comunidad, etc.: *Quiero invitarlo a salir conmigo, pero todavía no lo he hecho por miedo a que me rechace.*
rejas (f.)	barrotes de metal o de madera que se instalan en las ventanas y otras aberturas de los muros como adorno o medida de seguridad: *¿Ofrece más protección la instalación de rejas en las ventanas de una casa que un sistema de alarma?*
retrasarse (prnl.)	llegar tarde: *Debido a la tormenta, todos los vuelos se han retrasado más de una hora.*
silbar (intr.)	producir silbos o silbidos, o sea, sonidos agudos producidos al pasar con fuerza el aire por la boca con los labios pegados o al poner los dedos en la boca: *La tetera acaba de silbar. ¿Te apetece tomar un té conmigo?*
sobrar (intr.)	tener más de lo que hace falta o quedar parte de algo tras haber consumido o usado lo que se precisaba: *Siempre nos sobra mucha comida de la cena del Día de Acción de Gracias.*
sorteo (m.)	rifa o lotería: *Asistió a la feria, compró un billete para el sorteo y ganó un coche nuevo. ¡Qué suerte tuvo!*
suavizante (m.)	producto de limpieza que sirve para suavizar la ropa: *Después de añadir el detergente, no te olvides de echar el suavizante; no solo deja la ropa más suave sino que también le da un aroma muy agradable a las prendas lavadas.*
trampa (f.)	plan hecho para engañar a alguien: *La policía les tendió una trampa a los narcotraficantes y los capturó.*
tumbarse (prnl., col.)	echarse en un lugar: *Túmbate y descansa un poquito.*
vajilla (f.)	conjunto de platos, fuentes y utensilios de mesa: *Los novios pidieron una vajilla de porcelana como regalo de boda.*
venganza (f.)	ofensa o daño hecho en represalia a otro recibido: *Le juró venganza por haber destruido su matrimonio.*
violar (tr.)	abusar sexualmente de una persona contra su voluntad: *El hombre que violó a la hermana de mi amigo está en la cárcel.*

AQUÍ SE HABLA ASÍ

Para ver otra vez la lista de abreviaturas, ve a la página 26 del **Capítulo 1**.

cabreo (m., col.)	(Esp.) enojo o irritación: *No le pidas nada a papá hoy; tiene un cabreo horrible.*
chacha (f., col.)	(Esp., Méx.) criada, empleada doméstica (abreviación de "muchacha", algo despectivo en Méx.): *Espero que venga la chacha hoy. Esta casa está hecha un desastre.*
muca	(Guat.)
chulo (m., col.)	(Esp.) hombre que controla y dirige a prostitutas para ganarse la vida: *Ese tipo es el chulo de Mariana. La trata muy mal.*
bichote	(P.R.)
cafiche	(Pe.)
caficho(a)	(Ur.)
padrote	(Méx.)
cielo (m., col.)	apelativo cariñoso: *Qué linda te ves, mi cielo.*
estar liado(a) (col.)	(Esp.) estar muy ocupado(a): *Siento no poder ayudarte, pero estoy liada.*
estar atangallado(a)	(El Sal.)
estar como palo de lora	(Hon.)
fijarse (fíjate) (prnl., col.)	notar, darse cuenta: *Fíjate que hoy van a venir para arreglar la estufa. Tienes que estar en casa a las tres.*
gorrón (gorrona) (m., f., col.)	aprovechado(a): *¡Qué gorrona es esa Isabel! Como va a haber comida, seguro que vendrá a la fiesta esta noche.*
guarro(a), (adj., m., f., col.)	(Esp.) sucio(a); grosero(a) o despreciable: *Mira toda la basura tirada en la calle. ¡Qué guarra es la gente!*
hacerle la pelota (a alguien) (loc., col.)	(Esp.) intentar complacer a alguien para obtener un beneficio: *No le hagas la pelota al profe, Pablo. Se va a dar cuenta.*
chuparle las medias	(Arg.)
florear	(Pe.)
hacer la barba	(Méx.)
jalar mecate	(Ven.)
lambonearle	(Col.)
sobarle la leva	(Hon.)
ligar (intr., col.)	(Esp., Méx.) comenzar una relación amorosa o sexual (normalmente de poca duración): *—¿Vas a salir esta noche? —Claro, pero no para ligar.*
maruja (f., col., desp.)	(Esp.) ama de casa: *La esposa de Sergio es una maruja; dejó su trabajo después de casarse.*
morirse de ganas (loc., col.)	tener un deseo fuerte de hacer algo: *—¿Quieres hacer un viaje conmigo este verano? —Ay, me muero de ganas, pero no puedo.*
muñeca (f., col.)	mujer atractiva (usada a veces como apelativo): *Hola, muñeca. ¿Tienes planes para esta noche?*
no es para tanto (loc., col.)	expresa que algo no es tan importante o malo como parece: *Sé que duele, pero no es para tanto.*
ponerle los cuernos a alguien (loc., col.)	ser infiel a la pareja: *Marcelo y Cristina rompieron porque ella le puso los cuernos.*
poner en marcha (loc., col.)	causar que algo (p. ej., obras, proyectos) se inicie: *Ya puse el plan en marcha. Pronto sabremos si funciona.*

ponerse las pilas (loc., col.)	trabajar duro, esforzarse: *¡Ponte las pilas! Hay que entregar ese trabajo mañana.*
pringado(a) (f., m., col.) mamerto(a)	(Esp.) persona ingenua, fácil de engañar; persona que hace el peor trabajo o se lleva la peor parte: *Qué pringada es esa Alicia. Ni se dio cuenta de que le mentimos.* (Arg., solo la primera definición)
puñetero(a) (adj., col.) cerote	(Esp., Cu.) fastidioso(a), molesto(a): *Ay, cuánto odio este puñetero coche. ¿Cuándo vamos a poder comprar otro?* (CAm)
salir disparado(a) (loc., col.)	irse de prisa, rápido: *—¿Dónde está Teresa? —No sé, salió disparada después de recibir una llamada.*
salir / irse de marcha (loc., col.)	(Esp.) salir para divertirse (normalmente hasta muy tarde, y a bares o fiestas): *¡Vámonos de marcha esta noche! Es el cumpleaños de Gustavo.*
tener tela (loc., col.) traer cola	(Esp.) tener una historia complicada detrás (con frecuencia que alguien ha hecho cosas imprudentes, que no debía): *Uy, ese chico tiene tela. Pobre de su mamá que lo tuvo que soportar cuando era niño.* (Pe.)
tirar los tejos (loc., col.) echar/tirar los perros	insinuar tener un interés amoroso: *Mira a Andrés. ¡Cómo le está tirando los tejos a Maribel!* (LAm)
tocarle las narices a alguien (loc, col.) echar vaina fregar	(Esp.) molestar, fastidiar, enojar: *¡No me toques las narices, Marisa! Ya no puedo con tus quejas.* (Col., Ven.) (LAm)

CAPÍTULO 4

La tecnología y las relaciones personales

En este capítulo verán el episodio de *La que se avecina* llamado "Azulejos, un polígrafo y un paquete por correo".

© Telecinco en colaboración con Alba Adriática

VOCABULARIO CONFUSO
pedir, preguntar (por), hacer una pregunta, pregunta, cuestión

GRAMÁTICA
El imperfecto y el pretérito

PRONUNCIACIÓN
/ptk/: la falta de aspiración y la pronunciación dental
(y no alveolar) de la /t/

ESTRATEGIAS CONVERSACIONALES
Presentaciones

LECTURA CULTURAL
Relaciones por Internet

VOCES DE LATINOAMÉRICA
La tecnología y las relaciones personales

ESCRITURA
Expresar y defender una opinión

PREPARACIÓN

Práctica de vocabulario

Antes de hacer las actividades de esta sección, repasa la lista de palabras nuevas y sus definiciones en el **Glosario** de las páginas 106–108.

A. RECAPITULACIÓN Y PREDICCIONES El siguiente texto incluye una recapitulación de algunos de los momentos más destacados del último episodio junto con preguntas sobre qué va a pasar en el siguiente episodio que vas a ver en este capítulo.

PASO 1: Completa los espacios en blanco con el vocabulario nuevo que se presenta a continuación. No olvides conjugar los verbos cuando sea necesario según el contexto.

acertar	desenmascarar	folleto	subarrendar
azulejos	escayola	hurto	tarima
desbordar	esguince		

Las relaciones y los ya aparentemente inevitables accidentes y conflictos entre los vecinos de "El Mirador de Montepinar" siguen desarrollándose durante este episodio que lleva el título "Azulejos, un polígrafo y un paquete por correo".

Berta ya estará recuperada de lo que según ella fue un intento de envenenamiento por parte de Enrique y Araceli. En este episodio alguien se caerá por una escalera. Por suerte no será grave; solamente sufrirá un **1.** _____ pero tendrá que llevar una **2.** _____ en el pie durante dos semanas. ¿Quién será? ¿Se tratará de una caída accidental o intencional tramada por otro vecino?

Respecto a los conflictos, continuarán algunos que ya conocemos y habrá otros nuevos, ¡cómo no! La pelea contra la constructora, por ejemplo, continuará. A pesar de ser una urbanización nueva y "de lujo" según el **3.** _____ promocional del edificio de viviendas, en episodios anteriores fuimos testigos de las continuas quejas por parte de los propietarios sobre los desperfectos.

© Telecinco en colaboración con Alba Adriática

La aparición de Raquel Villanueva, la muy guapa directora comercial de la constructora, les fue de mucho agrado a los hombres del edificio y parecía que por fin se iba a tratar la lista de desperfectos. Sin embargo, vimos cómo la ruptura de la relación amorosa entre Raquel y Sergio puso en peligro el cumplimiento de los arreglos y cómo a pesar de la ayuda que le dan a Sergio los demás vecinos para encubrir el hecho de que seguía saliendo con otras mujeres, Raquel por fin descubrió la verdad. Por lo tanto, en este nuevo episodio la preocupación de los vecinos por los desperfectos actuales y futuros los llevarán a realizar un acto desesperado: un **4.** _____ contra la constructora. ¿Qué materiales robarán los vecinos del lugar de construcción de la segunda fase de pisos: un timbre nuevo para reemplazar el defectuoso que tienen los Recio, nuevos **5.** _____ para las paredes de los baños o láminas de **6.** _____ para los suelos por si algún día necesitan hacer una reforma? ¿Se saldrán con la suya, llevándose los materiales a casa sin problema, o todos acabarán en la cárcel?

El título también nos revela que aparecerá un polígrafo. Sabemos que las mentiras abundan en esta comunidad. Por ejemplo, vimos cómo Goya intentó vengarse de Cris al decirles a los Recio que Cris era prostituta y que Silvio, su "amigo" que acababa de instalarse en el piso, era en realidad su chulo. ¿Cómo reaccionará Cris ante tales alegaciones? ¿Les dirá Cris la verdad a los Recio, o sea, que le ha **7.** _____ una habitación a Silvio, a pesar de saber que según el contrato de alquiler no está permitido y que los Recio los pueden echar? ¿Cómo se resolverá este conflicto? ¿Qué otras mentiras se **8.** _____ a través de la máquina de la verdad? ¿Con quiénes se utilizará y con qué fin? ¿Serán fiables los resultados, o sea, **9.** _____ el polígrafo en el 100% de los casos?

Finalmente, el pobre Javi, a quien el cargo estresante de ser presidente de la comunidad lo **10.** _____ en episodios anteriores, sufrirá cuando Lola declare que su matrimonio está en crisis y lo deje. Y para complicar la situación aún más, la angustiada Lola recurrirá a su "mejor amiga" Cris para encontrar un hombre en el que llorar y un sitio donde vivir. ¿Se portará Cris como una amiga de verdad o se aprovechará de la ruptura para conquistar a Javi, el objeto de su afecto?

© Telecinco en colaboración con Alba Adriática

PASO 2: Ahora compara tus respuestas con las de un(a) compañero(a) y luego contesten las preguntas que se incluyen en el texto del **Paso 1**. ¿Tienen predicciones y opiniones parecidas sobre lo que van a ver?

B. SITUACIONES

PASO 1: Completa los siguientes fragmentos de diálogo del episodio que vas a ver en este capítulo con las palabras de vocabulario a continuación. Haz los cambios necesarios (de número o forma verbal) para el contexto dado.

agujero	baja	reventar
asistenta	exigir	taladradora

1. **RAQUEL:** ¿Qué te ha pasado en el pie?
   JOAQUÍN: U... un esguince. Pero... no he pedido ni _____ ni nada, ¿eh?, porque estoy absolutamente centrado en terminar de vender esta promoción.

2. **ENRIQUE:** Javier, eres el presidente de la comunidad. Tú, firme en todo momento.
   JAVI: Sí, sí.
   ENRIQUE: Yo estoy aquí para hacer presión con mi imagen, que impone mucho, pero tú _____, reivindica, beligera...
   JAVI: Que sí, que sí.
   SECRETARIA: ¿Me acompañan, por favor? El señor San Cristóbal les está esperando.

3. **COQUE:** Yo es que a doscientos euros la sesión me parece un poco caro, qué quieres que te diga.
   MAXI: Vamos a domicilio, menos no podemos cobrar. ¡Tele-polígrafo, oiga! ¡Ha llegado el tío del polígrafo! ¡¿Su marido le engaña, su hijo falsifica las notas, su _____ se le come el jamón?! ¡Desenmascárelos con tele-polígrafo! ¡El polígrafo en la puerta de su casa!

4. **ARACELI:** ¡Eh, eh! ¡Tú, trae, trae esta bolsa!
   ANTONIO: ¡Quietos ahí! ¡O sorteamos los azulejos o los _____ contra el suelo! ¡Que estoy nervioso, ¿eh?!
   ENRIQUE: Antonio, tranquilo, ¡no hagas tonterías!, ¿eh?

5. **BERTA:** ¿Para qué? ¿Para qué habremos alquilado el piso? Seguro que está haciendo _____ en las paredes, ¡que he oído una _____!
   ANTONIO: Si es que todo son problemas. ¿Por qué no nos dejan ser felices, cariño? ¿Por qué?

PASO 2: En grupos pequeños, comparen sus respuestas del paso anterior y luego discutan las preguntas que siguen sobre las situaciones que se plantean en los fragmentos de diálogo del **Paso 1**.

1. En el fragmento de diálogo #1 descubrimos que es Joaquín el que sufre un esguince y que a pesar del dolor él piensa seguir trabajando.

   - ¿Cuál es la peor caída / choque / lesión / rotura que has sufrido?
   - ¿Cuándo ocurrió, bajo qué circunstancias y qué te pasó exactamente? ¿Te hizo perder clases o no poder ir a trabajar?

2. En el fragmento de diálogo #2 Enrique anima a Javi antes de su reunión con el señor San Cristóbal, el jefe de Raquel y director general de la constructora.

   - Dadas las circunstancias, ¿crees que las palabras de ánimo y los consejos de Enrique son buenos o no? ¿Es prudente y/o aconsejable que Javi proteste y exija tanto? ¿Le habrías aconsejado lo mismo que Enrique o habrías usado otra táctica? Explica.

   - ¿Alguna vez te has encontrado en una situación similar a la de Javi donde tenías que quejarte o exigir algo? ¿Era una situación formal o informal? Si hacía falta suavizar la situación, ¿qué táctica(s) empleaste para conseguir el resultado deseado?

3. El fragmento de diálogo #3 entre Maxi y Coque nos presenta el nuevo "negocio" que Maxi ha montado en su caravana: ¡Tele-polígrafo! Mientras conduce por las calles en la caravana va anunciando por megafonía el servicio de polígrafo con el propósito de captar clientes.

   - ¿Cómo te parece el nuevo negocio de Maxi? ¿Tendrá éxito o no? Explica.

   - En el fragmento vemos cómo Maxi se dirige a un público específico: amas de casa. ¿Es una buena estrategia de *marketing*? ¿Qué consejos le darías a Maxi?

   - ¿Qué opinas del uso de los polígrafos, no en manos de una persona como Maxi sino de alguien más cualificado como un poligrafista (psicofisiólogo forense)? ¿Es un instrumento de utilidad para, por ejemplo, la policía en sus investigaciones o una empresa para seleccionar personal, etc.? ¿O crees que su uso representa una violación de la privacidad y los derechos humanos?

4. El fragmento de diálogo #4 nos presenta unos momentos tensos durante otra pelea entre los vecinos, esta vez sobre unos materiales de obra que han conseguido Araceli y Enrique y que los demás vecinos quieren también.

   - ¿Deben compartir los azulejos Araceli y Enrique con sus vecinos? ¿Por qué sí o no?

   - Previamente vimos cómo Sergio recibió atención especial por parte de la constructora debido al hecho de que su hermano Joaquín era comercial, y en este episodio veremos cómo Eric consigue los azulejos para Araceli y Enrique en secreto y a espaldas de los demás vecinos para así "evitar conflictos". ¿Qué opinas de este tipo de nepotismo?

   - ¿Alguna vez te has visto favorecido(a) por un enchufe o caso de nepotismo? ¿Te pareció bien o tuviste algún cargo de conciencia? Explica.

5. Durante el fragmento de diálogo #5 vemos como Berta y Antonio temen que Cris, su nueva inquilina, les esté destruyendo el piso.

   - ¿Alguna vez has vivido en un piso de alquiler con caseros tan entrometidos y exigentes como los Recio?

   - Si has firmado un contrato de alquiler, ¿incluía ese contrato restricciones sobre la redecoración del piso, o sea, si estaba permitido pintar las paredes, colgar cuadros, etc.? ¿Incumpliste el contrato?

   - Una vivienda de alquiler ha de ser entregada exactamente como se recibió. Si no es así, el (la) propietario(a) tiene derecho a quedarse con toda o parte de la fianza (típicamente un mes de alquiler) que pagó el (la) arrendatario(a) en el momento de firmar el contrato. Si has tenido la experiencia de terminar un contrato de alquiler, ¿recuperaste íntegramente la fianza? Y si no, ¿por qué exactamente (por ejemplo, destrozos de muebles y objetos, agujeros en las paredes, etc.) y cuánto dinero perdiste?

Aquí se habla así

C. SITUACIONES Trabajando con un(a) compañero(a), lean las siguientes situaciones y creen respuestas. Empleen el vocabulario citado o los equivalentes latinoamericanos.

1. Tu compañero(a) de piso / cuarto habla sin parar de cosas sin importancia. Utiliza las palabras **chorrada** y **cotilleo** para quejarte con tu compañero(a).

2. Tu amigo(a) quiere que "compartas" las respuestas para la tarea de la clase de español. Utiliza la frase **comer el coco** y **pillar** para responderle.

3. Tu hermano(a) menor te ruega repetidamente que lo (la) lleves al cine. Utiliza **dar la brasa** y **cabrearse** para negarte.

4. Un(a) colega de trabajo (con quien te llevas muy mal) ha cometido un error terrible. Amenázalo(la) utilizando las expresiones **chivarse** y **poner a caldo**.

5. Tu amigo(a) no deja de mirar Facebook. Háblale utilizando las palabras **molar** y **engancharse** o **enganchado(a)**.

6. Un(a) amigo(a) se cree "enamorado(a)" de una persona muy atractiva con quien nunca va a poder salir. Desanímalo(la), utilizando las expresiones **mono(a)**, **trapichear** y **no comerse una rosca**.

7. Tu compañero(a) de clase está mandando SMS / mensajes de texto y tu profesor(a) prohíbe el uso de los móviles / celulares en la clase. Utiliza las palabras **de tapadillo**, **pillar** y **cabrearse** para advertirle al (a la) compañero(a).

8. Tu amigo(a) se va a casar y te opones a la idea. Exprésale tu opinión utilizando las palabras **tener atravesado(a)**, **braguetazo** y **forrarse**.

© PhotoAlto / Alamy

D. UN DIÁLOGO En grupos pequeños, escriban un diálogo original, incorporando por lo menos seis expresiones de la sección de vocabulario **Aquí se habla así**. Luego van a representar el diálogo para sus compañeros de clase. Consideraciones:

- La situación debe ser **informal**, ya que el vocabulario es coloquial.

- Para las expresiones que tienen variación dialectal, decidan si van a usar las variantes de España o las de una región latinoamericana. Deben ser consistentes con el dialecto que escojan.

A VER EL VIDEO

🌐 INFORMACIÓN DE FONDO: CULTURA
URLs

El sitio web de *Relaciónate* tiene unos enlaces y términos de búsqueda para ayudarte a empezar. Si tienes amigos hispanos, también puedes entrevistarlos para aprender más sobre algunos de los temas.

Busca información sobre los temas que siguen como preparación para ver el próximo episodio de *La que se avecina*. Compartirás la información que encuentres con tus compañeros de clase.

- Sitios de *chat* y sitios para buscar pareja en Internet: ¿Qué tipos hay y dónde predominan (en EE. UU., los países hispanos, etc.)? ¿Qué características comparten (o no) los sitios estadounidenses y los españoles / latinoamericanos y por qué?

- El concepto del machismo como fenómeno sociológico: ¿Cómo lo definirías? ¿Cómo ha evolucionado en la sociedad estadounidense, la sociedad española y las latinoamericanas?

- La cohabitación (vivir juntos antes del matrimonio): ¿Cómo es la situación actual en tu cultura? ¿Está aceptada o no? ¿Para quién(es) y bajo qué circunstancias? ¿Cómo se compara la actitud social de tu cultura hacia la cohabitación con la de España y las de los países de Latinoamérica?

- Las tendencias sobre la familia actual en EE. UU. y los países hispanos: Investiga la edad media para tener el primer hijo, el número medio de hijos por mujer y la estructura familiar (nuclear, monoparental, extendida, etc.).

- El servicio doméstico: ¿Con qué frecuencia se emplea a una asistenta en EE. UU., España y Latinoamérica?

Charlemos un poco antes de ver

A. NUESTRAS OPINIONES Habla con tus compañeros de clase para predecir lo que va a pasar en cada situación del próximo episodio de *La que se avecina*. Es posible que tu profesor(a) también te asigne uno de los temas para escribir en tu diario de clase.

1. A Joaquín lo va a visitar una mujer cubana que conoció por Internet. ¿Cómo le saldrá la visita?

2. Una señora muere en la peluquería de Araceli, sentada en un sillón. ¿Cómo se complicará la situación? (Una pista: Izaskun y Mari Tere "ayudan".)

3. Los vecinos siguen peleándose entre sí, y quejándose con la constructora sobre los desperfectos que nunca se arreglan. Pero esta vez se meten en un gran lío ¿qué harán?

A ver

Ahora mira el episodio para el **Capítulo 4.**

Comprensión y conversación

B. ¿ENTENDISTE? Basándote en lo que viste en el episodio, completa los siguientes enunciados con el nombre del (de la) protagonista.

1. _____ ha ideado un plan para que paguen los morosos: publicar una lista de morosos **con foto** por todo el edificio (en el ascensor, en el portal...).

2. Si Carmen, la señora que se murió en la peluquería, no hubiera sido descubierta en la cama del dormitorio del piso piloto, _____ por fin lo habría vendido a la pareja que había venido para dar la señal.

3. Mientras se instalan las cámaras de seguridad, _____ se burla de su eficacia diciendo que solamente servirán como un vídeo de recuerdos familiares.

4. Cuando _____ le dijo lo siguiente: "Si se inventase alguna manera de saber cuándo te miente un vecino o un alquilado te forrabas fijo, ¿que no?", Maxi concibió su idea de conseguir un polígrafo.

5. Como Goya cree que _____ está enganchado a la Teletienda y se enfada con él cada vez que compra algo nuevo, él sigue comprando pero a sus espaldas.

6. _____ anima a Cris para que se aproveche de la repentina separación de los recién casados para conquistar a Javi.

7. Es _____ la que propone a los demás vecinos que se cuelen en la obra de la fase dos de la constructora y que se lleven lo que les haga falta "en plan súper[mercado]".

8. Cuando el Sr. San Cristóbal les enseña el vídeo que grabaron las cámaras de seguridad de la fase dos, Leo intenta defenderles a todos diciendo que la grabación representa una invasión de su intimidad, pero _____ se queda sin habla y avergonzadísimo.

C. ¿QUÉ OPINAS? Compartan sus opiniones de las siguientes preguntas.

1. En este episodio Maxi intenta hacerse pasar por un psicofisiólogo forense, primero diciendo que tiene un título validado por la "American Polygraph Association" y luego haciendo un curso por Internet en el Instituto Poligráfico de Tel Aviv. ¿Qué opinan del aumento de titulaciones otorgadas por organizaciones o universidades / centros de enseñanza virtuales? En su opinión, ¿tiene el mismo valor una titulación virtual que una presencial?

2. ¿Qué harían si fueran adictos a la Teletienda como Vicente? ¿Qué comprarían? Y si fueran Goya o Javi, ¿cómo reaccionarían a las compras de Vicente? ¿Han comprado algo de una teletienda?

3. ¿Qué opinan de Sergio y los consejos que le ha dado a Cris? ¿Lo consideran una "celestina" / un "destrozahogares" *(homewrecker)*? Expliquen. ¿Están de acuerdo con él cuando dice que "la convivencia mata el amor, mata la pasión y lo mata todo"? ¿Por qué sí o no?

4. En este episodio Antonio acusó a Enrique de ejercer "tráfico de influencias" para conseguir los azulejos. Sabemos que no era así y que Eric simplemente le tenía lástima porque "picó" y compró el bajo con jardín. Sin embargo, ¿qué opinarían de Enrique si hubiera usado su puesto de concejal en el ayuntamiento para fines propios? ¿En este caso particular habría estado justificado? Expliquen. ¿Conocen algún caso real de tráfico de influencias que haya salido en las noticias recientemente, por ejemplo, un político, hombre / mujer de negocios, etc.?

© Telecinco en colaboración con Alba Adriática

EXPANSIÓN

1. **Diario** En tu diario, escribe una entrada sobre tu personaje más o menos favorito. Describe al personaje y explica por qué (no) te gusta. Luego leerás tu entrada a la clase, sin mencionar el nombre del personaje ni detalles muy obvios, y tus compañeros adivinarán quién es y dirán si están de acuerdo o no con tu opinión.

wavebreakmedia/Shutterstock.com

2. **Diálogo** Con unos(as) compañeros(as) de clase, escojan una escena del episodio que vieron. Cambien la escena, escribiendo un diálogo nuevo que lleve a consecuencias distintas. Por ejemplo, con la escena en el aeropuerto, si en lugar de huir Joaquín se hubiera quedado para conocer a Diana, ¿qué habría pasado después? Luego representarán su escena a la clase.

MEJOREMOS LA COMUNICACIÓN

Vocabulario confuso

To ask / question

pedir	to ask for (an object, food in a restaurant, etc.); to ask someone to do something (followed by **que** + subjunctive)	Si vamos al restaurante mexicano, voy a **pedir** las enchiladas verdes. Mi sobrina siempre me **pide** dulces cuando estamos en el supermercado. Mi compañera de cuarto siempre me **pide** que salga con ella, pero no me da la gana.
preguntar	to ask (a question), to request information	Voy a **preguntarle** al cajero cuánto cuesta esta camisa.
preguntar por	to ask about someone / something, inquire	Mira, Sarita, Sergio siempre **pregunta por** ti. Ese señor acaba de **preguntar por** la calle Hércules, pero no conozco ninguna calle con ese nombre.
hacer una pregunta	to ask a question	Uy, ¡esa niña **hace** mil **preguntas** diarias! Quiere saberlo todo.
pregunta	a question (inquiry)	—¿Tienes una **pregunta**, hijo? —Sí, ¿qué vamos a cenar esta noche?
cuestión	a matter, question (as in problem, issue, topic)	Siento no poder salir esta noche. No es **cuestión** de ganas sino de falta de tiempo. Si se debe o no legalizar la marihuana es una **cuestión** muy polémica.

A. CITAS Escoge el vocabulario que mejor complete cada frase.

1. **RAQUEL:** ¿Qué te ha pasado en el pie?

   JOAQUÍN: U... un esguince. Pero... no (**he preguntado / he pedido**) ni baja ni nada, ¿eh?, porque estoy absolutamente centrado en terminar de vender esta promoción.

2. **GOYA:** ¡Pero bueno! ¡Si la constructora me dijo que no hay materiales para los vecinos!

   BERTA: Nosotros le (**preguntamos / pedimos**) tarima por si hacíamos una reforma, y nada.

3. **AMADOR:** Mira, yo ya he llamado a la fábrica (**preguntando / pidiendo**) por ese modelo y me han dicho que esos azulejos se han agotado.

4. **ERIC:** Venga, venga, a levantarse ya. Vamos. Raquel, eh... qué pronto has venido hoy, ¿no?

   RAQUEL: Y vosotros también. ¿Qué pasa?

   JOAQUÍN: Eh... unas clientas, que (**preguntaron / pidieron**) ver el piso a primera hora.

5. **VICENTE:** Pero, ¿cómo es que no ha llegado el paquete? ¿Si en la tele decían "entrega en 24 horas"?

   JAVI: Pues no ha llegado. Llámales y (**pregunta / pide**), ¿a mí qué me cuentas?

6. **RAQUEL:** Os repito que ha sido un error de nuestro comercial. La constructora no proporciona materiales de obra a los vecinos para evitar conflictos.

   ANTONIO: Pues os está saliendo muy bien, ¡nos vamos a acabar matando todos!

   RAQUEL: Antonio, yo os (**pregunto / pido**) un poquito de comprensión.

7. **ENRIQUE:** ¡Pero bueno, qué cualificación tiene el conserje para manejar este aparato, por no (**preguntar / pedir**) de dónde lo ha sacado!

   MAXI: Perdona, pero he hecho un curso por Internet en el Instituto Poligráfico de Tel Aviv.

8. **IZASKUN:** Oye, te recuerdo que no estamos divorciados.

   MAXI: ¿Y qué?

   IZASKUN: Que la caravana es un bien ganancial. Puedo (**preguntarte / pedirte**) la mitad.

9. **INSPECTOR:** Mañana que estén todos aquí a primera hora; me gustaría hacerles algunas (**preguntas / cuestiones**).

10. **LEO:** A la (**pregunta / cuestión**): "¿Os cedió la constructora azulejos de tapadillo a espaldas de los vecinos?", Enrique Pastor ha contestado "no", y el polígrafo determina...

11. **MARI TERE:** ¿Se ha muerto?

    FABIO: La (**pregunta / cuestión**) es que habrá que verla en el secador.

    SANDRA: ¡Ay, que yo no he hecho nada!

12. **MAXI:** ¿Eres una estrella del pop internacional?

    CRIS: Ya está otro con la gracia.

    MAXI: Contesta "sí" o "no". Son (**preguntas / cuestiones**) de calibración.

B. REFRANES: ¿ESTÁS DE ACUERDO?

PASO 1: Determina cuál es el significado de los refranes que siguen. Luego indica con un número del 1–5 si estás de acuerdo con cada refrán. 1 = no estoy nada de acuerdo; 5 = estoy muy de acuerdo

1. Consejo no pedido, consejo mal oído.   5 4 3 2 1

2. Excusa no pedida, la culpa manifiesta.   5 4 3 2 1

3. Es de sabios preguntar y de tontos callar.   5 4 3 2 1

4. La cuestión no es llegar sino quedarse.   5 4 3 2 1

5. El mozo bien criado no habla si no es preguntado.   5 4 3 2 1

6. Dale un huevo al codicioso y te pedirá gallina.   5 4 3 2 1

7. Más vale pedir perdón que pedir permiso.   5 4 3 2 1

8. En cuestión de gustos, no hay nada escrito.   5 4 3 2 1

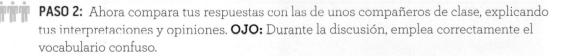 **PASO 2:** Ahora compara tus respuestas con las de unos compañeros de clase, explicando tus interpretaciones y opiniones. **OJO:** Durante la discusión, emplea correctamente el vocabulario confuso.

Gramática
Práctica comunicativa con el imperfecto y el pretérito

C. ANÁLISIS Lee las siguientes citas de la serie y luego:

- **a.** Subraya cada verbo escrito en el imperfecto y encierra en un círculo cada ejemplo del pretérito.
- **b.** Explica por qué se usa el imperfecto o el pretérito en cada caso.
- **c.** Identifica quién dijo cada cita, y en qué circunstancias.

1. —¿Qué te he dicho? Que vayas al de abajo, que no quiero compartir el baño contigo como cuando teníamos diez años.

2. —Acuérdate del niño de Patu, ¿eh? Se fue de cabeza contra el cemento y ahora está suspendiendo matemáticas, aunque en inglés va mejor.

© Telecinco en colaboración con Alba Adriática

3. —¿Te ha mandado foto?

—Nnn... no... Pero porque no sabía mandármelas. No es fealdad, sino torpeza informática.

4. —Que sí, estaban en el cuarto de basura con uno de los vendedores hablando algo de unos azulejos. Y yo por la mañana escuché una taladradora. Vamos, que no hay que ser muy listo para relacionar.

—¡Pero bueno! ¡Si la constructora me dijo que no hay materiales para los vecinos!

5. —... maldigo el día en que te recogí con la Vespa haciendo autostop.

—Anda, que no estaba yo buena... ¡qué tiempos aquellos!

© Telecinco en colaboración con Alba Adriática

6. —¿Sabes por qué no te mandé mi foto por Internet?

—No.

—Porque quería tener una relación de verdad con alguien, sin estar adulterada por el físico y el sexo. Es que siempre tengo la sensación de que lo único que les interesa a los hombres es llevarme a la cama.

7. —¿Sabes por qué me enamoré de ti?

8. —Ah, que tienes mi teléfono.

—Claro, me lo diste, ¿no te acuerdas?

9. —Porque Lola y yo llevábamos tres años saliendo, pero nunca habíamos vivido juntos.

—¿Y por qué no alquilasteis algo antes de casaros?

—Pues porque había que ahorrar; si no, no teníamos para la entrada del piso.

© Telecinco en colaboración con Alba Adriática

10. —O sea, que según usted esa señora nunca estuvo aquí.

—O estuvo y no la vi, porque por aquí pasa muchísima gente.

D. UN RESUMEN DEL EPISODIO: ¿QUÉ PASÓ?

PASO 1: Con un(a) compañero(a) de clase, escriban juntos(as) un resumen del episodio de *La que se avecina* que vieron para este capítulo. Como se ve en el modelo abajo, para cada verbo, incluyan la forma del pretérito y del imperfecto para que en el siguiente paso, otro grupo escoja la respuesta correcta.

Modelo: *Joaquín estuvo / estaba emocionado por la llegada de su amiga, pero Sergio lo convenció / convencía que...*

PASO 2: Intercambien su resumen con otro grupo, y decidan si se debe usar el pretérito o el imperfecto en cada caso.

PASO 3: Cada grupo debe corregir el resumen que completó el otro grupo, y los dos grupos deben conversar sobre los casos en los que haya desacuerdo.

E. ¿CÓMO HA CAMBIADO LA TECNOLOGÍA NUESTRAS VIDAS?: UNA ENTREVISTA

Entrevista a un(a) pariente o a un(a) amigo(a) mayor que se acuerde de "cómo era la vida" antes de que la tecnología moderna ejerciera tanta influencia en nuestra vida diaria (y antes de la posibilidad de encontrar pareja por Internet). Debes seguir los siguientes pasos:

natt/Shutterstock.com

PASO 1: Escribe una lista de preguntas que puedas usar en la entrevista. **OJO:** Ten cuidado con el uso del imperfecto y del pretérito.

> **Modelo:** *¿Cómo y con qué frecuencia se comunicaba con sus amigos cuando era adolescente?*

 PASO 2: Utiliza las preguntas del **Paso 1** para entrevistar a alguien, tomando apuntes.

PASO 3: Escribe un resumen de la entrevista. Subraya cada verbo en imperfecto o pretérito.

 PASO 4: Finalmente, comparte lo más importante de tu resumen con un grupo pequeño de compañeros de clase. Después de escuchar lo que aprendieron ellos de sus entrevistas, tu grupo debe llegar a algunas conclusiones: Comenten uno de los aspectos importantes que tenían en común las vidas de toda la gente entrevistada. ¿Qué les gusta más y menos de la vida de hoy en día? ¿Y de la vida de antes?

Pronunciación

La pronunciación de /ptk/: la falta de aspiración y la pronunciación dental (y no alveolar) de la /t/

En inglés, a diferencia del español, las consonantes /ptk/ se pronuncian seguidas por una pequeña explosión de aire cuando están al principio de una palabra o de una sílaba. Esto se llama "aspiración" y se transcribe [pʰ tʰ kʰ]. Pronuncia en inglés las palabras *pod*, *ton*, *call*, *entail*, and *upon*, prestando atención a la aspiración que sigue a las consonantes. En español, sin embargo, estas consonantes se pronuncian sin aspiración. Intenta pronunciar **pata**, **toque** y **copa** sin ningún soplo de aire después de la consonante inicial.

Una diferencia más entre la /t/ en los dos idiomas es que en inglés tiene una articulación alveolar, mientras que en español el lugar de articulación es dental. O sea, la punta de la lengua toca los dientes superiores en español, mientras que en inglés se coloca un poco más hacia atrás, en los alvéolos. Compara la posición de la lengua cuando pronuncias **tapa** en español, y *top* en inglés. Haz lo mismo para **tostar** / *toast*, **tumba** / *tomb* y **tren** / *train*.

F. PRÁCTICA DE PRONUNCIACIÓN EN CLASE Escucha de nuevo la siguiente escena del episodio, prestando especial atención a la pronunciación de /ptk/. Luego lee en voz alta el diálogo con un(a) compañero(a) de clase, centrándote en pronunciar /ptk/ sin aspiración y la /t/ con articulación dental.

Pronunciation Audio

> **OJO:** Recuerda que la /k/ se representa en español con las siguientes combinaciones: la letra **c** con las vocales **a**, **o**, **u** (**c**asa, **c**opa, **c**upón) y las letras **qu** con las vocales **e, i** (**qu**eso, **qu**ímica).

JAVI Es **qu**e es**t**o de la **c**onvivencia al **p**rinci**p**io es **c**ompli**c**ado.

CRIS Sí.

JAVI **P**or**qu**e Lola y yo llevábamos **t**res años saliendo, **p**ero nunca habíamos vivido jun**t**os.

CRIS ¿Y **p**or **qu**é no al**qu**ilas**t**eis algo an**t**es de **c**asaros?

JAVI **P**ues **p**or**qu**e había que ahorrar, si no no **t**eníamos **p**ara la en**t**rada del **p**iso.

CRIS Eso me suena.

JAVI Y luego, no sé, me he dado **c**uen**t**a que hay muchas **c**osas **qu**e no hemos hablado. A mí, **p**or ejem**p**lo, me a**p**e**t**ece **t**ener un niño ya, **p**ara ser el **t**í**p**i**c**o **p**adre joven y enrollado. **P**ero Lola dice **qu**e no, **qu**e es muy **p**ron**t**o.

CRIS Bueno, a mí me en**c**an**t**an los **c**ríos. Sí, es**t**oy deseando. Bueno, veo a la del segundo con sus **t**res enanos y es **qu**e se me **c**ae la baba.

JAVI **P**ero **t**res ya son muchos, ¿no?

CRIS Sí, bueno, se me **c**ae la baba **c**on uno, los o**t**ros dos me sobran **c**omple**t**amen**t**e, vamos. Uy, **t**res, ¡**qu**é **p**ereza!, no, no, no.

Estrategias conversacionales
Presentaciones

Magda, te presento a mi madre. Mamá, esta es Magda.

Encantada.

Igualmente.

© Cengage Learning 2014

Expresiones para hacer una presentación	Ejemplos
Quisiera / Me gustaría presentarte (le / os / les) a _____.	Carlos y Jaime, **me gustaría presentarles a** mi jefe, el doctor García.
Te (Le / Os / Les) presento a _____.	Sara, **te presento a** mis padres, Felipe y Diana.
Este / Esta es _____.	Hola, Ana. **Esta es** mi amiga, Sandra.
Soy _____ / Me llamo _____.	Buenos días. **Soy** Silvia Jaramillo.

Después de la presentación inicial, unas respuestas comunes incluyen:

Mucho gusto.   **Encantado(a).**

Es un placer.   **Hola, ¿qué tal?** (informal)

Y luego, la otra persona puede responder:

Igualmente.   **El gusto es mío.**

El placer es mío.   **Hola...** (informal)

G. ESCENAS Ahora lee las siguientes escenas, seleccionadas de todos los episodios de *La que se avecina* que has visto. Subraya todas las expresiones que se usan para hacer presentaciones y luego considera:

- ¿Cuál es el contexto de la escena? ¿Es formal o informal?

- ¿Concuerda la selección de expresiones con el nivel de formalidad del contexto o esperarías el uso de otra expresión? ¿Siguen los hablantes las normas conversacionales? Explica.

1. **CRIS:** Hola, Goya.

   GOYA: Hola.

   CRIS: Este es Silvio, un amigo.

   SILVIO: Holaaa...

   GOYA: Ay, encantada.

2. **ARACELI:** ¿Quién es?

   BERTA: Hola. Soy Berta, la vecina de arriba.

   ARACELI: Encantada, yo soy Araceli...

3. **CRIS:** Oye, os he traído un vinito.

   BERTA: Uy, no, no, no. No, lo siento pero no bebemos. ¿Tú bebes?

   CRIS: No, no, no yo no... bueno, lo traía porque... bueno, no sé, que...

   BERTA: Bueno, trae, para cocinar. Ay, mira, mira, este es Antonio, mi marido.

   CRIS: Hola, ¿qué tal?

   ANTONIO: Encantado.

4. **SERGIO:** Bueno, primero quiero que conozcas a una persona.

   DIANA: ¿Está el gilipollas de tu hermano?

   SERGIO: Más o menos. Pasa, pasa. Ven. Mira, esta es Diana. Diana, te presento a mi hermano Joaquín.

   DIANA: ¿Cómo que Joaquín? Joaquín eres tú.

5. **SECRETARIA:** ¿Me acompañan, por favor? El señor San Cristóbal les está esperando.

   SR. SAN CRISTÓBAL: ¡Adelante, adelante caballeros! José Luis San Cristóbal, encantado.

   ENRIQUE: Enrique Pastor, concejal del ayuntamiento. Él es Javier Maroto, presidente de la comunidad.

© Telecinco en colaboración con Alba Adriática

6. **FABIO:** Nada, da igual, vete. Se nos durmió la señora en el secador. Sácala de ahí. Perdona, tengo a la becaria embobada.

   ARACELI: ¡Uuuuy! ¡Qué ambientazo! Bienvenidas. Soy Araceli Madariaga. ¿Qué tal? Oye, pero ese pelo está fatal... las puntas. Esto nada, esto hay que nutrirlo. A ver, Fabio, ¿cómo vas? ¿Qué tal? Encantada. Soy Araceli Madariaga.

   FABIO: Mal. La becaria me ataca los nervios. Me, me quita toda la energía... yo dimito, ¿eh?

   SANDRA: Araceli... la señora del secador... no se mueve...

H. JUEGOS DE ROLES: PRESENTACIONES En grupos de tres, túrnense para hacer presentaciones. Piensen en el nivel de formalidad que se requiere para cada contexto (¿**tú** o **usted**?, ¿condicional o no?, etc.).

1. Están en una fiesta en la casa de un amigo. No se conocen. Preséntense a sí mismos.

2. Están en una reunión familiar. Dos personas son novios y la otra es el (la) abuelo(a) que no conoce al (a la) novio(a).

3. Son vecinos. Una persona acaba de mudarse al vecindario y conoce a uno(a) de los vecinos, pero no al (a la) otro(a). La persona que conoce al (a la) nuevo(a) vecino(a) hace la presentación.

4. Una persona es el (la) rector(a) de la universidad y las otras dos son estudiantes. Un(a) estudiante ya conoce al (a la) rector(a) y le presenta a su amigo(a).

5. Dos amigos(as) están cenando en un restaurante y llegan los amigos de una de las otras personas. Esa persona debe hacer la presentación.

Fogstock/Thinkstock

iStockphoto.com/kristian sekulic

bikeriderlondon/Shutterstock.com

Yuri Arcurs/Shutterstock.com

MÁS ALLÁ

LECTURA CULTURAL
Relaciones por Internet

Antes de leer

A. AMOR E INTERNET En el episodio de *La que se avecina* que viste en este capítulo, Joaquín conoce a una mujer a través de Internet. En esta sección vamos a considerar el tema de las relaciones personales e Internet. A continuación vas a leer un artículo periodístico de Panamá que examina los efectos posibles de este cambio social.

© Telecinco en colaboración con Alba Adriática

PASO 1: Antes de leer el artículo, considera las siguientes preguntas.

1. ¿A través de qué medios te comunicas con tu novio(a), tus amigos y tu familia?
2. ¿Conoces a gente que haya empezado o terminado un romance por Internet? Explica.
3. Predicciones: Haz una lista de los posibles peligros o desventajas de las relaciones por Internet que podría incluir en su artículo la autora.

PASO 2: Ahora ojea las preguntas de comprensión que siguen al artículo para ayudarte a centrarte en la información más importante del artículo.

A leer

B. AMORES VIRTUALES Ahora lee el artículo sobre las relaciones por Internet.

© James Brunker / Alamy

Relaciones por Internet
Terapeuta familiar y de pareja

Lourdes Berrocal de González

Nada como finales del siglo XX que nos permitió quedarnos en casa para conocer el mundo. ¿Se acuerdan cuando el teléfono era la manera para comunicarse con el noviecito, que además conocíamos personalmente? En ese momento podíamos decir "me gusta o salgo con Mengano[1]", "Sutano[1] es alto, bajo, gordo, flaco, lindo, no tan lindo, aburrido, cariñoso", etc. La comunicación directa nos daba la posibilidad de conocer a esa otra persona realmente, lo mismo que nuestras amistades y familiares conocían a Perencejo[1]. Pero bueno, llegó el Internet y a ponerse modernos.

La cita, el baile, la rumba, la tarea, qué sé yo, todo se arregla por Internet, ya sea por tu PC o tu teléfono.

El detalle es que además de lo anterior hasta el romance puede empezar y terminar por la web con un ser virtual. ¿Arriesgada la experiencia? Claro que sí. ¿Impersonal? No sé. Ya se vuelve usual y es lo "común".

¿Qué pasa que no queremos arriesgarnos a que nos conozcan tal y como somos y nos damos a conocer tras un apodo, y un montón de fantasías? Ojo, que conozco gente que ha dejado todo y se ha lanzado en la búsqueda de su pareja virtual y dicen ser felices.

Pero dónde quedó, para algunos esa vieja rutina de la cita en el cine, o la cafetería, fiesta u otros, y se convirtió en "¿chateamos a las 10?" Para algunos es tan obsesivo que "si se me dañó el Internet en la casa u oficina tengo que buscar un café-Internet para hablar con Menganita[1]". Parece que la relación fuese con la máquina y no con un ser humano.

Por otra parte, están los que se proyectan como Brad Pitt o Angelina Jolie haciéndose pasar por la antítesis de lo que son.

Otros más ingenuos recurren a "soy normal" cuando les preguntan cómo son físicamente. Qué chasco[2] cuando se conocen personalmente y lo de "soy normal" es normal en Marte.

Bueno, que es la parte humana del chat, cuando la gente se conoce. Hay otros que se ponen edades para poder entrar en ciertos salones de conversación. Los hay chicos que quieren pasar como adultos, y adultos que se hacen pasar de pelaos[3]. Esta es la parte peligrosa. Y estoy segura de que muchos han escuchado alguna de esas terroríficas historias en las cuales una chiquilla terminó fugándose con un desconocido que le prometió cielo y tierra.

¿Qué nos está pasando que no queremos arriesgarnos a sufrir y disfrutar humanamente dentro de una relación de carne y hueso? Será que tenemos miedo a que nos hieran como en relaciones previas,

[1]Se emplean los nombres Mengano, Sutano y Perencejo para aludir a un persona indeterminada [2]decepción [3]niño o joven

y el dolor se puede mitigar conversando con un desconocido al cual podemos manipular con tan solo oprimir un botón cuando nos sentimos vulnerables. Dice un refrán: ojos que no ven, corazón que no siente. ¿Será que estamos evitando lo inevitable que es relacionarnos frente a frente? ¿Será que dudamos de nuestros atributos y sentimos que podemos ser rechazados si nos conocen personalmente?

Ojo, cuando se vuelve adictivo. Y no hablo de navegar la web para pasear y conocer. Hablo de entablar relaciones exclusivamente de este tipo o de mantener la relación actual (con una persona que conocemos y frecuentamos) y otra paralela en el Internet "porque eso no es infidelidad". Hay personas que llegan a mantener relaciones sexuales (con altos contenidos sexuales en sus conversaciones) que han sustituido las habituales relaciones humanas. Pareciese que las relaciones interpersonales pasan a un segundo plano al idealizar este romance virtual, plagado de fantasías porque no lo o la podemos ver.

Algunos dirán que es una opción para los que no tienen tiempo para salir y socializar o para quienes no tienen suficiente dinero para invertir en una cita o para quienes se sienten escasos de atributos. ¿Y qué tal si revisamos cómo anda ese sentimiento de soledad que hace a algunos buscar refugio y compañía en la web? Y que no hablo solo de gente joven, hablo de adultos en busca de algo que les hace falta. Eso que podemos llamar relajo, infidelidad, falta de compromiso, diversión, mentira y engaño.

Utilizar el recurso para jugar con otros hace que el avance tecnológico pueda perder adeptos. Este recurso es tan necesario para algunos como salir todos los viernes a la discoteca, es el refugio de algunos o el laboratorio para otros (ensayo y error).

Lo interesante y divertido es cuando queremos pasar de lo virtual a lo humano y nos ponemos en contacto con ese desconocido(a) y nos damos cuenta de que la fantasía se puede convertir en realidad cuando dos almas fueron sinceras en la búsqueda de emociones.

© Cengage Learning 2014

Después de leer

C. VERIFIQUEMOS LAS PREDICCIONES Vuelve ahora a las predicciones sobre los peligros y las desventajas de las relaciones por Internet que hiciste antes de leer el artículo. Trabajando con unos compañeros de clase, examinen lo siguiente:

1. ¿Se incluyeron en el artículo todos los peligros que predijeron ustedes?

2. ¿Incluyó otros peligros la autora? Añádanlos a la lista.

3. Repasen cada peligro / desventaja y expresen su opinión. ¿Están de acuerdo con que existe el peligro? Expliquen sus opiniones, dando ejemplos cuando sea posible.

D. VAMOS MÁS A FONDO: MINI-DEBATES Tu profesor(a) te va a asignar un punto de vista y un equipo para los siguientes temas. Primero prepara los argumentos con tu equipo, y luego realiza un debate contra otro equipo. **OJO:** No te olvides de usar el vocabulario de las **Estrategias conversacionales** que aprendiste en el **Capítulo 3** para expresar acuerdo / desacuerdo.

1. Facebook: ¿Ha mejorado o empeorado las relaciones personales de este siglo?

2. SMS / los mensajes de texto: ¿Han afectado la habilidad de los jóvenes de escribir trabajos formales / académicos o simplemente es otra manera de escribir?

3. La privacidad: ¿Quién tiene la responsabilidad de proteger la privacidad de los usuarios? ¿Los mismos usuarios o las compañías como Facebook, YouTube, etc.?

4. La piratería: ¿Bajar algo (por ejemplo, una canción, una película) de Internet o copiar una película se debe considerar un "robo"?

5. Los deportes: ¿Se debe usar la tecnología para verificar las decisiones tomadas por los árbitros del fútbol o interferiría con el juego?

6. La productividad: ¿Nos hace más o menos productivos la tecnología?

Poulsons Photography/Shutterstock.com

EXTENSIÓN
VOCES DE LATINOAMÉRICA

 La tecnología y las relaciones personales

Video

E. OTRAS OPINIONES

PASO 1: Ahora mira los videos del sitio web de *Relaciónate* para aprender más sobre el papel que desempeña la tecnología en las relaciones personales en diferentes países latinoamericanos. Luego completa las actividades que siguen.

PASO 2: Copia la siguiente tabla y complétala con la información que dan los hablantes. Luego contesta las preguntas que siguen.

Nombre y país de origen	Papel de la tecnología en su vida	Uso de la tecnología en su país en general	Opinión de la tecnología

1. ¿Notas algunas semejanzas entre lo que dijeron varios de los hablantes? ¿Y diferencias? ¿Cómo se compara el uso de la tecnología en Latinoamérica con su uso en EE. UU., según lo que dijeron los informantes en los videos?

2. ¿Te sorprendió algo de lo que dijeron?

3. ¿Estás de acuerdo con lo que opinaron sobre los efectos de la tecnología en la calidad de vida? Explica.

4. Si pudieras hacerle una pregunta a una de las personas, ¿cuál sería?

F. TU PROPIO VIDEO Ahora graba tú un video sobre tus hábitos personales y el uso de la tecnología en EE. UU., usando los videos de "Voces de Latinoamérica" como modelo. Tu video debe durar solo 2–3 minutos y debe incluir lo siguiente:

1. ¿Qué papel juega la tecnología en tu vida personal? ¿Qué medios de comunicación (Facebook, MI—mensajes instantáneos, mensajes de texto / SMS, teléfono, correo electrónico, etc.) usas con más frecuencia para comunicarte con tus amigos, tu familia, etc.?

2. ¿Te consideras un usuario de tecnología "típico" para una persona de tu país (de tu edad, de tu clase social, etc.)? Explica.

3. En tu opinión, ¿la tecnología mejora la calidad de vida o la disminuye?

GRABACIÓN

GLOSARIO

VOCABULARIO

Para ver otra vez la lista de abreviaturas, ve a la página 26 del **Capítulo 1.**

acertar (tr.) — dar con lo adecuado o lo cierto respecto a algo ignorado, dudoso o desconocido: *Como no sabía la respuesta correcta, adiviné y acerté.*

agujero (m.) — abertura redonda en algo como tela, papel, etc. o en una superficie como una pared o un suelo: *Normalmente está prohibido hacer agujeros en las paredes de los pisos de alquiler.*

asco (m.) — sensación desagradable provocada por algo que repugna: *A los ciudadanos les da asco cualquier escándalo de corrupción por parte de los políticos.*

asistenta (f.) — mujer que trabaja como criada y realiza las tareas domésticas de una casa sin residir en ella: *La familia está buscando una nueva asistenta que pueda trabajar una o dos tardes cada semana.*

azulejo (m.) — una pieza plana de cerámica vidriada, de diferentes colores, que se utiliza como pavimento para suelos y revestimientos de paredes: *Si reformamos el baño, lo primero que quiero hacer es elegir un azulejo original y moderno para revestir las paredes.*

baja (estar de baja) (f.) — situación de la persona que ha abandonado temporalmente su trabajo por enfermedad u otra causa determinada: *Sí, Lola acaba de tener un niño y actualmente está de baja. Vive en España y las trabajadoras españolas tienen derecho a 16 semanas de baja por maternidad remuneradas al 100%.*

calambre (m.) — temblor del cuerpo ocasionado por una descarga eléctrica de baja intensidad: *Andaba por el pasillo y cuando fui a abrir la puerta... izap, me dio un calambre! ¡De nuevo fui víctima de la electricidad estática!*

cojo(a) (adj.) — se dice de la persona o animal que cojea (o sea, anda desigualmente debido a alguna malformación o enfermedad) o a quien le falta un pie o una pierna (persona) o que carece de una pata (animales): *Desde que se cayó del patio, el perro está cojo; cojea un poco de la pata delantera derecha.*

columpio (m.) — asiento suspendido de dos cuerdas que sirve para mecerse: *Mi hijo se lo pasa en grande en el parque y especialmente en el columpio porque le encanta la sensación de volar.*

desbordar (tr.) — dicho de un asunto: superar la capacidad intelectual o emocional de una persona: *Muchos padres se sienten desbordados a la hora de educar a sus hijos.*

desenmascarar (tr.) — descubrir las verdaderas intenciones o identidad de una persona: *Los medios de comunicación desenmascararon a los empresarios involucrados en el fraude financiero.*

emboscada (f.) — ocultamiento de una o varias personas en un lugar con el fin de atacar por sorpresa a otra u otras, especialmente cuando se trata de una guerra: *Dos policías sufrieron heridas durante una emboscada contra el jefe del cartel de la droga.*

empuje (m.) — resolución, energía y entusiasmo: *Es su primer año universitario y ha empezado el semestre con gran empuje.*

escayola (f.) — vendaje duro hecho de yeso que se emplea para inmovilizar un miembro lesionado o fracturado: *La niña que tenía una fractura en la muñeca tras una caída, eligió una escayola de color violeta.*

esguince (m.) — torcedura o rotura de los ligamentos o las fibras musculares: *El futbolista tuvo que dejar el partido por un esguince de tobillo.*

estafa (f.; Der.) engaño con ánimo de lucro o delito cometido mediante abuso de confianza o uso de su cargo para conseguir una ganancia: *Ayer mi abuela fue víctima de una estafa de tarjeta de crédito por teléfono; la pobre se fía demasiado de los demás y por eso la pueden engañar fácilmente.*

exigir (tr.) pedir enérgicamente; demandar urgentemente: *En la junta de vecinos, le exigieron al propietario el pago de los gastos de comunidad que se debería haber hecho hace un mes.*

folleto (m.) obra impresa de pocas páginas que proporciona información o propaganda: *En la Oficina de Relaciones Internacionales tienen folletos informativos de cada uno de los programas de intercambio en el extranjero.*

gemelo(a) (m., f.; adj.) se refiere a cada uno de los individuos nacidos de un mismo parto, específicamente de un mismo óvulo: *A pesar de ser gemelos, de personalidad no tienen nada en común.* También adj.: *¿Viste el reportaje sobre las hermanas gemelas separadas al nacer que se conocieron por casualidad tras 30 años? ¡Qué fuerte!*

hurto (m.; Der.) robo sin empleo de violencia; delito de tomar las pertenencias de otro(a) contra la voluntad de su dueño(a): *Cada año las tiendas y los supermercados pierden mucho dinero debido a los hurtos.*

jocoso(a) (adj.) gracioso, chistoso: *Ese comediante y personalidad de televisión es famoso por hablar de su vida en tono jocoso.*

mellizo(a) (m., f.; adj.) se refiere a cada uno de los individuos nacidos de un parto doble originados de distintos óvulos: *¡Vaya sorpresa recibieron los padres cuando el médico los felicitó por su embarazo múltiple: van a tener mellizos!*; También adj.: *Sí, nos parecemos muchísimo, pero no somos gemelos; Jorge es mi hermano mellizo.*

moroso(a) (m., f.) se dice de la persona que se retrasa a la hora de pagar una deuda: *Acaban de notificar por carta al moroso del ático A el plazo de treinta días con el que cuenta para pagar los tres meses de alquiler debidos.*

nido (m.) lugar o circunstancia que da origen a algo, típicamente negativo o donde se reúne gente de mala reputación: *Mi madre teme ir a la consulta médica porque cree que es un nido de gérmenes.*

picar (tr.) golpear una superficie dura como piedra o ladrillo con una herramienta puntiaguda (p. ej., un pico, una piqueta): *Tuvo que llamar a un fontanero porque tenemos una fuga de agua en el baño. ¡Uf, espero que la pueda arreglar sin tener que picar la pared!*

rendir (tr.; intr.) dar producto o ser de utilidad una persona o una cosa: *Mi computadora ya no me rinde como debe; voy a tener que comprarme una nueva dentro de poco.* También intr. *rendir en el trabajo*

reventar (tr., intr.) destrozar o aplastar una cosa con violencia: *Se me acaba de reventar un plato que usaba para calentar la sopa y eso que dice claramente que es "apto para microondas".*

señal (f.) (Esp.) cantidad de dinero pagada como anticipo del precio total de una cosa: *El concesionario nos pide una señal de mil euros para reservar el coche.* En LAm se utiliza "depósito" o "garantía" en vez de "señal".

sinvergüenza (m., f.; adj.) se dice de una persona que comete actos ilegales (estafas o robos) o inmorales para su propio provecho: *Según mi padre, el alcalde de nuestro pueblo es un auténtico sinvergüenza que se aprovecha de su cargo político.*

subarrendar (tr.) realquilar, o sea, alquilar algo ya alquilado: *El semestre que viene voy a estudiar en el extranjero y antes de irme necesito subarrendar mi apartamento a otro estudiante aquí en EE. UU. para no tener que pagar dos alquileres a la vez.*

taladradora (f.) máquina eléctrica que se usa para perforar o hacer agujeros en una superficie: *Papá, cuando me visites este fin de semana, ¿puedes traer tu taladradora? Me compré un cuadro nuevo para mi habitación de la residencia universitaria, y necesito que me lo cuelgues en la pared.*

tarima (f.)	suelo de madera parecido al parqué pero formado por tablas de madera más largas y gruesas: *¿Qué tipo de madera prefieres para la tarima flotante del salón: roble, haya o cerezo?*
trastero (m.)	lugar donde se guardan objetos como muebles y trastos (cosas que no se usan con frecuencia); también se llama **cuarto trastero**: *Sí, señores, una plaza de garaje y un trastero de 5 m² están incluidos en el precio final de la vivienda.*

AQUÍ SE HABLA ASÍ

Para ver otra vez la lista de abreviaturas, ve a la página 26 del **Capítulo 1**.

braguetazo (dar / pegar un ~) (m., col.)	(Esp.) casarse por interés económico con una persona rica: *Debo pegar un braguetazo. Así no tendría que trabajar más.*
cabrearse (prnl., col.)	(Col., C.R., Ec., Esp., Pan.) enfadarse, enojarse: *Mi esposa siempre se cabrea cuando dejo desordenada la cocina.*
cargarse (prnl., col.)	(Esp.) arruinar, estropear, romper: *Fernando se cargó su coche en un accidente la semana pasada, pobrecito.*
dar en la torre	(Méx., Hon., El Sal.)
desguabinar	(Cu., R.D.)
cascar (intr., col.)	morir: *Antes de que casque, quiero viajar por todo el mundo.*
chapucero(a) (adj., col.)	hecho con descuido, de mala calidad: *La reforma chapucera de la cocina le costó 10.000 euros y tendrá que pagar unos 5.000 más para que otra compañía arregle los desperfectos.*
chivarse (prnl. col.)	(Esp.) delatar, decir algo malo que alguien ha hecho (p. ej., a la policía, a un(a) maestro(a), etc.): *Mi hermana se chivó a mi madre de que yo no había hecho la tarea.*
chillar	(El Sal.)
chivatear	(Méx., R.D.)
chorrada (f., col.)	(Esp.) tontería, cosa de poca importancia: *Déjate de chorradas y ponte a trabajar.*
agüevazón	(Ven.)
huevada	(Arg., Bol., Chl., Ec., Par., Pe.)
huevonada	(Col.)
colarse (prnl., col.)	(Chl., Cu., Esp., Hon., Méx.) entrar a escondidas o por engaño a alguna parte: *Vamos a intentar colarnos en el concierto esta noche. ¿Quieres acompañarnos?*
coco (parecer o ser un ~) (loc., col.)	(Esp.) ser muy feo: *¿Cómo que vas a salir con él? Es un coco.*
gárgola	(Hon.)
moticuco	(Pe.)
comer el coco a alguien (loc., col.)	(Esp.) esforzarse mucho para convencer a alguien que haga algo: *Deja de comerme el coco. Ya te dije que no quiero salir.*
dar muela	(R.D.)
lavar el coco	(CAm, Méx.)
conchudo(a) (adj., col.)	(LAm) sinvergüenza, caradura, abusivo: *¡Qué conchudo es Martín! Hasta me pidió que le mintiera a su novia sobre dónde estaba anoche.*
cotilleo (m., col.)	(Esp.) chisme: *No puedo aguantar sus cotilleos. Ya no la voy a invitar a nuestras fiestas.*
bochinche	(Col., Pan., Ven.)
chambre	(El Sal., Hon.)
chimento	(Arg., Ur.)

colgado(a) (dejar, quedar ~) (loc., col.)	frustrado(a) en sus deseos o esperanzas: *La novia de David lo dejó colgado ayer. Pobrecito. Él tenía muchas ganas de salir a cenar, pero luego ella no quiso.*
dar la brasa (loc. col.)	(Esp.) ser pesado(a), molestar, fastidiar. *¡Ya, Manuelito! Deja de dar la brasa, que no te lo voy a comprar.*
cargosear	(Arg., Chl., Pe.)
dar (la) lata	(LAm y Esp.) (véase el **Glosario** del **Capítulo 1**)
de tapadillo (loc. adv.)	(Col.) En secreto, a escondidas: *Mi jefe no sabe que salgo a tomar un café cada tarde porque lo hago de tapadillo.*
enrollado(a) (adj., col.)	(Esp.) persona que se lleva bien y que cae bien a los demás: *¡Qué padres tan enrollados tengo! Me dejaron ir de vacaciones con mis amigos.*
engancharse (estar enganchado, da) (prnl., col.)	hacerse adicto(a): *No, mi cielo, no puedes mirar más la televisión hoy o te vas a enganchar.*
forrarse (prnl., col.)	(Esp.) hacerse rico: *Mi amigo Javi se forró con la bolsa.*
meter a saco (o entrar a ~) (loc., col.)	saquear; entrar en un lugar para robar todo lo que hay: *¡Ay, ya no puedo con mi compañero de cuarto! Otra vez entró a saco en el refri y se comió toda mi comida.*
michelín (m., col.)	(Esp.) pliegue de grasa en el cuerpo (se refiere a la forma de una rueda de la marca "Michelín"): *Uy, después de todos los dulces de Navidad, tengo otro michelín. Voy a tener que ponerme a dieta.*
molar (intr., col.)	(Esp.) gustar mucho: *Esa canción me mola. Voy a comprarla en iTunes.*
caber	(Ur.)
cuadrar	(C.R., Cu., El Sal.)
latir, pasar	(Méx.)
llegar	(El Sal., Guat., Hon.)
vacilar	(Pe.)
mono(a) (adj., col.)	bonito, lindo: *Qué mona se ve tu hija en esa foto. ¿Tendrá unos 5 o 6 añitos ahora?*
no comerse una rosca (loc., col.)	no tener éxito o no conseguir lo que se desea, especialmente si se trata de asuntos amorosos: *Mi hermano no se comió una rosca en la fiesta anoche, por eso está de mal humor hoy.*
pillar (pillado/a) (tr., col.)	(Col., Esp., Ven.) sorprender a alguien en un engaño o delito: *¡Te he pillado! Ya sabía que nos estabas mintiendo.*
agarrar en la maroma	(Méx.)
ampayar, chapar	(Pe.)
poner a caldo a alguien (loc.)	(Esp.) regañar, reprender: *Uy, su padre lo puso a caldo cuando supo lo que había pasado con su coche.*
jalar el aire	(El Sal.)
jalar las orejas, poner como camote	(Méx.)
vaciar	(Col.)
por el morro (loc., adv., col.)	(Esp.) gratis: *Entramos al museo por el morro porque mi novio trabaja en la taquilla.*
a grapa	(Méx.)
de (a) grolis	(Guat., Hon.)
gratarola	(Arg., Ur.)
rollo (buen / mal ~) (m., col.)	(Esp.) ambiente: *Tengo suerte porque donde trabajo hay muy buen rollo. Todos se llevan bien.*
onda (buena / mala)	(LAm)

soplo (m., col.)	información dada en secreto: *Por fin pudieron detener al ladrón por un soplo que recibieron por teléfono.*
tener a alguien atravesado(a) (loc., col.)	sentir antipatía hacia alguien: *Mis vecinos me tienen atravesada porque el fin de semana pasado di una fiesta y no los invité.*
trapichear (intr., col.)	(Esp.) ingeniarse, buscar medios (a veces ilícitos) para lograr un fin: *Mira, Jaime. Si sigues trapicheando te vas a meter en un gran lío y no te voy a ayudar.*
vacilar (tr., intr., col.)	tomar el pelo, burlarse: *Deja de vacilarme ya, que me tienes harto.*

ESCRITURA

EXPRESAR Y DEFENDER UNA OPINIÓN

Vas a escribir un artículo de opinión. Escoge **una tecnología** de comunicación (por ejemplo, Facebook, Twitter, SMS) y contesta la siguiente pregunta: ¿Mejora o empeora la calidad de nuestras vidas y/o de la sociedad?

PRIMER PASO: GENERACIÓN DE IDEAS Y SU ORGANIZACIÓN

1. Haz una lluvia de ideas sobre el tema: qué posturas hay, qué datos y ejemplos existen para apoyar cada postura, etc.

2. Identifica la idea principal sobre la cual quieres escribir y escribe tu **tesis**.

3. Ya que has identificado las posibles posturas y ahora tienes una idea principal o tesis, prepara tus argumentos.

4. Organiza tus ideas en un esbozo *(outline)*. Usa el siguiente esquema para ayudarte.

    - Introducir el tema
    - Exponer el tema y expresar claramente tu acuerdo o desacuerdo
        - Primero, expresar breve y claramente la idea principal (tesis) que se va a exponer
        - Luego, expresar claramente tu acuerdo o desacuerdo y apoyar tu postura con datos y ejemplos concretos
    - Concluir al reiterar tu opinión sobre el tema

Mientras organizas tus ideas, contesta estas preguntas: ¿Reconozco otras posturas y puntos de vista? ¿Explico por qué no son convincentes / que no tienen peso / etc.? ¿Preveo las preguntas y objeciones del lector? ¿He respetado otras perspectivas?

Antes de escribir, mira la sección de **Estrategias conversacionales** del **Capítulo 3** donde practicaste el uso de varias expresiones para expresar acuerdo y desacuerdo. Repásalas y decide si cada expresión es más apropiada para el lenguaje oral o apropiada tanto para el lenguaje oral como escrito. Después, trata de incluir algunas de las expresiones apropiadas en tu composición.

SEGUNDO PASO: REDACCIÓN

Escribe el **borrador preliminar** de tu artículo de opinión de **entre 350–400 palabras**. Recuerda que al escribir dentro de ciertos límites, **cada palabra cuenta**.

TERCER PASO: REVISIÓN Y PREPARACIÓN DEL SEGUNDO BORRADOR CORREGIDO

Lee tu borrador preliminar y evalúa las ideas y el impacto general. Anota secciones que deben ampliarse o reducirse, conceptos que deben refinarse y argumentos que necesitan más fuerza o apoyo. Luego, lee tu borrador preliminar con un ojo crítico respecto al **contenido**, **organización** y **vocabulario / gramática**. Mientras estés revisando, escribe anotaciones y correcciones a mano **directamente** en el borrador preliminar. Luego escribe a máquina las revisiones y correcciones que anotaste para poder preparar el segundo borrador corregido. Lleva este borrador a clase para hacer el siguiente paso.

A continuación tienes una lista de verificación (*checklist*) para consultar mientras revisas tu borrador preliminar:

Contenido y tono

☐ ¿Hay suficiente información para presentar y luego exponer el tema?

☐ ¿Se destaca la idea principal / tesis y muestro claramente mi acuerdo o desacuerdo?

☐ ¿Facilito datos y ejemplos que tienen fuerza y que apoyan mi punto de vista?

☐ ¿Reconozco otras posturas y perspectivas? ¿Explico por qué no son convincentes?

☐ ¿Empleo un tono respetuoso para expresar mi opinión? ¿Evito lenguaje ofensivo?

Organización

☐ ¿Hay una secuencia lógica, con una introducción, un cuerpo y una conclusión?

☐ ¿Hay palabras de enlace?

☐ ¿Es eficaz la división y organización de ideas en párrafos? ¿Hay párrafos que deban dividirse, reorganizarse?

Vocabulario / Gramática

☐ ¿He utilizado un vocabulario variado y descriptivo y he evitado palabras básicas?

☐ ¿He empleado una variedad de expresiones para expresar mi acuerdo o desacuerdo?

☐ ¿Hay concordancia entre los sustantivos y sus modificadores (fem. / masc. / sing. / pl.)?

☐ ¿Hay concordancia entre los verbos y los sujetos?

☐ ¿He usado correctamente las estructuras tratadas en los **Capítulos 1–4**?

☐ ¿He revisado la ortografía y la puntuación?

CUARTO PASO: REVISIÓN EN COLABORACIÓN

Intercambia tu segundo borrador corregido con el de otro(a) estudiante y utiliza la hoja que te ha dado tu profesor(a) para ayudar a tu compañero(a) a mejorar su trabajo escrito. Él (Ella) hará lo mismo con tu trabajo escrito.

QUINTO PASO: PREPARACIÓN DE LA PRIMERA VERSIÓN

Primero, lee con cuidado los comentarios y sugerencias de tu compañero(a) de clase en la hoja de revisión en colaboración. Después, repite el **Tercer paso** con la lista de verificación que utilizaste para preparar el segundo borrador corregido. Finalmente, escribe una nueva versión de tu trabajo que incorpore las correcciones y los cambios necesarios. Entrégale a tu profesor(a) los siguientes documentos, electrónicamente o una copia impresa, según las instrucciones de tu profesor(a), en este orden: primera versión, hoja para la revisión en colaboración, segundo borrador corregido, borrador preliminar.

Tu profesor(a) te dará sus comentarios sobre tu primera versión. Úsalos para revisar esta versión otra vez y después entregarla a tu profesor(a).

CAPÍTULO 5

Amores y amistades

En este capítulo verán el episodio de *La que se avecina* llamado "Un moroso, un secuestro y un armario en el rellano".

© Telecinco en colaboración con Alba Adriática

VOCABULARIO CONFUSO
importar, (me, te, le, etc.) es igual / da igual, cuidar, (tener) cuidado, encargarse / ocuparse (de)

GRAMÁTICA
Los tiempos verbales del perfecto (indicativo y subjuntivo)

PRONUNCIACIÓN
La pronunciación de las consonantes vibrantes: **r** y **rr**

ESTRATEGIAS CONVERSACIONALES
Usar muletillas para ganar tiempo y empezar una excusa o una explicación

LECTURA CULTURAL
Soltería, un estado que se elige y se disfruta

VOCES DE LATINOAMÉRICA
El amor, la amistad y la soltería

© Ken Welsh / Alamy

PREPARACIÓN

Práctica de vocabulario

Antes de hacer las actividades de esta sección, repasa la lista de palabras nuevas y sus definiciones en el **Glosario** de las páginas 137–138.

A. RECAPITULACIÓN Y PREDICCIONES El siguiente texto incluye una recapitulación de algunos de los momentos más destacados del último episodio junto con preguntas sobre qué va a pasar en el siguiente episodio que vas a ver en este capítulo.

PASO 1: Completa los espacios en blanco con el vocabulario nuevo que se presenta a continuación. No olvides poner la forma correcta de la palabra según el contexto (de persona para los verbos y de número / género para los sustantivos y adjetivos).

arrepentido	entretenerse	medidas	rellano
ceder	fallecimiento	medir	secuestro
derrumbarse	internado	paliza	sicario
desgracia			

Se dice que "Las desgracias nunca vienen solas" (*When it rains it pours*) y nada es más cierto para los vecinos de "El Mirador de Montepinar". Hasta ahora han ocurrido

1. _____ de todo tipo:

- *corazones rotos*: la pobre Cris **2.** _____ tras su abandono por Agustín, Raquel y Diana sufrieron a manos del mujeriego Sergio e incluso Lola creyó que su reciente matrimonio con Javi ya estaba en crisis

- *accidentes*: la reacción alérgica o "envenenamiento" de Berta y la caída que sufrió Joaquín por la escalera de caracol

- **3.** _____: Chavela, la querida perrita de Berta, que murió aplastada por un colchón, y doña Carmen en la peluquería de Araceli

También vimos como la cita de Javi, Enrique y Leo con el señor San Cristóbal, el director general de la constructora, no les salió como esperaban porque las cámaras de seguridad los habían pillado a ellos y a sus cómplices con las manos en la masa, o sea, en el mismo momento que los vecinos robaban materiales de la segunda fase de pisos. El señor San Cristóbal se quedó muy satisfecho por no tener que **4.** _____ ante las exigencias de los vecinos mientras que los propietarios perdieron cualquier oportunidad de solucionar el problema de los desperfectos.

En este episodio titulado "Un moroso, un secuestro y un armario en el rellano", los vecinos se enfrentarán a varios desafíos, algunos viejos y otros nuevos. Cuando Sergio rompe el corazón de otra mujer, Joaquín vuelve a llamarlo inmaduro y superficial y también le echa en cara el hecho de que no tiene ninguna amiga porque es incapaz de no tratar a todas las mujeres como objetos sexuales. Es más, Joaquín le propone el siguiente reto: Si de sus supuestas "amigas", Sergio puede encontrar a una sola que quiera quedar con él para simplemente tomar un café, Joaquín le hará la cama durante un mes. Sergio acepta el reto y de inmediato toma **5.** _____ para ganar la apuesta. La primera es sacar su agenda, pero como es de esperar, le resultará casi imposible encontrar una "amiga" de la larga lista de examantes, y su única esperanza quedará en encontrar a una mujer que no le atraiga nada para poder así trabar amistad. Y cuando Sergio se encuentra con Cris en el ascensor, le parece la "amiga" perfecta y le pregunta si quiere ser su amiga. ¿Acabará Sergio **6.** _____ por haber empezado una amistad con ella o terminarán siendo amigos? ¿Al final quién ganará la apuesta, Sergio o Joaquín, y por qué?

La hostilidad entre Lola y Goya sigue manifestándose en este episodio pero como siempre a espaldas de Javi, el cual sigue pensando que su mujer y su madre se llevan de maravilla. Anteriormente vimos a una Lola desesperada por descubrir la marca de suavizante de Goya y con ganas de contratar a una asistenta y de esta manera lograr emanciparse de la ayuda de su suegra con la ropa sucia. Cuando pone un cartel en el portal anunciando el puesto, es Mari Tere la que solicita el puesto. ¿Por qué lo querrá? ¿Qué hará Izaskun para **7.** _____ mientras Mari Tere limpia el piso y cocina para Javi y Lola?

Respecto al moroso misterioso que vive en el 2°C pero a quien nadie ha visto, los vecinos buscarán una manera de conseguir el dinero que le debe a la comunidad. Y como nada tiene fácil arreglo en esta comunidad, veremos como su plan se les va de las manos tras contratar a un **8.** _____ poco inteligente que se equivoca más de una vez de objetivo. Pues no será el moroso el que recibe las **9.** _____ del matón, sino dos de los vecinos. ¿Quiénes serán y qué lesiones sufrirán?

También, conoceremos a Álvaro, el hijo de los Recio, cuando regresa a casa de sus padres después de haber pasado un año estudiando en un **10.** _____ irlandés. ¿Cómo será Álvaro y qué papel desempeñará en el **11.** _____ que ocurrirá? ¿El del secuestrado o del secuestrador, y por qué?

Y la compra de un armario llevará a Goya a **12.** _____ su piso y como consecuencia a descubrir que es más pequeño de lo que ponía en el contrato. Cuando sus quejas a los comerciales no dan el fruto deseado, terminará montando el armario en el **13.** _____ fuera de su piso para así recuperar los metros perdidos. ¿Cómo reaccionarán los demás vecinos?

PASO 2: Ahora compara tus respuestas con las de un(a) compañero(a) y luego contesten las preguntas que se incluyen en el texto del **Paso 1**. ¿Tienen predicciones y opiniones parecidas sobre lo que van a ver?

B. SINÓNIMOS Y ANTÓNIMOS Primero, di si los siguientes pares de palabras son sinónimos **(S)** o antónimos **(A)**. Las **palabras en negrita** son las palabras de vocabulario de este capítulo. Luego, utiliza cada par de palabras en una frase original que demuestre claramente la semejanza o diferencia de significado entre ellas.

Modelo: _S_ divertirse / **entretenerse**

Normalmente no me divierto mucho en las fiestas familiares, pero ayer sí me entretuve durante un buen rato porque estuvo mi primo Héctor.

_____ 1. **asomarse** / esconderse

_____ 2. **catarro** / gripe

_____ 3. confusión / **desconcierto**

_____ 4. élite / **gentuza**

_____ 5. **empate** / igualada

_____ 6. **papeleo** / sencillez

_____ 7. **represalia** / perdón

_____ 8. alegría / **amargura**

C. VERDADES Y MENTIRAS: UN JUEGO DE ENGAÑO MUTUO Sigan los pasos a continuación.

PASO 1: La clase se divide en grupos de cuatro personas. Cada grupo de cuatro contiene dos equipos de dos personas.

PASO 2: Usando el vocabulario del capítulo, cada equipo escribe una serie de ocho cosas que **supuestamente** han hecho en su vida. En esta lista hay verdades y mentiras: cosas que uno de ellos realmente ha hecho y cosas que los dos inventaron para engañar al otro equipo. Para engañar bien, las invenciones deben ser creíbles y las verdades deben ser increíbles:

- John y Sarah siempre **se han entretenido** escuchando música. Son unos auténticos aficionados de la música.

- Cuando estaba en la escuela secundaria, Matt tenía el pelo largo y llevaba **perilla.**

PASO 3: Cuando los dos equipos estén listos, uno leerá su lista al otro con el fin de convencerlos de que realmente han hecho todas las cosas en la lista.

PASO 4: Los miembros del equipo contrario tienen que escuchar de manera crítica, ya que saben que hay mentiras entre las verdades. Deben hacer preguntas cuando sea oportuno para averiguar más información e intentar pillar las mentiras. También deben tomar apuntes sobre la veracidad de cada afirmación y, después de una breve reunión, presentar sus veredictos y razonamientos así:

Modelo: *Creemos que John y Sarah siempre se han entretenido escuchando música porque sabemos que John... y Sarah... / No creemos que John y Sarah siempre se hayan entretenido escuchando música porque...*

PASO 5: Ahora el otro equipo presenta, recibe el veredicto y los dos equipos comparan los puntos ganados. El que mejor haya engañado al otro gana.

> **Para calcular los puntos:**   +1 punto por cada adivinanza correcta
> −1 punto por cada adivinanza incorrecta

Aquí se habla así

> Antes de hacer las actividades de esta sección, repasa la lista de palabras nuevas y sus definiciones en el **Glosario** de las páginas 139–140.

D. ASOCIACIONES Selecciona la palabra o frase que no está relacionada con las otras. Luego explica qué tienen en común las otras palabras o frases de cada grupo. **OJO:** El vocabulario es de los **Capítulos 1–5.**

1. follón	mano de santo	movida	marrón
2. gorronear	dar un braguetazo	vivir del cuento	dejarse los cuernos
3. potar	atragantarse	chinchar	dar (la) lata
4. ligar	tirar los tejos	estar hecho un lío	enrollarse
5. mono	chulo	guay	coco
6. tarado	borde	enrollado	cabezón
7. chavo	chapucero	chaval	pibe
8. matón	churri	cielo	media naranja
9. poner a parir	echar la bronca	poner a caldo	fijarse
10. fardar	pijo	fantasma	ponerse las pilas

 E. UN DIÁLOGO En grupos pequeños, escriban un diálogo original, incorporando por lo menos seis expresiones de la sección de vocabulario **Aquí se habla así.** Luego van a representar el diálogo para sus compañeros de clase. Consideraciones:

- La situación debe ser **informal,** ya que el vocabulario es coloquial.

- Para las expresiones que tienen variación dialectal, decidan si van a usar las variantes de España o las de una región latinoamericana. Deben ser consistentes con el dialecto que escojan.

A VER EL VIDEO

🌐 INFORMACIÓN DE FONDO: CULTURA
URLs

> El sitio web de *Relaciónate* tiene unos enlaces y términos de búsqueda para ayudarte a empezar. Si tienes amigos hispanos, también puedes entrevistarlos para aprender más sobre algunos de los temas.

Busca información sobre los siguientes temas como preparación para ver el próximo episodio de *La que se avecina*. Compartirás la información que encuentres con tus compañeros de clase.

- La Liga de Fútbol Profesional: ¿Qué es? ¿Qué personaje de *La que se avecina* está obsesionado con "la liga"? ¿Cuáles son los equipos y/o los jugadores más populares? Describe su popularidad en España. ¿Existe algo semejante en América Latina o en EE. UU.?

- La crianza de los hijos: Hay muchos estilos y filosofías. ¿Cuáles son las filosofías y prácticas más comunes en EE. UU. (por ejemplo, "helicopter parenting", padres que son muy permisivos, etc.)? Compáralas con las más comunes en América Latina y en España.

- El papel del alcohol: Compara el papel que desempeña el alcohol en EE. UU. con el que desempeña en América Latina y en España. ¿Qué son "la marcha" y "el botellón"? ¿Tenemos costumbres semejantes en EE. UU.?

- La vida nocturna de los adolescentes: ¿Qué opciones tienen los adolescentes en EE. UU.? ¿Qué opciones tienen en los países hispanos? ¿Qué es "la disco *light*"? ¿Tenemos algo semejante en EE. UU.?

Charlemos un poco antes de ver

A. NUESTRAS OPINIONES Habla con tus compañeros de clase sobre las preguntas que siguen, las cuales los prepararán para ver este episodio de *La que se avecina*. Es posible que tu profesor(a) también te asigne uno de los temas para escribir en tu diario de clase.

1. Comenten la manera en que los padres de Fran lo crían. ¿Son estrictos o permisivos? ¿Cómo eran sus padres cuando eran adolescentes? ¿Los protegían, les daban muchas libertades o les ponían muchas reglas? ¿Tenían que regresar a casa a una hora específica? ¿A qué edad les permitían salir con un(a) novio(a)?

2. Hay quienes mantienen que a veces es necesario, aunque no deseable, recurrir a la violencia para realizar algún fin. ¿Están de acuerdo? ¿En qué circunstancias sería necesario?

© Kamira/Shutterstock.com

3. Cris y Sergio recibirán opiniones, consejos y críticas de sus familiares en este episodio. ¿Cuánto les importan a ustedes las opiniones y/o consejos de sus familias? En general, ¿les dan más apoyo que críticas? Piensen en una situación concreta cuando aceptaron o rechazaron las opiniones, consejos o críticas de sus familias y expliquen el resultado.

🌐 A ver

Video

Ahora mira el episodio para el **Capítulo 5.**

Comprensión y conversación

B. ¿ENTENDISTE? Después de ver el episodio, decide si las siguientes frases son **ciertas** o **falsas.** Si son falsas, corrígelas.

1. Goya se enoja porque la constructora le ha mentido sobre el tamaño de su piso.

2. Al contrario de Fran, Álvaro, el hijo de los Recio, es bien educado y se porta siempre muy correctamente.

3. Lola le da a Mari Tere las cuotas de la comunidad por equivocación.

4. Antonio y Berta compran una nueva lavadora-secadora para el piso de Cris y Silvio porque creen que Silvio contrató al hombre que atacó a Antonio.

5. A Goya le fascinan los niños y ya quiere ser abuela.

6. Joaquín se burla de Sergio, diciéndole que no es capaz de tener "amigas".

7. Sergio pierde la apuesta que hizo con Joaquín porque se acuesta con Cris.

8. Javi (entre otros) contrata a un hombre para amenazar al "moroso", pero el hombre hiere a Antonio y a Vicente por equivocación.

9. Mari Tere le miente a Lola, diciéndole que Izaskun es su prima con una enfermedad mental.

10. Lola despide a Mari Tere porque quiere tener un bebé pronto y por lo tanto necesita ahorrar dinero.

C. ¿QUÉ OPINAS? Compartan sus opiniones de las siguientes preguntas.

1. La manera en que los Recio tratan a su hijo, Álvaro, es muy diferente de la manera en la que Araceli y Enrique interactúan con Fran. Comenten su opinión de estas dos parejas en cuanto a su manera de educar a sus hijos. ¿Es más importante "proteger" a los hijos adolescentes o "darles espacio"? Expliquen sus opiniones.

2. Álvaro se emborracha cuando sale con Fran. ¿Les sorprendió? ¿Qué saben del papel que tiene el alcohol en la vida de los jóvenes en los países hispanos? ¿Y qué papel tiene en la vida de los jóvenes de EE. UU.?

3. Goya y Vicente no son personas felices. Repasen los conflictos que tuvieron en este episodio. ¿Por qué parecen estar tan insatisfechos con sus vidas?

4. ¿Qué opinan de lo que hizo Javi para que pagara "el moroso"? ¿Qué otras ideas tienen para exigir que pague sus cuotas? ¿Quién será "el moroso" y por qué nunca se ve? ¿Qué pasará con él en los siguientes episodios?

5. ¿Por qué no tiene "amigas" Sergio? ¿Van a entablar amistad Sergio y Cris? ¿Conocen a alguien que sea un "don Juan" como Sergio o es una exageración su personaje? Expliquen.

6. Comenten el comportamiento de Mari Tere e Izaskun. ¿Les parecen justificadas sus acciones (las muchas mentiras y engaños), ya que hacen todo lo posible para no tener que volver a la residencia para ancianos? Es una situación exagerada, ¿pero ven en ella algo de verdad con respecto al aislamiento y a la desesperación que caracteriza la vida de algunos jubilados(as)? Expliquen sus opiniones.

7. ¿Qué piensan del hecho de que Cris no llama a su familia para decirles que se había cancelado la boda hasta el último momento? ¿Y qué les parecen las reacciones de los miembros de su familia?

EXPANSIÓN

1. **Diario** ¿Es posible que los hombres y las mujeres sean solo "amigos"? En tu diario, escribe una entrada explicando tu opinión sobre esta cuestión. Luego leerás tu entrada con un grupo de tus compañeros de clase y debatirán el tema.

2. **Diálogo** Con unos(as) compañeros(as) de clase, van a representar la escena final de este episodio de *La que se avecina*, pero con un desenlace original. En vez de darles una nota, "el moroso" abre la puerta y... Cambien la escena, escribiendo un diálogo nuevo. Luego representarán su escena a la clase.

MEJOREMOS LA COMUNICACIÓN

Vocabulario confuso

To care / take care of / be careful

importar	to care (used with indirect object pronouns, following the pattern of **gustar**)	No **me importa** si llueve esta tarde porque tengo que quedarme en casa para estudiar. A Alejandra **le importan** mucho las notas. Por eso estudia tanto.
(me, te, le, etc.) es igual / da igual	(I, you, he, etc.) don't (doesn't) care / it doesn't matter (to me, you, him, etc.)	—¿Quieres invitar a Sara a la fiesta? —Pues, **me da igual**. No es amiga mía, pero tampoco me cae mal.
cuidar	to take care of (people / animals)	Voy a **cuidar** a los niños de mis vecinos esta noche porque van al cine.
(tener) cuidado	(to be) careful	Uy, **ten cuidado** con esa muchacha, Víctor. Me han dicho que no es de fiar. **¡Cuidado!** ¡Que viene un bus!
encargarse (de) / ocuparse (de)	to take care of (a problem / a task)	Yo **me encargo de** mandar las invitaciones para la fiesta. Y tú, ¿puedes **ocuparte de** comprar la comida?

A. CITAS Escoge el vocabulario que mejor complete cada frase.

1. **GOYA:** Buenos días, servicio de limpieza a domicilio.

   VICENTE: ¡... lo que pesa esto!

   GOYA: ¡(**Te importa / Cuidado / Cuida**) que la arrugas! ¡Que llevo toda la mañana planchando, hombre!

   LOLA: Goya, eh... no hace falta que laves más cosas, si ya controlamos muy bien la lavadora.

2. **LOLA:** Hala. ¿Y usted hoy, qué tiene que hacer aquí?

   IZASKUN: Pasar un poco el polvo. ¿(**Te importa / Cuidas / Te encargas**) que ponga la tele?

3. **MARI TERE:** Uy, no pasa nada, si yo cobro cinco, así no me hago lío con las cuentas. También cocino sano, con *wok*, y (**tengo cuidado / cuido / importo**) niños. ¿Tenéis niños?

4. **AMADOR:** ¡Manu, a volar! ¡Ven aquí, ven aquí!

   MAITE: ¡(**Te importa / Ten cuidado / Ocúpate**), Cuqui!

   AMADOR: ¡No puedo más! ¡Soltarme!

5. **CRIS:** Ah, que no te atraigo nada.

   SERGIO: Claro que no, somos amigos.

   CRIS: Bueno, pues... si no (**te importa / cuidas / tienes cuidado**) yo ya me voy a ir yendo para casa, ¿eh?

6. **ARACELI:** Y tú, ¡para qué te has tenido que poner a hacer agujeros!

   ENRIQUE: De esas cosas ya (**me importa / cuido / me encargo**) yo, ¡hombre!

   DOÑA CHARO: Como tiene barba, se cree que es el único que puede hacer bricolaje en esta casa.

7. **IZASKUN:** ... cómo pega el sol. ¿(**Te importa / Cuidas / Te ocupas de**) que me dé un jacuzzi?

   LOLA: No, no, dese usted lo que quiera.

8. **MARI TERE:** ¡Buenos días! ¿(**Os importa / Cuidáis / Tenéis cuidado de**) que vaya haciendo este baño?, es que ya he terminado el de abajo.

9. **ANTONIO:** Javier, aquí hace falta un guardia de seguridad armado, ¡y (**no cuido / no tengo cuidado con / me da igual**) la derrama que haya que pagar!

10. **CRIS:** [...] Quiero que vuelva y que sufra... que, que, que le atropelle un camión de ganado porcino, y que pierda las dos piernas, y que vuelva para que le (**tenga cuidado / cuide / encargue**) y...

11. **SANDRA:** ¿Quieres tomar algo?

    CRIS: Me da igual...

    FABIO: Araceli, dije bien claro que yo no hago terapia con las clientas, yo (**me importa / cuido / me ocupo**) de la raíz hacia fuera, no hacia dentro.

    ARACELI: Si hay que hacer terapia, se hace terapia, a eso viene la gente también, se llama fidelizar clientes. ¡Ponte una pinza! ¡Esos pelánganos!

12. **GOYA:** Calla... Treinta y ocho cincuenta y cinco más nueve con veinticinco... cuarenta y siete con ochenta y los cinco cuarenta del vestíbulo. ¿A ver? Cincuenta y tres con veinte ¡Nos faltan seis metros cuadrados!

    VICENTE: Ay, qué pena más grande.

    GOYA: Pero bueno, ¿a ti qué te pasa, que (**no cuidas / te da igual / te ocupas de**) que te estafen?

    VICENTE: A mí ya (**no cuido / me da igual / me ocupo de**) casi todo.

    GOYA: Pero yo estos metros los tengo que sacar de algún sitio.

B. ¿SE CONOCEN BIEN? Vamos a ver si tú y tus compañeros de clase se conocen bien.

PASO 1: Lee las frases a continuación, y luego decide si estás de acuerdo o no con cada afirmación, escribiendo **C** (cierto) o **F** (falso).

1. _____ Me encanta cuidar niños.

2. _____ Me importa mucho el medio ambiente.

3. _____ Siempre tengo cuidado cuando manejo y no escribo mensajes de texto.

4. _____ Si tenemos que realizar un trabajo en equipo para una clase, yo siempre me ocupo de más trabajo que los demás.

5. _____ En mi casa yo me encargo de la mayor parte de los quehaceres domésticos porque no puedo vivir en una casa sucia.

6. _____ Me importa siempre pagar mis facturas a tiempo.

7. _____ Algún día quiero trabajar como voluntario(a) en un refugio de animales porque me gusta mucho cuidar gatos y perros.

8. _____ Cuando salgo con mis amigos, tengo cuidado y no bebo en exceso porque no quiero tener resaca al día siguiente.

9. _____ Suelo tener cuidado con lo que como para estar sano(a).

10. _____ Creo que en un matrimonio las mujeres deben ocuparse de cuidar a los hijos y los hombres deben encargarse de trabajar para mantener a la familia.

PASO 2: Ahora trabaja con un(a) compañero(a) de clase, adivinando qué ha contestado en cada frase. Él (Ella) hará lo mismo con tus respuestas, y después de cada frase deben hablar más del tema y explicar sus opiniones / acciones. Luego calculen cuántas veces adivinaron la respuesta que dio la otra persona y compartan sus resultados con la clase.

Modelo: Est. 1: *No creo que te guste cuidar niños.*
Est. 2: *Tienes razón. No tengo paciencia para cuidarlos. Creo que tú también pusiste "falso".*
Est. 1: *No, yo puse "cierto". Me gusta mucho cuidar niños. Cuido a los hijos de mis vecinos casi todos los fines de semana.*

Gramática

Práctica comunicativa con los tiempos verbales del perfecto (indicativo y subjuntivo)

C. ANÁLISIS Lee las citas a continuación y luego llena los espacios con la forma verbal del perfecto que mejor complete cada frase (las opciones incluyen: presente perfecto de indicativo, presente perfecto de subjuntivo, pluscuamperfecto de indicativo, futuro perfecto). Finalmente, identifica qué personajes participaban en cada escena y explica la situación.

1. —Nosotros ya nos (poner) _____ al día.

—Qué agresividad, por Dios.

—Ah, toma. Este mes (recaudar) _____ yo las cuotas en mano, piso por piso.

—¿El 2°C también (pagar) _____?

2. —Pues os (equivocar) _____ de muebles, porque yo en la tienda compré una combinación colonial contemporánea que cabía perfectamente. ¿A que sí?

—Yo qué sé.

—Los muebles son estos. ¿No (medir) _____ usted mal, señora?

—Perdona, las medidas las cogí de los planos.

—Igual la casa le mide menos de lo que le (decir: ellos) _____. Eso con los pisos nuevos pasa mucho.

3. —Bueno, llevo una mañana un poquitito rara; (llegar: yo) _____ a la iglesia y Agus se estaba casando con la zorra que me lo quitó.

—¿Qué dices?

—Sí, una cosa bastante humillante. Y... y luego me (encontrar) _____ con el del ático, el actor, y me (decir) _____ en el ascensor que si quiero ser su amiga.

—¿Uy?

—Vamos, que ahora... no sé, estoy... entre la desolación y el desconcierto.

—¡Chocho, pero eso es fantástico! Te (tirar) _____ los tejos un VIP, justo lo que necesitas para resucitar de entre los muertos sentimentales.

4. —Yo es que tengo bastante experiencia; (trabajar) _____ en casas muy importantes. En los ochenta hice hasta un anuncio. ¿Os acordáis de lo de "estoy harta de tanto frotar", ¡era yo! Y mi hijo el mayor fue payaso de "Micolor"; era el que desteñía.

—Pero yo a usted ya la (ver) _____ por aquí, ¿no?

5. —¡No me lo puedo creer, me va a dar algo! ¡Estás andando con el de *La pecaminosa*!

—A ver, solo (tomar: nosotros) _____ una cerveza, y la mía era sin alcohol.

—Di que le (pedir: él) _____ que suba esta noche a su casa a ver una película con él.

—Sí, pero es que esto va muy rápido y yo ahora otra relación pues... no.

[...]

—O sea, (ir) _____ bien, ¿no?, porque (hablar: nosotros) _____ mucho y parece un chico muy sensible... y no (ir: él) _____ ahí, a cuchillo... Éramos como dos amigos.

—¡Ay, chocho, a ver si vas a haber encontrado tu media naranja!

© Telecinco en colaboración con Alba Adriática

6. —¡Cómo se te ocurre emborracharle! ¡Está bajo mi responsabilidad!

—¡Pero que no (ser) _____ yo! Se (poner) _____ ciego de chupitos para impresionar a unas pibas, y a una la (impresionar) _____ pero bien, porque le (potar) _____ en la falda...

7. —Sí. Si es que este... este sofá es muy cómodo, ¿eh? Es como que... invita a tumbarse.

—Sí, nos conocemos hace menos de un día y jamás (estar) _____ tan relajado con una chica.

8. —El móvil que (marcar) _____ está desconectado, pero lo que cuenta es que lo (intentar) _____. No cuelgues el teléfono porque eso está fatal, oh, deja tu mensaje después de la señal.

9. —Óyeme tú, estrellita de culebrón. ¿Se puede saber qué le (hacer) _____ a nuestra amiga?

—¡Otro! Que no (hacer) _____ nada.

—¿Quién te (creer) _____ que eres, eh? ¡No se puede andar por ahí jugando con los sentimientos de un ser humano, ¿oíste?!

—Y, además, eres más bajito en persona.

—Mira, no sé lo que os (contar) _____ Cris, pero estoy empezando a pensar que todas las mujeres están mal de la cabeza, ¿eh?

10. —¡Sí! ¡Uy, siempre igual... ¿En qué (quedar: nosotros) _____? ¡A las nueve en punto tienen que (irse: Uds.) _____ de aquí!

—Pero, ¿¿qué pintan dos jubiladas en la calle a las nueve de la mañana?!

11. —¡No hombre no! ¡Eso no era el finiquito!

—¿Ah no? Creí que lo (preparar) _____ tú.

© Telecinco en colaboración con Alba Adriática

D. FIRMA AQUÍ: ¡BINGO! Busca compañeros que hayan hecho las siguientes actividades. Deben firmar en la caja correspondiente. Cuando llenes una fila (horizontal, vertical o diagonal), grita "¡línea!". A ver quién gana...

salir a una disco	montar en un escúter	mentir a los padres	pelearse con los vecinos	tener problemas con un(a) casero(a)
roncar	asistir a un internado o tener un(a) amigo(a) que haya asistido	tener resaca	conocer a tu media naranja	llevar perilla o el pelo con flequillo
asistir a una boda	salir con una persona egoísta como Sergio	ESPACIO LIBRE	barajar varias becas universitarias u ofertas laborales	dar consejos a un(a) amigo(a) que tenga problemas sentimentales
comprar algo en la Teletienda	recibir un finiquito al perder un trabajo	llevarte mal con la madre / el padre de tu novio(a) o marido / esposa	vivir del cuento en vez de trabajar	tener un(a) amigo(a) que no les guste a tus padres
probarte y/o robarle la ropa a un(a) amigo(a) o hermano(a)	tener como amigo(a) a una persona del sexo opuesto (sin amor de por medio)	conocer a tu media naranja	ser un(a) moroso(a) debido a no pagar una deuda	gorronear a un(a) amigo(a)

E. DOS VERDADES Y UNA MENTIRA Escribe tres frases sobre cosas interesantes que ya habías hecho antes de empezar la universidad. Una de las frases debe ser falsa. Luego compartirás tus frases con tus compañeros de clase y ellos adivinarán cuál es la frase falsa. **OJO:** utiliza correctamente el pluscuamperfecto.

Modelo: *Había comido insectos.*
      Había conocido a Shakira.
      Había viajado a Paraguay.

Pronunciación

La pronunciación de las consonantes vibrantes: r y rr

En español hay dos consonantes vibrantes, o sea, dos consonantes que se articulan tocando los alvéolos (la parte superior de la boca detrás de los dientes) con la punta de la lengua y vibrándola. La vibrante simple se representa con [ɾ] y la vibrante múltiple con [r].

Pronunciamos la vibrante múltiple [r] cuando: (1) aparecen las letras **rr (pe<u>rr</u>o)**, (2) una palabra comienza con la letra **r (<u>r</u>oto)** y (3) la letra **r** viene después de las letras **l, n** o **s** (**a<u>l</u>rededor, e<u>n</u>redo, I<u>s</u>rael**). Pronunciamos la vibrante simple [ɾ] cuando la letra **r** está en cualquier contexto que no sean los ya mencionados: **pa<u>r</u>a, b<u>r</u>avo** o **toma<u>r</u>.**

La [ɾ] se pronuncia como la consonante intervocálica del inglés de palabras como *ladder* o *pretty*. Para pronunciar la **r** de **para,** se puede repetir *pot o' tea* muchas veces, cada vez más rápido, y la *t* de *pot* resulta ser el sonido correcto (y la frase entera se aproxima a **para ti**). Nunca se debe pronunciar la consonante retrofleja del inglés, la cual se encuentra en palabras como *colo̱r, pa̱rty* o *̱run*.

La vibrante múltiple [r] se pronuncia tocando los alvéolos con la lengua dos o más veces con rapidez.

F. PRÁCTICA DE PRONUNCIACIÓN EN CLASE Escucha de nuevo la siguiente escena del episodio, prestando especial atención a la pronunciación de **r** y **rr**. Luego lee en voz alta el diálogo con un(a) compañero(a) de clase, centrándote en pronunciar las vibrantes de manera correcta.

Pronunciation Audio

DOÑA CHARO	¿Dígame?
FRAN	¿A**r**aceli Mada**r**iaga?
DOÑA CHARO	No está. ¿Quién llama?
FRAN	Es de la Segu**r**idad Social, para confi**r**mar el fallecimiento de doña **R**osario de la Vega, que ya no va a pode**r** segui**r** cob**r**ando su pensión.
DOÑA CHARO	Pe**r**o, ¿qué dice? ¡Oiga, que soy yo!
FRAN	¿Quién?
DOÑA CHARO	Pues doña **R**osario de la Vega, ¡y estoy viva!
FRAN	No, no, no. En pantalla me sale que le at**r**opelló el camión de la basu**r**a el día doce por cruza**r** po**r** donde no debía.
DOÑA CHARO	Entonces, ¿qué hago yo aquí **r**egando las plantas?
FRAN	Pues, no sé, seño**r**a, puede que sea un f**r**aude. ¿Cómo sé yo que está usted viva?
DOÑA CHARO	¡Po**r**que le estoy hablando!
FRAN	Mi**r**e, yo le pongo aquí como que ha fallecido y ya cuando pueda viene con la siguiente documentación: fotocopia del DNI, lib**r**o de familia, dos fotos de ca**r**net, claro, pa**r**a que podamos inclui**r**la en el lib**r**o de los...
DOÑA CHARO	No, no, no, espe**r**e, espe**r**e que es que no tengo dónde apunta**r**.
FRAN	Y ahora le cuelgo y le he a**rr**uinado toda la ta**r**de.

© Telecinco en colaboración con Alba Adriática

MEJOREMOS LA COMUNICACIÓN   **127**

Estrategias conversacionales

Usar muletillas para ganar tiempo y empezar una excusa o una explicación

Expresiones para ganar tiempo y empezar una excusa / explicación	Ejemplos
pues...	**Pues**, no sé qué decirte. Me imagino que mi amiga no se habrá dado cuenta de la hora.
este... / eh... / em...	Eso sí que es una buena pregunta. **Este, eh**, creo que sería mejor hablar primero con Jaime.
(vamos) a ver	**Vamos a ver,** ¿tienes todos los documentos necesarios para pedir el pasaporte?
es decir... / o sea... / más bien...	Pídeles permiso a tus padres primero. **O sea,** si ellos no se oponen, yo tampoco.
(pero) bueno...	**Bueno**, no me cae bien el novio de Adela, pero tampoco le voy a decir que deje de salir con él.
fíjate que...	Uy, **fíjate que**, pues, yo también creo que se debe hablar con los vecinos antes de hacer eso.
entonces... / así que...	**Entonces**, dime tú lo que debemos hacer.
por cierto...	Ah, **por cierto**, ¿tendrías tiempo para ayudarme con algo el lunes?
la verdad es que...	**La verdad es que** no puedo salir mañana porque tengo muchísima tarea.
(si / lo que pasa) es que...	Lo siento mucho, pero **lo que pasa es que** no he tenido tiempo ni para dormir.

Las muletillas con frecuencia se utilizan en combinación, y también es común usar una muletilla y luego seguirla con **(si / lo que pasa) es que...** y después una excusa o explicación. Por ejemplo: **Bueno, pues, <u>la verdad es que</u> no me había fijado en la hora, señora. Siento llegar tan tarde**.

G. ESCENAS

PASO 1: Ahora lee las siguientes escenas del episodio de *La que se avecina* que viste en este capítulo. Subraya todas las expresiones que contienen muletillas o una excusa / una explicación, y luego considera:

- ¿Cuál es el contexto de la escena?
- En el caso de las muletillas, ¿por qué necesita la persona que habla tiempo para pensar?

1. **CRIS:** Que no, yaya, que al final no me caso. Pues... porque no... porque... por... cosas mías. No, la peluquería no te la voy a pagar...

2. **SERGIO:** Si es que ahora mismo yo no estoy preparado para una relación seria. Es que me han hecho mucho daño.
   PAULA: Hace una noche me dijiste que era la mujer más especial que habías conocido en tu vida.

3. **RAQUEL:** Chicos, estoy oyendo el jacuzzi. ¿Para qué lo tenéis puesto?
   JOAQUÍN: ¡Voy! ¡Es que a veces salta! ¡Tiene que venir el técnico! Señoras, ¿me quieren explicar qué hace el jacuzzi lleno de platos?
   MARI TERE: Es que no sabemos poner el lavavajillas.
   IZASKUN: Es que a esta el mundo digital se le atraganta.

4. **CRIS:** Agus, ¿qué haces?
   AGUS: ¿Te acuerdas de... de Sonia, la de la convención de Santiago de Compostela? Pues chica, es que como está tan difícil conseguir fecha, pues... pues nada dijimos "pues venga, va, aprovechamos que tenemos una y... y nos lanzamos".
   CRIS: Pero si no lleváis ni tres meses.
   AGUS: Ya, ya, pero bueno, a ver qué pasa.

5. **ENRIQUE:** Sí, sí, sí, sí. Están aquí los dos ya, ¿eh? Es que querían dormir juntos.
   ANTONIO: ¿Cómo juntos?
   ARACELI: Bueno, pues que se han caído muy bien y... hala pues, la fiesta en pijama.
   ANTONIO: Si tiene arriba su dormitorio...
   BERTA: Ay, Antonio, les hará ilusión. Pues voy a darle un beso de buenas noches.

6. **JAVI:** ¡Ginés, te dijimos amenaza verbal, por Dios, sin patadas ni cabezazos!
   GINÉS: Si es que me sacó un *spray* de esos antivioladores.
   COQUE: Pues... denúnciale... Que están prohibidos.

7. **BERTA:** ¿Dónde está nuestro hijo?

   ENRIQUE: Eeeeh... están durmiendo, todavía.

   ANTONIO: ¡Pero si os hemos escuchado todo desde aquí!

   DOÑA CHARO: Vaya tabiques.

   BERTA: ¡O sea, que primero dejáis que se emborrache y luego nos lo perdéis!

   ARACELI: Pero Berta, es que se habrán escapado de noche. Las hormonas están tomando el control.

   ANTONIO: ¡Esto es un secuestro *express*, ¿eh?! ¡Alguna banda le tenía vigilado ya!

8. **LEO:** Javi, le han pegado a tu padre una paliza en el garaje.

   MAXI: Ginés, que se habrá vuelto a liar.

   JAVI: ¡Pero bueno, ¿... qué le pasa?!

   COQUE: Bueno, es que está muy tenso. Le ha dejado la mujer y está con follones por el niño y por unos peces que tienen, es que...

9. **JAVI:** A ver, por favor, tranquilos. Aquí nadie ha agredido a nadie. He sido yo.

10. **ÁLVARO:** Queremos seis mil euros en billetes de cincuenta.

    ENRIQUE: Pues claro que sí, hombre. ¿Dónde quedamos?

    ÁLVARO: Eh... un momento.

PASO 2: Escoge tres de las situaciones en las que la persona ofrece una excusa o una explicación y analízalas con un(a) compañero(a) de clase. ¿Es una excusa inventada o verdadera? ¿Acepta la otra persona la excusa? ¿La aceptarían ustedes?

H. JUEGOS DE ROLES Trabajarán en parejas para realizar los siguientes diálogos. Túrnense para que los dos tengan la oportunidad de ser la persona que tiene que usar muletillas y dar una excusa / explicación. Luego su profesor(a) pedirá que presenten un diálogo a la clase.

1. Un(a) jefe(a) y un(a) empleado(a): El (La) empleado(a) llega tarde al trabajo y se encuentra con su jefe(a) en la puerta.

2. Un padre / Una madre y su hijo(a): El (La) hijo(a) da una fiesta cuando sus padres están de viaje. El padre / La madre vuelve antes de lo previsto y encuentra la casa hecha un desastre.

3. Un(a) profesor(a) y un(a) estudiante: El / La estudiante no ha completado la tarea y el (la) profesor(a) la recoge sin avisar.

4. Dos amigos(as): Un(a) amigo(a) salió a bailar y no invitó a su amigo(a). El (La) amigo(a) se dio cuenta, y le pregunta por qué no lo (la) invitó.

5. Dos amigos(as): Un(a) amigo(a) no asistió a la obra de teatro en la que interpretaba el papel principal el (la) otro(a) amigo(a). Se encuentran en una fiesta esa misma noche.

MÁS ALLÁ

LECTURA CULTURAL
La soltería

Antes de leer

A. ESTAR SOLO(A) En el episodio de *La que se avecina* que viste en este capítulo, Cris se angustia mucho porque teme envejecer sin casarse (como le dice su abuela cuando se da cuenta de que se ha cancelado la boda). En esta sección vamos a reflexionar sobre el tema de la soltería. A continuación vas a leer un artículo periodístico de Bogotá, Colombia, el cual plantea que las mujeres pueden escoger ser solteras e incluso disfrutar de sus vidas sin esposo e hijos.

PASO 1: Antes de leer el artículo, considera las siguientes preguntas.

1. Lee el diálogo que sigue entre Cris y Silvio. ¿Qué opinas de la actitud de Cris y el trato que le da su abuela? ¿Es común que las mujeres se sientan así? ¿Y qué te parece la analogía que hace Silvio con los chocolates?

   SILVIO ¿Estás bien, chocho?

   CRIS Sí, sí, sí, sí. Ya me he quitado un peso de encima. ¡Mi abuela tiene razón, voy a acabar sola!

   SILVIO Ay, no, Cris. Es que las viejas son muy crueles. Ya verás como en menos de un año tú estás casada y tu yaya en el hoyo.

   CRIS ¿Sí, tú crees?

   SILVIO Claro que sí. Cris, tú eres como... como el último bombón de la caja, de esos envueltos que no se sabe de qué son y nadie se atreve a coger, pero al final siempre aparece alguien que lo prueba y le encanta.

   CRIS O lo escupe y dice "¡qué asco, es de licor!"

2. ¿Qué características se asocian con **soltera**? ¿Y con **soltero**? ¿Tienen connotaciones distintas o iguales?

3. ¿Crees que existe un estigma en la sociedad estadounidense por no casarse y no tener hijos? ¿Cómo se manifiesta? Explica si son diferentes las actitudes hacia los solteros y hacia las solteras. ¿Han cambiado las actitudes en los últimos años?

4. En tu opinión, ¿cuáles son las ventajas y las desventajas de ser soltero(a)?

PASO 2: Ojea las preguntas de comprensión que siguen al artículo para ayudarte a comprenderlo.

A leer

B. VIVIR SIN PAREJA Ahora lee el artículo sobre la soltería.

Soltería, un estado que se elige y se disfruta

Atrás queda el mito de que las mujeres solo se realizan si se casan y tienen hijos. Una teoría reivindica la soltería como un estado que se elige y se disfruta.

Rocio Gaia

Steve Coburn/Shutterstock

Soltera y feliz. Hasta hace un tiempo era difícil pensar en esta combinación de palabras para describir a una mujer que pasada cierta edad no se hubiera casado. Mucho menos se podía considerar adornar la frase con otros adjetivos como exitosa, atractiva, deseada, activa y ganadora.

Pero las cosas están cambiando, según dice la psicóloga Bella DePaulo, de la U. de California, Santa Bárbara, (EE. UU.), estudiosa del fenómeno de la soltería y autora del libro *Singled Out* que habla de cómo los solteros son estereotipados e ignorados, y aún así viven felices.

En entrevista con *El Tiempo* DePaulo explicó que las mujeres solteras están asumiendo su condición de manera más entusiasta que los mismos hombres. "Aunque todavía hay quienes sienten pena por los solteros, la mayoría de quienes eligen serlo, la pasan muy bien", indicó la experta.

Su teoría, en el caso de las mujeres, se respalda en hechos como la apertura laboral y las libertades sexuales que hoy en día les permiten a ellas obtener trabajos bien remunerados (para mantenerse por sí mismas) y tener relaciones sexuales con quien deseen sin necesidad de estar casadas.

Es decir, la necesidad de contar con el respaldo económico de un hombre o de tener un esposo para que sea el padre de sus hijos, ya no las convence del todo. Así mismo, las altas tasas de divorcio hacen que muchas piensen dos veces antes de dar el 'sí'.

Las cifras respaldan sus conclusiones. En Estados Unidos, por ejemplo, más del 40 por ciento de la población mayor de 18 años (87 millones de personas) son divorciados, viudos o solteros. En Colombia, el censo del 2005 mostró que el 44,4 por ciento de las personas de más de 10 años son solteros; el 4,3 por ciento, viudos, y el 5,2 por ciento son divorciados. Dado el incremento de los divorcios y el hecho de que no todos vuelven a casarse, el número de solteros en el país podría ir en aumento.

Solteras sin compromiso

Según DePaulo, la soltería era vista antes como un período de tránsito en el que estaban las personas hasta que se casaban por primera vez o volvían a casarse tras un divorcio. "Ya no es así. Las personas ahora eligen pasar más tiempo de su vida adulta solteros que casados", explica.

Es decir que el lugar de las personas solteras en la sociedad y la importancia de casarse ha cambiado en las últimas décadas, pero la opinión de las personas al respecto no ha evolucionado al mismo ritmo. "Mucha de la sabiduría popular sobre los solteros es exagerada o equivocada", asegura. Indica que creencias antiguas como que las solteras son solitarias y amargadas, son obsoletas. "Las mujeres son muy buenas haciendo amigos y manteniéndolos a través de los años. Incluso, cuando se casan o divorcian sus amigos siguen con ellas. Así que nunca estarán solas", dice DePaulo.

Aunque es soltera y defensora de ese estado, la experta no se atreve a calificar como mejor o peor estar casado que permanecer soltero. "Depende de cada quien. Algunas personas (como yo) somos 'solteras de corazón'. Encajamos[1] con la vida de soltero y nos mantenemos así porque es el estilo de vida que nos va. No estamos tristes por estar solos, lo disfrutamos", finaliza.

Pretenko Anariy/Shutterstock

Lo mejor de permanecer solteras
por Bella De Paulo

- Puede luchar y alcanzar el estilo de vida que sea más significativo para usted, sin importar la opinión de nadie más o, por lo menos, la de una pareja.

- Está más dispuesta a tomar riesgos en su carrera profesional y a asumir decisiones que podrían ser cuestionables, sin necesidad de preguntarle a nadie y sin tener que considerar cómo afectaría su decisión la vida de otro.

- Puede acercarse a las personas que a usted realmente le interesan y pasar con ellas tanto tiempo como usted quiera, sin preocuparse de que su pareja se moleste por ello o la critique por sus elecciones.

- Tiene mucho más tiempo disponible para las actividades que a usted le gustan sin cuadrar una agenda de pareja.

- Puede estar sola tanto tiempo como quiera o considere necesario, sin explicarle a otro por qué razón quiere estar a solas y sin que eso sea un motivo de pelea conyugal.

- Su agenda de nuevos amigos y citas siempre estará abierta y disponible a incluir nuevos nombres y teléfonos.

- Si así lo decide, puede tener relaciones sexuales con diversas parejas sin engañar ni ser deshonesto con nadie.

- Puede viajar a donde usted quiera, sin tener que encontrar un destino que le guste a toda la familia.

- Lo que usted compra en el mercado o come en el desayuno, almuerzo y comida será siempre su propia decisión.

- Y, lo más importante de todo, puede construir una vida que sea significativa para usted y llenarla de las cosas que a usted le gustan, sin necesidad de sentir que tiene que agradar a otra persona para ser feliz.

[1]Nos adaptamos

Mitos acerca de este estado

1. Los casados lo saben mejor. No importa sobre qué tema se hable, hay quienes creen que un soltero no sabe nada, sencillamente porque no se ha casado.

2. Piensan con mente de solteros. Por lo tanto su único y real interés en la vida es conseguir pareja, precisamente para dejar de ser solteros.

3. El lado oscuro de la soltería. Estas personas son miserables y solitarias y su vida es trágica porque simple y sencillamente se mantienen solteros.

4. Todo tiene que ver con ellos. Como los niños, los solteros se interesan únicamente en ellos mismos. Además, son inmaduros y su tiempo no vale nada pues no hacen nada más que jugar.

5. Para las mujeres. En su trabajo pronto no las querrán, y sus 'huevos' se marchitarán[2]. Además ninguna relación les dura y, básicamente, son promiscuas.

6. Para los hombres. Ustedes o son irresponsables, coquetos sin remedio y siempre al acecho de una presa[3]; o son sexys, fastidiosos, frívolos o gays.

7. Malos padres. Para aquellos que son padres, naturales o por adopción, tengan cuidado porque sus hijos serán menos inteligentes que los de los casados.

8. Usted está incompleto. Malas noticias soltero: Si no tiene una pareja estable a su lado, está incompleto y su vida también. Mejor dicho, usted no tiene una vida.

9. Alma en pena. Va a crecer y a envejecer solo. Morirá en un cuarto, solitario y abandonado, y posiblemente nadie lo va a extrañar por varias semanas.

10. Son muy vulnerables. Especialmente las mujeres, como están solas (sin un hombre) son más susceptibles a correr riesgos y peligros.

iStockphoto.com/Aleksandar Nakic

stockbyte | Photos.com

[2] se echarán a perder [3] en búsqueda de una mujer a quien conquistar

Después de leer

C. ¿ENTIENDES? Contesta las preguntas sobre la lectura.

1. Según la psicóloga DePaulo, ¿por qué es más común hoy en día que las mujeres elijan ser solteras y que vivan felizmente sin marido?

2. ¿Cuáles son algunos estereotipos acerca de las solteras que todavía existen?

3. Según DePaulo, ¿por qué no es cierto que las solteras se sientan solitarias?

4. Resume las ventajas de ser soltera que se mencionan en el artículo.

5. El artículo incluye diez "mitos" sobre la soltería. ¿Qué diferencias notas entre los mitos sobre las mujeres y los hombres?

D. VAMOS MÁS A FONDO Ahora comparte tus ideas y opiniones con tus compañeros de clase, analizando de manera más profunda el tema de la soltería.

1. ¿Están de acuerdo con que todavía existen los estereotipos mencionados en el artículo? Expliquen. ¿Qué diferencias culturales podrían existir en cuanto a este tema? Comparen las actitudes de los estadounidenses con las de otros grupos culturales con los que tienen experiencia. ¿Por qué existen estas diferencias? ¿O por qué son semejantes las actitudes?

2. De la lista de "lo mejor de permanecer solteras", ¿cuáles son los beneficios más grandes? ¿Y hay beneficios con los que no estén de acuerdo ustedes? Expliquen.

3. Comenten la lista de diez "mitos" sobre la soltería. ¿Es cierto que existen todos esos mitos, o hay algunos que les parezcan extraños?

4. ¿Creen que se puede ser feliz sin casarse y tener hijos? ¿Quieren casarse ustedes? ¿O ya están casados(as)? Expliquen sus ideas.

Wallenback/Shutterstock

EXTENSIÓN
VOCES DE LATINOAMÉRICA

 El amor, la amistad y la soltería

Video

E. OTRAS OPINIONES

PASO 1: Ahora mira los videos del sitio web de *Relaciónate* para aprender más sobre los conceptos de la amistad, el amor y la soltería desde la perspectiva de gente de varios países latinoamericanos. Luego completa las actividades que siguen.

PASO 2: Copia la siguiente tabla y llénala con la información que dan los hablantes. Luego contesta las preguntas que siguen.

Nombre y país de origen	Diferencias entre los tipos de amistades según los sexos (mujer-mujer, mujer-hombre, hombre-hombre)	¿Pueden ser "solo amigos" los hombres y las mujeres?	Actitudes hacia el matrimonio y la soltería

1. ¿Notas algunas semejanzas entre lo que dijeron varios de los hablantes sobre los tipos de amistades entre los sexos? ¿Y diferencias? Si entrevistaras a estudiantes estadounidenses de tu universidad o a gente de tu edad de tu comunidad, ¿crees que tendrían respuestas semejantes o diferentes de las de los hispanos entrevistados? ¿Por qué?

2. ¿Te sorprendió algo de lo que dijeron los hablantes? Explica.

3. Si pudieras hacerle una pregunta a una de las personas, ¿cuál sería?

F. TU PROPIO VIDEO Ahora graba tú un video sobre el amor, la amistad y la soltería, usando los videos de "Voces de Latinoamérica" como modelo. Tu video debe durar solo 2–3 minutos y debe incluir lo siguiente:

1. ¿Tienes amigos de los dos sexos? ¿Son hombres o mujeres tus mejores amigos? ¿Hay una diferencia entre el tipo de amistad que tienes con los hombres y el que tienes con las mujeres? Explica.

2. ¿Crees que es común en tu país que las mujeres y los hombres sean "solo amigos"?

3. ¿Cuáles son las actitudes en tu país hacia el matrimonio y la soltería? ¿Hay actitudes negativas hacia la soltería? ¿Es diferente para los hombres y las mujeres? ¿Qué edad se considera "mayor" para casarse? ¿Quieres casarte tú? Explica.

GRABACIÓN

©jeremyedwards/istock.com

GLOSARIO

VOCABULARIO

Para ver otra vez la lista de abreviaturas, ve a la página 26 del **Capítulo 1.**

amargura (f.) — sensación de tristeza, aflicción o enfado: *Después de una ruptura es común que alguien sienta amargura o resentimiento.*

arrepentido(a) (adj.) — se dice de una persona que se arrepiente por haber hecho o dejado de hacer algo: *Cuando se enfada, es mejor que piense bien sus palabras antes de hablar para así evitar decir algo hiriente y luego sentirse arrepentido.*

asomarse (prnl.) — dejarse ver: *Asómate a la ventana, mi amor; te quiero ver.*

barajar (tr.) — considerar varias posibilidades antes de tomarse una decisión: *Hoy es el día en que los hoteles publican sus ofertas de último momento para las estancias de fin de semana; vamos a barajarlas y escoger la más barata.*

cabezazo (m.) — golpe recibido en la cabeza o hecho con ella: *Durante el partido, un jugador le pegó un cabezazo al otro sin querer, cuando, irónicamente, intentaba meter un gol con un cabezazo.*

casero(a) (m., f.) — dueño(a) de una vivienda en alquiler: *Como pasa cada enero, nuestro casero acaba de subirnos el alquiler. ¡¿Feliz Año Nuevo, eh!?*

catarro (m.) — también llamado resfriado común o resfrío, es una inflamación de las membranas mucosas del aparato respiratorio que afecta a personas de todas las edades: *Todos sabemos que se producen más catarros y gripes en invierno.*

ceder (intr.) — rendirse alguien, dejar de resistir algo: *El gobierno todavía no piensa ceder a la presión de los manifestantes que demandan una elección democrática.*

derrumbarse (prnl.) — perder o decaer el ánimo de alguien: *Es terrible que hayas perdido tu trabajo, pero no te derrumbes, mujer. Sé que dentro de nada encontrarás uno mejor.*

desconcierto (m.) — estado de ánimo de perplejidad por algo sorprendente: *El temblor se sintió dos veces anoche y a pesar de ser de muy poca magnitud, hubo desconcierto en la población.*

desgracia (f.) — suerte adversa: *Creo que a todos nos ha sucedido alguna desgracia amorosa en esta vida.*

empate (m.) — cuando dos competidores obtienen el mismo número de puntos o votos: *El delantero marcó un gol en el último momento del partido y el partido acabó en empate (1-1).*

entretener(se) (tr., prnl.) — (tr.) divertir o animar a alguien: *Venga, échame una mano y entretén a los niños mientras hago la cena.*
(prnl.) divertirse haciendo alguna actividad. **OJO:** Como prnl. se construye con las preposiciones **con** o **en:** *Los niños se entretienen durante horas jugando con plastilina.*

fallecimiento (m.) — muerte de una persona: *Lola, te doy mi más sentido pésame por el fallecimiento de tu padre.*

finiquito (m.) — la cantidad de dinero que se le paga a un(a) trabajador(a) al terminar su contrato: *Cuando despidieron a Luis, no le dieron el finiquito que le correspondía.*

flequillo (m.) — la parte del cabello que cae sobre la frente: *Llevar flequillo está de moda esta temporada. Cuando vaya a mi cita este fin de semana, voy a pedirle a mi peluquera que me dé un nuevo corte con un flequillo que me caiga justo encima de los ojos.*

gentuza (f., desp.) — la gente más despreciable de la clase social más baja: *Ese bar tiene fama por la gentuza que lo frecuenta y, como consecuencia, los disturbios casi diarios a los que acude la policía.*

internado (m.)	escuela donde residen los estudiantes: *Quieren que sus hijas aprendan inglés y están buscando un internado privado en Inglaterra.*
medida (f.)	(1) acción o efecto de **medir**: *Tenemos que averiguar las medidas de la puerta de entrada del piso antes de comprar este sofá: ¡es muy grande y no sabemos si entrará!* (2) acción dirigida a obtener o prevenir algo. Más común en plural: tomar / adoptar medidas: *¿Qué medidas de seguridad pueden tomar los propietarios para protegerse contra los robos?*
medir (tr.)	comparar la cantidad desconocida que uno quiere determinar y una unidad de medida ya establecida (Sistema Inglés, Sistema Internacional u otra unidad arbitraria): *Tengo que medir las dimensiones de la habitación para ver si van a caber los nuevos muebles.*
paliza (f.)	conjunto de golpes dados a una persona o animal: *Primero empezaron a insultarse y luego uno de los hombres le pegó una paliza al otro hasta que lo paró un policía.*
pancarta (f.)	cartel grande típicamente de tela o papel con lemas, peticiones, etc. y que se emplea en manifestaciones o reuniones públicas: *Durante la protesta se veían muchas pancartas diferentes pero con los mismos mensajes alusivos a la paz.*
papeleo (m.)	exceso de procedimientos legales o administrativos necesarios para solucionar un asunto: *Sofía no sabía que solicitar una beca conllevara tanto papeleo; la pobre lleva días rellenando papeles y pidiendo cartas de recomendación a sus profesores y aún le queda escribir su ensayo de presentación.*
patada (f.)	golpe dado con el pie o con la pata de un animal: *El hombre enfurecido abrió la puerta con una patada y salió de la oficina.*
perilla (f.)	afeitado de pelo facial de los hombres que solamente cubre la barbilla (la parte de la cara que está debajo del labio inferior): *¿A las mujeres les parecen más guapos los hombres con barba o sin ella? ¿Y si llevan barba, de qué tipo es: una barba de tres días, una perilla, una perilla con bigote, etc.?*
rellano (m.)	parte horizontal y llana entre dos tramos de una escalera: *Hay un extintor de incendios en cada rellano del edificio.*
represalia (f.)	daño que una persona causa a otra con el fin de vengar o responder a otro mal recibido: *El gobierno asegura que habrá represalias si el grupo extremista inicia un ataque contra sus ciudadanos.*
resaca (f.)	malestar físico que una persona siente al día siguiente de haber consumido exceso de alcohol: *Anoche Mario bebió demasiado en la despedida de soltero de su mejor amigo y se despertó esta mañana con una terrible resaca.* Variantes dialectales incluyen: **caña** (f., Chi.), **chuchaqui** (adj., Ec.), **cruda** (f., Méx.), **goma** (f., CAm), **guayabo** (m., Col.), **roto** (adj., Arg.).
resbalón (m.)	acción de resbalar o resbalarse, o sea, cuando alguien o algo se desliza sobre una superficie y se cae o pierde el control de sus movimientos: *Como el suelo todavía estaba mojado, di un pequeño resbalón y me caí.*
roncar (intr.)	hacer un ruido ronco (fuerte y grave) al respirar mientras se duerme: *Mi marido empieza a roncar tan pronto como se queda dormido y no para hasta que se despierta por la mañana.*
secuestro (m.)	acción y efecto de secuestrar, o sea, de retener por la fuerza a una o varias personas para conseguir dinero u otro fin a cambio de su liberación: *Veintiún turistas fueron secuestrados en México por una pandilla armada y todavía se desconocen los móviles.*
sicario(a) (m., f.)	asesino(a) a sueldo: *La mujer del empresario millonario ha sido acusada de haber contratado al sicario que lo mató.*

AQUÍ SE HABLA ASÍ

Para ver otra vez la lista de abreviaturas, ve a la página 26 del **Capítulo 1.**

atragantarse (prnl., col.)	(Esp.) fastidiar, enfadar: *Uy, cómo se me atragantan las quejas de mi compañera de cuarto. Ya no puedo con ella.*
borde (adj., col.)	(Esp.) grosero, mal educado, desagradable: *¡Qué borde es ese muchacho! Nunca se le debe hablar así a la gente mayor.*
guarango(a)	(Arg., Ur.)
pésimo(a), plomoso(a)	(El Sal.)
cabezón / cabezona (adj., col.)	obstinado, terco, testarudo: *¡Ese Roberto es tan cabezón! Nunca va a admitir que no sabe la respuesta.*
chinchar (prnl., col.)	(Esp.) molestar, fastidiar: *¡Deja de chinchar y vete a hacer la tarea!*
fregar	(LAm)
chulo(a) (adj., col.)	bonito: *Es muy chula tu nueva bufanda. ¿Dónde la compraste?*
dejarse (romperse) los cuernos (loc., col.)	(Esp.) trabajar o esforzarse mucho: *¿Has visto cómo se ha dejado los cuernos Camila últimamente? Creo que tiene miedo de que la despidan.*
cinchar	(Arg., Ur.)
mecatear	(El Sal.)
enrollarse (prnl., col.)	(Esp.) tener relaciones amorosas o sexuales, normalmente de poca duración; ligar (véase el **Cap. 3**): *Dos colegas míos se enrollaron después de la fiesta el fin de semana pasado, y ahora es muy incómodo el ambiente de la oficina.*
buitrear	(Ec.)
entreverarse	(Arg.)
escaquearse (prnl., col.)	(Esp.) evitar una tarea o una obligación (colectiva): *Otra vez mis compañeros de piso se escaquearon a la hora de ayudar con la limpieza. Ya no lo soporto. Voy a buscar otro piso.*
echarse con las petacas	(Col.)
follón (m., col.)	(Esp.) lío, confusión, complicación, desorden: *Uy, eso de que sus padres no quieren que se casen sí que es un follón. No sé qué harán.*
arroz con mango	(LAm)
bardo, desbole	(Arg., Ur.)
desmadre	(CAm, Méx.)
despelote	(LAm)
gorronear (intr., col.)	(Esp.) vivir a costa de otros, no pagar los propios gastos: *Ella siempre anda gorroneando. No sé por qué se lo permiten sus amigos.*
garronear	(Arg.)
gorrear	(Col., Méx., Pan., Pe.)
macarra (m., col.)	(Esp.) persona agresiva, vulgar: *No te metas con él, que es un macarra y te daría una tremenda paliza.*
mano de santo (f., col.)	(Esp.) remedio rápido y eficaz: *Tómate esta bebida para tu dolor de barriga. Es mano de santo.*
matón (m., col.)	fanfarrón que busca pelea e intimida a los demás: *Ese Silvio es un matón. Algún día va a acabar en la cárcel.*
media naranja (f., col.)	persona perfecta para alguien (respecto al amor): *Mira, Carmen, que Emilio es tu media naranja. Cásate con él, ¡pero ya!*
moñas (m., sing., col.)	(Esp.) una persona tonta, sosa; un idiota: *No quiero invitar a ese moñas a la fiesta, pero mi novia quiere que lo invite porque es el novio de su amiga.*

morro (m.) (tener)	(Esp.) desvergüenza, descaro: *¿Ni te pidió permiso antes de llevar tu vestido? Esa tía sí que tiene morro.*
cachaza	(Col.)
cara de guante	(Cu.)
conchudez	(LAm)
lisura	(Bol., Pan.)
movida (f., col.)	(Esp.) lío, alboroto, jaleo: *¡Qué movida va a haber esta noche! Cristina va a llevar a su novio a la fiesta, y también va a venir Lalo...*
crical	(P.R.)
sarambí	(Par.)
pedo(a) (m., adj., col.) (estar)	(Esp.) borrachera; borracho: *Solo son las ocho y Javier ya está pedo. ¿Lo llevas a casa tú o lo llevo yo?*
un pelín (m., col.)	un poco: *Dame solo un pelín de pastel, que no quiero engordar.*
pibe(a) (m., f.)	(Arg., Esp., Ur.) muchacho(a): *Esos pibes no dejan de dar la lata. ¿No tendrían que estar en la escuela?*
pijo(a) (m., f., adj.)	(Esp.) persona que muestra con su comportamiento, vestuario, lenguaje, etc. que es de la clase adinerada; presumido: *Qué pijos son tus vecinos. Se creen mucho, ¿no?*
poner a parir (a alguien) (loc.)	(Esp.) criticar, reprender, insultar: *Su jefe la puso a parir enfrente de todos. ¡Qué vergüenza!*
cantaletear, vaciar	(Col.)
jalar las orejas	(Méx.)
penquear	(Chl.)
retear	(Bol.)
potar (trans., col.)	(Esp.) vomitar: *Uy, no puedo dejar de potar. Me siento fatal.*
arrojar	(Bol, Hon., Ven.)
buitrear	(Bol., Chl., Guat., Pe.)
llamar a Hugo	(Arg., C.R., El Sal., Hon., Pan., Ven.)
tarado(a) (adj., m., f., col.)	tonto, bobo: *¡Qué va! No quiero salir con ese tarado.*
trapicheo (m., col.)	(Esp.) comercio o negocio ilícito: *Meme se ha metido otra vez en un trapicheo. Dile que tenga cuidado...*
trullo (m., col.)	(Esp.) cárcel: *A esos tíos los van a meter en el trullo por haber asaltado una tienda.*
bote	(CAm, Méx.)
cana	(SAm)
vivir del cuento (loc., col.)	(Esp.) vivir sin trabajar: *Ya verás que después de graduarte no podrás vivir del cuento. Debes empezar ya a buscar trabajo.*

CAPÍTULO 6

La agricultura ecológica y el medio ambiente

En este capítulo verán el episodio de *La que se avecina* llamado "Un romance, un marchoso y una vaca en el jardín".

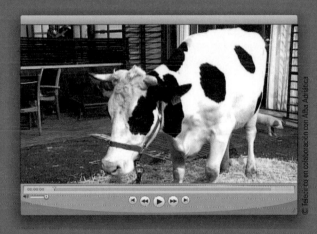

© Telecinco en colaboración con Alba Adriática

PREPARACIÓN

Práctica de vocabulario

Antes de hacer las actividades de esta sección, repasa la lista de palabras nuevas y sus definiciones en el **Glosario** de las páginas 165–167.

A. RECAPITULACIÓN Y PREDICCIONES El siguiente texto incluye una recapitulación de algunos de los momentos más destacados del último episodio junto con preguntas sobre qué va a pasar en el siguiente episodio que vas a ver en este capítulo.

PASO 1: Completa los espacios en blanco con el vocabulario nuevo que se presenta a continuación. No olvides poner la forma correcta de la palabra según el contexto (de persona para los verbos y de número / género para los sustantivos y adjetivos).

aguantar	cita a ciegas	grosero	rencor
amargado	en apuros	ordeñar	rentable
chiringuito	estallar	parado	velada

En episodios anteriores hemos visto a los vecinos casi siempre **1.** _____: las peleas constantes entre vecinos y con la constructora, los fracasos amorosos sufridos, los muy frecuentes accidentes (intencionales o no), los fallecimientos y mucho más… ¿Qué nos revela el título del episodio nuevo: "Un romance, un marchoso y una vaca en el jardín"? ¿Por fin se acabarán las desgracias para los vecinos de "El Mirador de Montepinar"? ¿Será posible? Veamos… otro romance. Hasta ahora los vecinos no han tenido mucha suerte en sus vidas amorosas, especialmente Cris. ¿Cuánto más puede sufrir, la pobre? Su repentina ruptura con Agustín, poco antes de su boda, la dejó **2.** _____ y resentida. Y ser el objeto del plan "buscarme una amiga" de Sergio solamente consiguió meter el dedo en la llaga (*rub salt into the wound*); cuando Sergio le reveló que sus intenciones eran puramente platónicas, ella volvió a sentirse humillada e incapaz de ser amada. ¿Será Cris capaz de dejar de guardarles **3.** _____ a los hombres y abrir su corazón cuando se le presenta la oportunidad de encontrar el amor a través de una **4.** _____ arreglada por Lola y Javi? ¿Con quién será la cita y a quiénes más invitarán Lola y Javi a la cena y **5.** _____ en su piso para que Cris no se sienta incómoda?

  El marchoso de este episodio no será ni Fran ni Álvaro. De hecho, Álvaro no volverá a tramar secuestros para sacarles dinero a sus padres, porque él habrá vuelto al internado en Irlanda, dejando a Fran de nuevo sin amigos de su edad en el edificio. El que saldrá de fiesta en este episodio será Joaquín, en un intento de demostrarles a Sergio y a Eric que él sí sabe divertirse en la vida. Hasta ahora Joaquín estaba acostumbrado a interactuar con mujeres solamente por Internet y ya sabemos cómo acabó su relación con Diana. ¿Podrá **6.** _____ Joaquín una noche entera de marcha al lado de Eric y su hermano donjuán? ¿Cómo se armará de coraje para intentar ligar (cara a cara y no por Internet) cuando vaya a los bares y discotecas? ¿Se comportará como un caballero o será

7. _____ con las damas? Y al día siguiente, ¿por qué se enfadará tanto Joaquín hasta tal punto que **8.** _____ y acaba siendo un **9.** _____ al perder su trabajo como comercial de ventas?

© Telecinco en colaboración con Alba Adriática

¿Y la vaca en el jardín? Pues, sí, una vaca junto con unas gallinas encontrarán un nuevo hogar en el jardín de Enrique y Araceli. Doña Charo sorprenderá tanto a sus familiares como a los demás vecinos al traer los animales de su pueblo y colocarlos en el jardín del piso. Fran buscará información en Internet sobre cómo cuidarlos y Enrique hará llamadas a protectoras de animales en un intento por librarse de los animales, pero acabará siendo el encargado de **10.** _____ a Ninette, la vaca. Y Araceli, mientras tanto, montará un negocio vendiendo leche fresca y huevos a los demás vecinos. ¿Le saldrá **11.** _____ o le cerrarán los Recio el **12.** _____ de productos ecológicos al traer al piso un inspector de Sanidad?

© Telecinco en colaboración con Alba Adriática

PASO 2: Ahora compara tus respuestas con las de un(a) compañero(a) y luego contesten las preguntas que se incluyen en el texto del **Paso 1**. ¿Tienen predicciones y opiniones parecidas sobre lo que van a ver?

B. MÁS LÍOS PARA LOS VECINOS Aparte de los argumentos principales revelados en la actividad anterior, otros residentes de "El Mirador de Montepinar" se meterán en nuevos líos. Adivinando, y basándote en lo que ya sabes de los personajes, completa las siguientes descripciones con los nombres de los personajes del cuadro. Las nuevas palabras de vocabulario están en **negrita**.

Antonio	Doña Charo	Leo	Maxi
Berta	Izaskun	Mari Tere	Vicente

1. _____ e _____ se comprarán un coche **goloso** y luego se darán cuenta de que ninguna sabe conducir. ¡Vaya despiste! Recurrirán a _____ para una lección intensiva de conducción y poco después una de ellas logrará **arrancar** el coche. Y, ¿adónde irán para estrenar el coche? Pues, al centro comercial, ¡cómo no! Sin embargo, su aventura en plan Thelma y Louise pronto se amargará. Al salir del centro comercial no recordarán dónde dejaron aparcado el coche en el gran aparcamiento de varias plantas y lo tendrán que buscar. Afortunadamente un guardia las ayudará a encontrarlo, pero la búsqueda será larga y ardua porque no podrán decirle ni el color ni la marca del coche. ¡La única pista que le darán es que el coche tiene una estatuilla de San Antonio en el **salpicadero**! Cuando por fin se tropiezan con el coche al azar, partirán hacia casa pero no se acabarán las desgracias...

2. A las dos de la madrugada, _____ y _____ **se desvelarán** y no volverán a pegar ojo debido al constante "quiquiriquí" del gallo en el jardín de abajo. Y, ¿qué harán para vengarse? Pues, llamarán por teléfono a sus vecinos de abajo cada vez que los despierte el gallo, fingiendo haberse equivocado de número, para que ellos tampoco puedan descansar. ¿Tendrá éxito su plan? Y mientras Enrique y Araceli intentan volver a pegar ojo, _____ se quedará despierta disfrutando de sus magdalenas favoritas. Bueno, solamente hasta que Araceli se da cuenta de quiénes inician las llamadas, porque al pasar por el salón, de camino al piso de sus vecinos de arriba, Fran le llamará la atención por los muchos envoltorios vacíos de magdalenas que hay en la mesa. Araceli amenazará a su madre con poner un **candado** en la cocina y todos subirán al piso de los vecinos de arriba, de **mote** "Los Rancio", para pedir una explicación. ¡Qué movida!

3. Los vecinos se enfrentarán de nuevo con el moroso del 2ºC al intentar hacer que salga cortándole el suministro de electricidad. Buen plan, ¿verdad? Pues, no, porque en el cuarto de contadores _____ se equivocará de interruptor y dejará a toda la comunidad sin luz. Poco después, el moroso pasará una nota por debajo de su puerta a los demás vecinos que están en el pasillo esperando a que salga. _____ sacará un **mechero** de su bolsillo para que la puedan leer, pero le ocasionará problemas porque Goya le preguntará qué hace con un mechero puesto que supuestamente había dejado de fumar. Con la luz del mechero, los vecinos leerán la siguiente amenaza: "¡O me dais la luz o en quince segundos les abro los grifos a 'Los Rancio'!" Como es de esperar, a Antonio y Berta les entrará el pánico y le suplicarán a Leo que corte el agua al piso del moroso. ¿Tendrán que buscar **socorrista** Antonio y Berta para ayudarlos a sacar las pertenencias de su piso inundado?

C. UNA ENCUESTA Tu profesor(a) te va a asignar una expresión de vocabulario de la siguiente lista. Escribe una pregunta que incorpore el vocabulario, y luego camina por el salón de clase, haciéndoles la pregunta a tus compañeros de clase y tomando apuntes. Al final, compartirás lo que descubriste con la clase.

Modelo: ordeñar

Pregunta: *¿Has ordeñado una vaca?*

SÍ   NO

|| ||||

1. aguantar
2. amargado
3. apuro
4. bautizo
5. cita a ciegas
6. espantarse
7. goloso
8. grosero
9. imprescindible
10. mote
11. repente
12. ronchón
13. salpicadero
14. semáforo
15. socorrista
16. tierno
17. título
18. vago

Aquí se habla así

Antes de hacer las actividades de esta sección, repasa la lista de palabras nuevas y sus definiciones en el **Glosario** de las páginas 167-169.

D. ¿CÓMO LO DIJERON? Lee los siguientes fragmentos de diálogo del episodio de *La que se avecina* que vas a ver y luego llena los espacios en blanco con las palabras que siguen.

a mi aire	fetén	pelota
un baboso	ha pasado de ti	por los suelos
el chollo	hacer bulto	el rollo
dar un palo al agua	nos pilla el toro	te pongo

1. **ANTONIO:** Señor moroso, es el último aviso. Tiene quince segundos para dar la cara ¡o aténgase a las consecuencias!

   VICENTE: Y yo me pregunto: ¿Qué falta hago aquí?

   GOYA: Para _____, Vicente. Si sale, hay que intimidar.

   VICENTE: Si ya das mucho miedo tú sola.

2. **JOAQUÍN:** ¿Pero de dónde sales a estas horas? ¡Que tienes que trabajar!

   SERGIO: No, no, no, el que tiene que trabajar eres tú. Yo voy a echarme una horita.

   JOAQUÍN: ¿Tú te crees que Robert De Niro ha llegado donde ha llegado sin _____?

   SERGIO: Pues yo soy un actor intuitivo, si estudio mucho pierdo frescura. [...]

   JOAQUÍN: Como sigas así un día se te va a terminar _____. ¡Vas a acabar en las catacumbas de la televisión, anunciando plantillas para pies en la "Teletienda"! ¡O de azafato girando paneles en un concurso mañanero!

3. **LEO:** ¡Ah, Javi, Javi, te estaba buscando! He estado trabajando en un nuevo reglamento de la piscina, que luego _____. ¿Te lo lees o te lo cuento?

   JAVI: No, no, ya me lo leo yo.

4. *(Lola trata de convencer a Cris de que asista a una cena / cita a ciegas.)*
CRIS: Ya, pero es que yo ahora tengo la autoestima _____, como el primer expulsado de "Operación Triunfo", igual.

5. **JAVI:** *(convenciendo a Leo de que asista a la cena para conocer a Cris)* Síí... Nos ha dicho: "¿Quién es ese chico tan agradable que reparte circulares?".
LEO: ¿Sí? Bueno, yo me paso. Pero vamos, que no le deis muchas esperanzas porque, bueno, ya sabéis cómo soy, que yo voy _____. Se está tan bien solo que...

6. **ENRIQUE:** *(hablando con una vaca)* Esto lo cuento... Hola, eh... Enrique Pastor, concejal de juventud y tiempo libre. Con tu permiso voy a proceder a ordeñarte, si no te importa.
DOÑA CHARO: Pero qué _____ es con todo el mundo.

7. **ERIC:** Tatiana74 ha abandonado el chat.
JOAQUÍN: Eh... se habrá acostado. ¿Qué hora es en Polonia?
ERIC: Pues la misma que aquí. _____ pero vamos.
SERGIO: Joaquín, a ver, te pasas el día arrastrándote por Internet; eres _____ cibernético.

8. **VENDEDOR:** Es una joyita; en los quince años que lo tengo no me ha dado ningún problema.
IZASKUN: ¡Corta _____, que ya te lo hemos comprado!

© Telecinco en colaboración con Alba Adriática

9. **LOLA:** A mí me relaja, es como estar de turismo rural.
AMADOR: Los huevos y la leche están _____. Nosotros es que somos muy de productos ecológicos.

10. **MAITE:** Eh... ¿Tenéis más leche fresca de vuestra vaca ecológica?
ARACELI: Sí, sí, sí, si no para. Eh... ¿cuánto _____?
MAITE: Tres litros. Oye, esta vez os la pagamos, que...

E. UN DIÁLOGO En grupos pequeños, escriban un diálogo original, incorporando por lo menos seis expresiones de la sección de vocabulario **Aquí se habla así**. Luego van a representar el diálogo para sus compañeros de clase. Consideraciones:

- La situación debe ser **informal**, ya que el vocabulario es coloquial.

- Para las expresiones que tienen variación dialectal, decidan si van a usar las variantes de España o las de una región latinoamericana. Deben ser consistentes con el dialecto que escojan.

A VER EL VIDEO

INFORMACIÓN DE FONDO: CULTURA
URLs

El sitio web de *Relaciónate* tiene unos enlaces y términos de búsqueda para ayudarte a empezar. Si tienes amigos hispanos, también puedes entrevistarlos para aprender más sobre algunos de los temas.

Busca información sobre los siguientes temas como preparación para ver el próximo episodio de *La que se avecina*. Compartirás la información que encuentres con tus compañeros de clase.

- Las vacaciones: ¿Cuántas semanas de vacaciones se tienen normalmente en EE. UU.? ¿Cómo se compara con España y América Latina? ¿Qué consecuencias culturales podría conllevar esta diferencia?

- Las horas de comer: En el episodio que vas a ver, Javi y Lola invitan a unos vecinos a cenar a las diez de la noche. Comparen las horas de comer en España, los países de América Latina y EE. UU. ¿Cuáles son las ventajas / desventajas de las costumbres de cada país? ¿Qué horario prefieres tú?

- La leche: ¿Qué es la leche "ecológica" (o "cruda")? ¿Cuáles son las ventajas y las desventajas de consumirla? Comenta su popularidad en España, América Latina y EE. UU. ¿Y has oído sobre la leche producida por vacas que han sido tratadas con la hormona de crecimiento bovina recombinante (rBGH o rBST)? ¿Es legal usarla en España, en los países de América Latina y en EE. UU.? ¿Por qué se opone a su uso mucha gente?

- La carrera: En este episodio, Joaquín pierde su trabajo y parece que no tiene preparación para ninguna otra carrera. ¿Cuándo se escoge la carrera / la especialización en España, en América Latina y en EE. UU. (por ejemplo, en la escuela secundaria, al entrar en la universidad o más tarde)? Compara qué tipos de cursos se toman en la universidad (por ejemplo, ¿solo los cursos de una disciplina o una variedad de materias?). Finalmente, ¿con cuánta frecuencia se cambia de trabajo en los diferentes países?

Charlemos un poco antes de ver

A. NUESTRAS OPINIONES Habla con tus compañeros de clase sobre las preguntas que siguen en la página 148, las cuales los ayudarán a prepararse para ver este episodio de *La que se avecina*. Es posible que tu profesor(a) también te asigne uno de los temas para escribir en tu diario de clase.

¿Qué harías si...?

1. tus vecinos tuvieran animales de granja en su jardín? Los Recio no están nada contentos cuando doña Charo trae animales al edificio, ¿pero cómo reaccionarán los demás vecinos?

2. alguien te invitara a una cena que sirviera como una cita a ciegas? ¿Cómo lo pasará Cris durante la cita a ciegas? ¿Por fin encontrará su media naranja?

3. el hombre (la mujer) con quien tuvieras una cita a ciegas fuera pesadísimo(a)? ¿Cómo crees que reaccionará Cris si el hombre resulta ser un pesado?

4. un(a) amigo o un(a) hermano(a) te dijera que eres aburrido(a) y que no sabes divertirte? ¿Qué crees que harán Sergio y Eric durante la noche de marcha para asegurarse de que Joaquín se suelte el pelo?

 **A ver**
Video

Ahora mira el episodio para el **Capítulo 6.**

Comprensión y conversación

B. ¿ENTENDISTE? Contesta las siguientes preguntas, explicando por qué pasaron ciertos eventos del episodio que acaban de ver.

1. ¿Por qué se quedó Javi atrapado en el ascensor?

2. ¿Por qué deciden Javi y Lola invitar a Leo y a Cris a cenar?

3. ¿Por qué duerme Cris en el piso de Leo?

4. ¿Por qué tienen animales en su jardín Araceli y Enrique?

5. ¿Por qué vende la leche Araceli?

6. ¿Por qué pasan la noche en un coche Izaskun y Mari Tere?

7. ¿Por qué bebe la leche de sus vecinos Berta?

8. ¿Por qué se va de marcha Joaquín con Sergio y Eric?

9. ¿Por qué acepta Sergio comprar el piso piloto?

10. ¿Por qué rompe Leo con Cris?

C. ¿QUÉ OPINAS? Compartan sus opiniones de las siguientes preguntas.

1. Varios personajes de este episodio contemplan la idea de "la felicidad". Sergio dice que Joaquín no disfruta de la vida y Joaquín responde que no tiene dinero ni amor, pero salud sí. Leo mantiene que no quiere novia porque la felicidad debe encontrarse dentro de sí mismo. ¿Qué opinan de las ideas de Sergio, Joaquín y Leo sobre este tema? ¿Cómo definen "la felicidad" ustedes?

2. Leo se porta más pesado que nunca en este episodio. ¿Conocen a alguien que sea tan pesado como Leo, que no pare de hablar de temas sin importancia? ¿Qué harían si fueran Javi? ¿y si fueran Cris?

3. El día después de la cena, Leo dice que no ha llamado a Cris porque "el amor al principio es como un buen vino" y "hay que dejarlo respirar". ¿Qué les parece esta analogía? ¿Es mejor no presionar mucho al principio de una relación o se debe ser completamente abierto(a) con los sentimientos?

4. En el episodio se mencionan varias maneras de conocer a un(a) novio(a): bares, discos, citas a ciegas, Internet. ¿Hay otras maneras para conocer a alguien? ¿Qué opinan ustedes de las diferentes opciones? ¿Cuáles son las ventajas y desventajas de cada una?

5. ¿Qué les parece la idea de criar animales en la ciudad? ¿Conocen a alguien que críe gallinas en la ciudad ("gallinas urbanas")? ¿Tienen experiencia ustedes con las granjas? ¿Les gustaría vivir en una granja o criar gallinas en el jardín algún día? Expliquen.

6. A los vecinos les fascina "la leche ecológica" de Araceli y Enrique. ¿Qué piensan ustedes de las diversas razones por las cuales prefieren esa leche? ¿Han probado la leche sin pasteurizar ("la leche cruda")? En algunos estados de EE. UU. tampoco es legal vender ese tipo de leche, aunque puedes comprarla si eres dueño(a) o codueño(a) de la vaca. ¿Qué opinan de las leyes y de esta manera de evitarlas? ¿Cuáles son las leyes en su estado?

7. Izaskun y Mari Tere se aprovechan del guardia del estacionamiento. ¿Qué piensan de su falta de honradez? ¿Alguna vez han hecho ustedes algo semejante, o tienen amigos que lo hayan hecho?

8. ¿Qué debe hacer Raquel con respecto a la situación de Joaquín, devolverle el trabajo o despedirse de él para siempre? ¿Y qué recomiendan que haga Joaquín?

© Telecinco en colaboración con Alba Adriática

EXPANSIÓN

1. **Diario** Escribe la entrada del diario de uno de los personajes, describiendo los eventos del episodio desde su perspectiva. No incluyas el nombre del personaje, porque después leerás la entrada y tus compañeros de clase adivinarán el nombre del personaje que escogiste.

2. **Diálogo** Con unos(as) compañeros(as) de clase, van a escoger una escena de este episodio de *La que se avecina* para luego realizar una versión original de dicha escena. Escriban un guión nuevo y practiquen con accesorios *(props)*, elementos visuales, etc. Luego representarán su escena a la clase.

MEJOREMOS LA COMUNICACIÓN

Vocabulario confuso

To save and *to spend*

salvar	to save (from danger), rescue	Leí en el periódico que ayer un niño casi se ahogó en el lago. Por suerte, su madre lo vio y lo **salvó**.
guardar	to save (set aside for later, put away objects) to save (a document on a computer)	¡Ese pastel de chocolate que haces es tan delicioso! ¿Me puedes **guardar** un trocito, por favor, antes de que se acabe? Suelo **guardar** mis documentos a cada rato para que no desaparezcan si hay un apagón.
ahorrar	to save (money) to conserve (a resource)	Mi novio y yo estamos **ahorrando** un poco de nuestro sueldo cada mes para poder hacer un viaje al Caribe. Infórmense: hay muchas maneras de **ahorrar** agua con muy poco esfuerzo.
gastar	to spend (money, resources, etc.)	Uy, cuando voy de compras siempre **gasto** más de lo que debo.
pasar	to spend (time)	Lo siento. No puedo almorzar hoy porque voy a **pasar** el día con mi familia.

A. CITAS Escoge el vocabulario que mejor complete cada frase.

1. **AMADOR:** Mira, los tipos van a seguir subiendo. Y con el Ibex a estos niveles, yo con la renta variable digo: ¡Ssssch, eh, cuidado! Apuesta por los fondos mixtos, diversifica cartera, un poquito de renta fija...
   JAVI: No, si nosotros ahora con el piso, (**salvar / guardar / ahorrar**)...
   MAITE: Sí, me he lanzado y estoy escribiendo cuentos infantiles.

2. **VETERINARIO:** Básicamente lo que le pasa a esta vaca es que está estresada.
   DOÑA CHARO: Normal, ordeñándola este.
   VETERINARIO: ¿Ha estado sometida a alguna situación anormal o traumática?
   ARACELI: No. Ayer la (**salvamos / guardamos / ahorramos**) unas horas en el trastero pero vamos le dejamos la luz encendida.
   VETERINARIO: ¿Y para qué la meten en el trastero?

3. **SERGIO:** Sí, mamá me dijo: "Cómprale un piso a tu hermano, que le van a echar".
   JOAQUÍN: ¿A mí? ¡Pero si voy a ser vendedor del mes!
   SERGIO: Claro, porque le has vendido el ático a un tío importante como yo. Pero, pero si llevo (**salvándote / guardándote / ahorrándote**) la vida desde el colegio.

4. **JOAQUÍN:** Yo por lo menos quiero a mi familia, no como tú que estás (**salvando / guardando / ahorrando**) ya para el entierro de tu abuela.
   ERIC: No estoy (**salvando / guardando / ahorrando**), listo. Eso lo paga el seguro, creo.

5. CRIS: Y entonces llegué a la iglesia y Agus se estaba casando con la zorra esa. Y ahora están en Costa Rica de luna de miel. Vamos, psss, yo no, no les (**salvo / guardo / ahorro**) rencor ¿eh? Hombre, te digo una cosa, si viene un tiburón y le arranca las piernas, pues mejor, oye. Pero vamos, que yo… psss, sigo con mi vida, que… ¡Uf, qué calor, ¿no?!

6. ENRIQUE: Si hacía veinte años que no se hablaban *[doña Charo y su hermana]*.
ARACELI: Porque no querían (**gastar / pasar**) teléfono. Estoy llamando a la vecina, a ver qué me cuenta.

7. ANTONIO: No, esto, esto no va a quedar así, ¿eh? Nosotros no nos hemos (**gastado / pasado**) el dineral que nos hemos (**gastado / pasado**) en estos pisos para estar oliendo a mierda de vaca todo el día.

8. CRIS: Ya, pero es que yo ahora tengo la autoestima por los suelos, como el primer expulsado de "Operación Triunfo", igual.
SILVIO: Vamos a ver, mi niña, … sal, diviértete, que te (**gastas / pasas**) todo el día en casa, amargada, quejándote por los pelos que suelta Camilo…

9. VIGILANTE DE SEGURIDAD: ¿Tienen algún problema?
IZASKUN: La máquina, que se nos ha tragado todas las perras.
MARI TERE: Y no tenemos más. Nos hemos (**gastado / pasado**) la pensión en la compra.

10. SERGIO: Joaquín, a ver, te (**gastas / pasas**) el día arrastrándote por Internet, eres un baboso cibernético.

B. EL MEDIO AMBIENTE Ahora vas a usar el vocabulario confuso para hablar con unos(as) compañeros(as) sobre sus opiniones y prácticas con respecto al medio ambiente y para determinar quién es el (la) más ecológico(a) del grupo y cómo es de ecológico el grupo en total.

PASO 1: Conversen sobre las siguientes preguntas.

1. ¿Ahorras agua y energía...?
   - duchándote rápido
   - cerrando el grifo cuando te cepillas los dientes
   - lavando la ropa y los platos solo cuando la lavadora o el lavaplatos / lavavajillas están llenos
   - apagando siempre las luces al salir de un cuarto
   - usando lámparas compactas fluorescentes
   - usando electrodomésticos que ahorran energía
   - haciendo algo más

2. ¿Te importa ahorrar gasolina...?
   - caminando o andando en bicicleta
   - compartiendo el coche con alguien
   - usando el transporte público
   - usando un coche eléctrico o híbrido
   - comprando productos locales

3. ¿Estás dispuesto(a) a gastar más dinero para comprar...?
   - comida orgánica
   - productos de limpieza orgánicos
   - productos hechos a base de papel reciclado (papel higiénico, toallas, etc.)
   - bolsas de tela (en vez de usar las bolsas de plástico del supermercado)
   - algún otro producto que sea beneficioso para el medio ambiente

4. ¿Con qué frecuencia pasas tiempo...?
   - hablando con otros sobre la conservación del medio ambiente
   - leyendo artículos sobre el medio ambiente
   - limpiando basura que se ha tirado en la naturaleza (al lado de la calle, en el parque, bosque, etc.)
   - haciendo algo más para conservar el medio ambiente

5. ¿Te importa...?
   - salvar a los animales que están en peligro de extinción
   - guardar la comida que sobra para comerla en otra ocasión (en vez de tirarla a la basura)
   - guardar la basura orgánica en una pila para obtener abono orgánico (*compost*)
   - practicar el turismo "responsable", o sea, el ecoturismo

PASO 2: Basándose en la conversación que acaban de realizar, completen las siguientes frases.

1. El (La) estudiante más ecológico(a) del grupo es _____ porque _____

2. Usando una escala del 1 al 10 (1 = nada ecológico, 10 = extremadamente ecológico), nuestro grupo es _____ porque _____

PASO 3: Compartan sus conclusiones con la clase. ¿Quién es el (la) estudiante más ecológico(a) de la clase? ¿Y el grupo más ecológico?

Gramática
Práctica comunicativa con el imperfecto del subjuntivo

C. EN CONTEXTO Lee las siguientes citas, que son del episodio de este capítulo y del **Capítulo 5.** Luego llena los espacios con la forma verbal del **imperfecto del subjuntivo** que mejor complete cada frase y explica por qué se usa el subjuntivo en cada caso (duda, emoción, etc.).

1. —¡Y yo tengo que mandarle dinero a mi madre enferma y a mis tres hermanas. Una es madre soltera, la otra es coja y la tercera es una vaga!
   —No sabía que (tener) _____ tantas hermanas.

2. —No, no, no. Vamos a dejar las cosas claras: no me gustas y... y antes de que me (interrumpir) _____, te estaba dejando yo a ti.

3. —Convendría que (ser) _____ algo para lo que no (hacer) _____ falta estudiar... seis años.
   —¿Diputado? Sería bonito servir a mi país.

4. —Oye, que yo te dije que no tenías marcha, no que (llegar) _____ pedo a trabajar.

5. —Mira que te dije que nos (comprar: nosotros) _____ el ático.

6. —Contratamos a un sicario para que le (dar) _____ un susto al moroso, pero es que no da una. Ayer le pegó al señor Recio.

7. —Los Recio dijeron que les (mandar: nosotros) _____ a Álvaro a las diez en punto, que tiene natación.

8. —Contratamos a un individuo para que (obligar) _____ al moroso a pagar y se ha equivocado de vecino. Dos veces.

D. CONSEJOS PARA LOS PERSONAJES DE *LA QUE SE AVECINA*... ¿No quieres ayudar a los personajes de la serie? ¡Ya es hora! Imagina que eres el (la) psicólogo(a) de todos los personajes. ¿Qué les dirías? Completa las frases que siguen con tus consejos, utilizando el imperfecto del subjuntivo.

1. Recomendaría que Joaquín _____.

2. Le diría a Leo que _____.

3. Le aconsejaría a Cris que _____.

4. Sería mejor que Araceli y Enrique _____.

5. Prohibiría que Izaskun y Mari Tere _____.

6. Insistiría que los Recio _____.

7. Pediría que Javi _____.

8. No permitiría que Sergio _____.

E. EN LA ESCUELA SECUNDARIA Primero llena los espacios con información sobre tu vida durante la escuela secundaria, usando el imperfecto del subjuntivo. Luego comparte tus ideas con un(a) compañero(a) de clase. Después de leer cada frase, el (la) compañero(a) debe responder, explicando si él o ella ha tenido la misma experiencia.

Modelo: Est. 1: *Mis padres me prohibían que saliera con muchachos antes de cumplir 16 años.*

Est. 2: *¡Qué horrible! Mis padres dejaban que yo saliera con muchachos desde que cumplí 13 años.*

1. Mis padres prohibían que yo _____.

2. Yo dudaba que mis amigos _____.

3. Yo quería que mis amigos _____.

4. Yo me alegraba de que mi(s) hermano(s) _____.

5. Me llevaba bien con _____, a menos que _____.

6. No había nadie que _____.

7. Buscaba una universidad que _____.

8. Tenía miedo de que _____.

Pronunciación

v y z; la falta de los fonemas /v/ y /z/
La v

En español **no** existe un fonema /v/; tanto la letra **b** como la **v** corresponden al fonema /b/. En inglés, sin embargo, hay dos fonemas distintos: /b/ y /v/. Comparemos los dos idiomas.

	/b/	/v/
español	/b/ tiene dos realizaciones (alófonos) **según el contexto:** (1) [b] (**oclusivo,** bilabial, sonoro): en posición inicial absoluta (después de pausa) y después de **n** o **m: beso = [b]eso, un beso = un [b]eso, vaso = [b]aso, un vaso = un [b]aso, ambos = am[b]os, invento = in[b]ento**, etc. Al pronunciar este sonido, los labios se juntan (bilabial) e interrumpen la corriente de aire (o sea, producen una oclusión o parada completa de aire) y luego se separan permitiendo su salida. También, las cuerdas vocales vibran. (2) [β] (**fricativo,** bilabial, sonoro): en el resto de los contextos: **el beso = el [β]eso, el vaso = el [β]aso, bebé = [b]e[β]é, absoluto = a[β]soluto,** etc.	
inglés	Al no existir el alófono fricativo en inglés, se tiende a pronunciar la oclusiva en todos los contextos: *base = [b]ase, mob = mo[b], by = [b]y*, etc.	/v/ = fricativo, labiodental, sonoro: Se pronuncia acercándose los dientes superiores al labio inferior y las cuerdas vocales vibran: *vase = [v]ase, mauve = mau[v]e*, etc.

F. PRÁCTICA DE PRONUNCIACIÓN EN CLASE Escucha de nuevo la siguiente escena del episodio, prestando especial atención a la pronunciación de **b** y **v.** Luego lean el diálogo en grupos de cuatro, centrándose en pronunciar la oclusiva [b] y la fricativa [β] de manera correcta y evitando la pronunciación de la /v/ del inglés.

Pronunciation Audio

ENRIQUE	Es que no entiendo por qué tu madre no a**v**isa. Dos horas hemos estado esperándola en la estación.
ARACELI	Pues se ha**b**rá quedado en el pue**b**lo. Enrique, se le ha muerto su hermana; esta**b**a muy afectada, se querían muchísimo.
ENRIQUE	Si hacía **v**einte años que no se ha**b**la**b**an.
ARACELI	Porque no querían gastar teléfono. Estoy llamando a la **v**ecina, a **v**er qué me cuenta.
ENRIQUE	¿A cuál, a la de ciento dos años?
ARACELI	¡Justina! Soy Araceli, la niña de la Charo. ¿Tú sa**b**es, tú... eh... escucha: dónde está mi madre? ¿Eh? ¡Araceli, soy Ara...! Sí, muy **b**ien, muy **b**ien, estamos muy **b**ien. ¿Dónde está la Charo? No. Que dónde está.
ENRIQUE	Es como ha**b**lar con otra galaxia.
ARACELI	¿Eh? ¿Que la ha traído A**b**undio... en el camión? ¿Y por qué?

ENRIQUE:	¿Nos quiere explicar qué es esto?		
DOÑA CHARO:	Una **v**aca, unas gallinas y un cerdo.		
ENRIQUE:	Sí, hasta ahí llego. Pero, ¿qué hacen en nuestro jardín?		
DOÑA CHARO:	Hom**b**re, no los i**b**a a dejar solos en el pue**b**lo. ¿Quién **v**a a cuidarles ahora que no está mi hermana?		
FRAN:	Papá, yo creo que la a**b**uela no rige. Ha**b**ría que plantearse dejarla en manos de profesionales.		
ARACELI:	Mamá, ¡no los podemos tener aquí! ¡Esto es un piso!, no es *La casa de la pradera.*		

La **z**

En español **no** existe un fonema /z/. El sonido [z] (fricativo, alveolar, **sonoro**) solo aparece como alófono del fonema /s/ (fricativo, alveolar, sordo) en **un contexto fonético muy limitado. Se da** cuando justo después del fonema /s/ hay una consonante **sonora:** /s/ + **C sonora.** Lo que ocurre en este contexto es una asimilación de sonoridad por la cual la fricativa alveolar sorda /s/ se realiza **sonora** [z]:

Palabra	Representación fonética	Representación alofónica	Pronunciación
mismo	mi/s/mo (/s/ + **m,** una consonante sonora)	mi[z]mo	[z] es fricativo, alveolar, **sonoro:** se articula aproximando el ápice de la lengua a los alvéolos y dejando una pequeña abertura por la que sale el aire y **las cuerdas vocales vibran.**
desde	de/s/de (/s/ + **d,** una consonante sonora)	de[z]de	
Recuerden: /s/ + cualquier consonante **sonora** se realiza [z] + **C sonora: rasgo = ra[z]go, isla = i[z]la,** etc.			

En todos los demás contextos, el fonema /s/ se realiza sordo [s]:

Palabra	Representación fonética	Representación alofónica	Pronunciación
beso	be/s/o (/s/ + vocal)	be[s]o	[s] es fricativo, alveolar, **sordo:** se articula aproximando el ápice de la lengua a los alvéolos y dejando una pequeña abertura por la que sale el aire y **las cuerdas vocales no vibran.**
pasta	pa/s/ta (/s/ + **t,** una consonante sorda)	pa[s]ta	
tos	to/s/ (/s/ al final de una palabra)	to[s]	

Puesto que en inglés hay dos fonemas fricativos /s/ y /z/ (*sip* versus *zip*), un error común de los anglohablantes es generalizar el fonema /z/ del inglés en palabras españolas parecidas: *music* (inglés: *s* = /z/), **mú**s**ica** (**s** = /s/). Como vemos en este ejemplo, tal generalización del inglés resultaría en la pronunciación incorrecta en español: *mú[z]ica en vez de **mú[s]ica.** Para evitar este y otros posibles errores de pronunciación debido a la interferencia del inglés, es importante recordar que en español el fonema /s/ se asocia con más de una letra.

En Latinoamérica y partes de España (Andalucía y las Islas Canarias), las letras **s**, **c** (antes de **e** o de **i**) y **z** se corresponden con el fonema /s/ (fricativo, alveolar, sordo).

Fonema	Letras asociadas	Ejemplos	Pronunciación
/s/	**s**	**s**iesta	[s]iesta
	c antes de **e** o de **i**	**c**elos, **c**ielo	[s]elos, [s]ielo
	z	**z**apato	[s]apato

En el español del centro y del norte de España, la letra **s** se corresponde al fonema /s/ pero las letras **c** (antes de **e** o de **i**) y **z** se corresponden con el fonema /θ/ (fricativo, interdental, sordo). Para pronunciar [θ] la lengua se sitúa entre los dientes superiores e inferiores y **no** hay vibración de las cuerdas vocales.

Fonema	Letras asociadas	Ejemplos	Pronunciación
/s/	**s**	**s**iesta	[s]iesta
/θ/	**c** antes de **e** o de **i**	**c**elos, **c**ielo	[θ]elos, [θ]ielo
/θ/	**z**	**z**apato	[θ]apato

G. PRÁCTICA DE PRONUNCIACIÓN EN CLASE

PASO 1: Escucha de nuevo la siguiente escena del episodio, prestando especial atención a la pronunciación de **s, c** (antes de **e** o de **i**) y **z**. Puesto que la mayoría de los personajes de *La que se avecina* emplea una pronunciación castellana, antes de escuchar, indica qué letras corresponden al fonema /s/ y qué letras corresponden al fonema /θ/.

Pronunciation Audio

> **FRAN** A ver, que tengo informa**c**ión de Internet: Una vaca come treinta y **c**inco kilos de forraje al día y **s**e bebe **c**iento veinte litro**s** de agua. He hecho número**s** y **s**ale a **s**ei**sc**iento**s** euro**s** al me**s**.
>
> **ENRIQUE** Pero bueno, ¡e**s**o e**s** otra hipoteca!
>
> **FRAN** Ojo, **c**erdo y gallina**s** aparte.
>
> **DOÑA CHARO** E**s** que me han dicho que a Ninette hay que ordeñarla cada do**c**e hora**s**, por la**s** infec**c**ione**s**.
>
> **ARACELI** **S**í, mamá, pero ¿cómo vamo**s** a...? ¡Ay! Enrique, que hay que ordeñar a Ninette.
>
> **ENRIQUE** ¿Perdón?
>
> **DOÑA CHARO** A la vaca.
>
> **ARACELI** ¡Ay, otro huevo! E**s**ta noche tortilla para todo**s**.
>
> **ENRIQUE** Ordéñela u**s**ted, que e**s** la que ha montado e**s**te **z**oo.

PASO 2: Ahora, en grupos de cuatro, pronuncien la misma escena pero esta vez según la manera de hablar de las personas de Latinoamérica (y el sur de España), o sea, sin el fonema /θ/.

Estrategias conversacionales
Llamar la atención e interrumpir

Oye, ¡basta ya! ¡Tienes los dedos helados! Si no te pones los guantes la próxima vez, te doy una patada, ¿sabes?

© Cengage Learning 2014

Expresiones para llamar la atención e interrumpir	Ejemplos
oye (tú) / oiga(n) (usted(es)) / oíd (vosotros)	**Oye,** Sara, ¿ya has sacado la basura o quieres que lo haga yo?
mira (tú) / mire(n) (usted(es)) / mirad (vosotros)	**Mira,** mi amor, que no sé si puedo salir esta noche o no. Depende de cuándo termine de estudiar.
disculpa (tú) / disculpe(n) (usted(es)) / disculpad (vosotros)	**Disculpe,** señora, ¿pero no sabe qué hora es?
perdón / perdona (tú) / perdone(n) (usted(es)) / perdonad (vosotros)	**Perdone.** ¿Podría Ud. decirme dónde está la estación de buses?
¿sabes (tú) / sabe(n) (usted(es)) / sabéis (vosotros)	**¿Sabes?** Hoy es el Día de la Tierra y va a haber una feria en el centro.
fíjate (tú) / fíje(n)se (usted(es)) / fijaos (vosotros) que	**Fíjese** que no se puede entrar por esa puerta. La entrada está por el otro lado del edificio.
psss(t)	**Psss,** Sergio. ¿Puedes ayudarme a mover esta mesa?
eh	**Eh,** Natalia. ¿Cómo dijiste que se llama tu nuevo vecino?
¡(Basta) Ya!	**¡Ya!** ¡Que dejen de hablar del mismo rollo y vengan a ayudarme con esto!

H. ESCENAS Ahora lee las siguientes escenas del episodio de *La que se avecina* que viste para este capítulo. Subraya todas las expresiones que se usan para llamar la atención o interrumpir, y luego considera:

- ¿Cuál es el contexto de la escena? (por ejemplo, ¿Interrumpe alguien una conversación o solo llama la atención? ¿Por qué quiere llamar la atención y/o interrumpir?).

- ¿Es formal o informal el contexto? ¿Utiliza el personaje una expresión que refleja ese nivel de formalidad? Si no, ¿qué expresión sería más apropiada?

1. **JOAQUÍN:** Que... que... ¿que yo no tengo marcha? ¡Pues vamos a salir esta noche, hombre! ¡Vamos a ver quién aguanta más!
   ERIC: Me... ¿me prestas tu chupa de cuero?
   SERGIO: Oye, pe... pero, ¿tú qué te crees que es esto, un mercadillo o...?

2. **ANTONIO:** ¡Quietos, quietos! ¡Otra nota, otra nota! "Tiempo. Los grifos los abro igual...," ¡Ay, Dios! ¡Córtale el agua, córtale el agua!
   LEO: ¡No, esa llave la tiene Javi!
   BERTA: Mira que te dije que nos comprásemos el ático.
   ANTONIO: ¡Si no llegábamos!

3. **AMADOR:** Te vamos a ir quitando las ruedas de atrás ya, ¿eh Carlotita?
   CARLOTA: Vale papá.
   MAITE: Oye, Cuqui, hidrátate, que luego te mareas. Toma.
   LOLA: ¡Hola! Oye, ¿te... tenéis plan para esta noche?
   JAVI: Es que vamos a hacer una cena en casa para la gente joven del edificio. ¿Os apuntáis?

4. **LOLA:** ¿Cómo lo ves? Parece que se entienden, ¿no?
   JAVI: Si no me entero; estos dos no paran de hablar de niños.
   LOLA: Fíjate, yo creo que hay química.

5. **GOYA:** ¡Que no!, que yo estoy muy contenta con mi leche semidesnatada. No la cambio por nada.
   VICENTE: Pareces una maruja de anuncio. Anda, trae.
   GOYA: Vicente, ¿tú sabes lo que engorda eso?
   LOLA: Oye, pues está buenísima, ¿eh?

6. **COQUE:** Y aquí va un cinco.
   MAXI: ¿Tú no tenías que cortar el césped?
   IZASKUN: ¡Pssss, pssss! Michael Jackson, ¿nos enseñas a conducir en un momentito?

7. **AMADOR:** Mira, los tipos van a seguir subiendo. Y con el Ibex a estos niveles, yo con la renta variable digo: ¡Sssch, eh, cuidado! Apuesta por los fondos mixtos, diversifica cartera, un poquito de renta fija...
   JAVI: No, si nosotros ahora con el piso, ahorrar...

8. **LEO:** Bueno, luego te llamo.
   CRIS: Ah... el, el...
   LEO: Chao.
   SILVIO: ¡Te tiraste al vecino! Eso es comodísimo, porque lo tienes aquí al lado. ¡Oye ni...! ¡Oye, pero no me dejes así! ¡Dame detalles!

9. **DOÑA CHARO:** ¿Qué pasa?
   ARACELI: Mamá, voy a poner un candado en la cocina, no te digo más.
   FRAN: Mira, mira. Mira las que lleva ya.

10. JOAQUÍN: Te cuelgo, que tengo unos clientes. Buenos días. Bienvenidos a "Mirador de Montepinar". Permítanme guiarles en su visita a esta fantástica vivienda. Como pueden observar, salón a doble altura, con más de sesenta metros cuadrados de exclusivo jardín. La cocina la entregamos completamente equipada con jacuzzi, por supuesto, el frigorífico lo empotramos en todas las habitaciones...
RAQUEL: Joaquín, disculpen, ¿puedes venir un segundo a mi despacho?
JOAQUÍN: Sí. Un momento...

11. CRIS: Sí...
LEO: Eh, Cris, yo no meto lengua hasta que tú metas lengua. Prefiero que marques tú los tempos.
BERTA: ¡Psst, Leo! ¿Se puede saber qué haces con esa?
LEO: Estamos iniciando una relación.

© Telecinco en colaboración con Alba Adriática

12. RAQUEL: Bueno, esto es un documento de señal estándar; pagas seis mil euros ahora, noventa mil a la entrega de llaves y luego te subrogas a una hipoteca o...
SERGIO: Ya, ya, ya me conozco el proceso.

I. JUEGOS DE ROLES Trabajarán en grupos de tres para realizar los siguientes diálogos. Túrnense para que todos tengan la oportunidad de usar las expresiones para llamar la atención / interrumpir. Luego su profesor(a) pedirá que presenten un diálogo a la clase.

1. Dos amigos(as) hablan de lo que hicieron durante el fin de semana. Otro(a) amigo(a) llega y los interrumpe para decirles algo que le ha pasado.

2. Un(a) estudiante le habla a su profesor(a) sobre su nota. Otro(a) estudiante llega y los interrumpe para hacerle una pregunta al (a la) profesor(a).

3. Dos amigos están en un café hablando de sus planes para esa noche cuando ven entrar a otro(a) amigo(a). Le llaman la atención para que se siente con ellos.

4. Tres amigos(as) están estudiando para un examen. Uno(a) no deja de hablar de su novio(a). Los (Las) otros(as) interrumpen para decirle que deje de hablar tanto para que puedan estudiar.

CREATISTA/Shutterstock.com

5. Dos turistas están perdidos. Le llaman la atención a un(a) señor(a) mayor para pedir ayuda.

MÁS ALLÁ

LECTURA CULTURAL
La preocupación de los jóvenes por el medio ambiente

Antes de leer

A. ACTITUDES HACIA EL MEDIO AMBIENTE En el episodio de *La que se avecina* que viste en este capítulo, se menciona "la agricultura ecológica" como defensa del derecho de Araceli y Enrique de criar animales en su jardín. En esta sección vamos a tratar más a fondo el tema de la ecología y la conservación del medio ambiente, específicamente las actitudes de los jóvenes hacia este tema. A continuación vas a leer un artículo de Universia, un sitio web noticiero y universitario de Perú.

PASO 1: Antes de leer el artículo, haz predicciones sobre su contenido, considerando las siguientes preguntas.

1. La selección incluye los resultados de una encuesta de universitarios peruanos sobre el medio ambiente. Sin leer el artículo adivina el porcentaje de estudiantes que...

   - se describe como "bastante" o "demasiado" preocupado por el medio ambiente: _____%
   - se describe como "poco interesado en el tema": _____%
   - ha participado en un movimiento ambientalista: _____%
   - cree que su universidad se preocupa por el medio ambiente: _____%

2. ¿Cuáles son las medidas preferidas para conservar el medio ambiente? Adivina el orden de importancia (1–4) que les dieron los estudiantes encuestados a las siguientes prácticas:

   - _____ evitar el uso de aerosoles
   - _____ trasladarse en bicicleta para evitar una mayor combustión
   - _____ cerrar el caño (grifo / llave) mientras se jabonan o cepillan
   - _____ reciclar o separar los residuos orgánicos de los inorgánicos

3. Finalmente, según los estudiantes encuestados, ¿quiénes son los principales responsables por los problemas del medio ambiente? _____

PASO 2: Ojea las preguntas de comprensión que siguen a la lectura para ayudarte a comprenderla.

A leer

B. PROBLEMAS ECOLÓGICOS Ahora lee el artículo sobre los jóvenes y el medio ambiente.

Los jóvenes sí están preocupados por el medio ambiente

Cierran el caño[1], evitan el uso de aerosoles y hasta reciclan. La preocupación de los jóvenes por el medio ambiente los ha llevado a tomar como cotidianas este tipo de medidas. Así lo revela una reciente encuesta virtual (*) realizada del 18 al 23 de agosto por Universia, la red de universidades patrocinada por el Santander dentro de su programa de Responsabilidad Social Corporativa, a 462 jóvenes egresados universitarios, entre 22 y 35 años.

ED Bock/Shutterstock

Según el estudio, el 73% de los encuestados se describe "bastante" o "demasiado" preocupado por el medio ambiente, frente a un 24% "medianamente" preocupado y un 3% poco interesado en el tema. A pesar de que el balance es positivo, solo el 41% de los jóvenes indagados[2] declara haber participado de movimientos ambientalistas. ¿La razón? Un 79% de ellos dice que no ha tenido la oportunidad de contactar con alguno de estos grupos.

Mundos paralelos

Hay quienes se interesan y se involucran en grupos ambientalistas, hay quienes se interesan y adoptan buenas prácticas cotidianas; y —lamentablemente— hay también quienes no prestan atención al tema, o no saben de qué se trata.

La idea del problema no es clara para algunos jóvenes. Sin embargo, los esfuerzos de otros por preservar el ambiente parecen multiplicarse. Según indica la encuesta, las medidas preferidas para preservar el medio ambiente son:

- Cerrar el caño mientras se jabonan o cepillan, para no desperdiciar el agua (37%)
- Evitar el uso de aerosoles (27%)
- Reciclar o separar los residuos orgánicos de los inorgánicos (20%)
- Trasladarse en bicicleta para evitar una mayor combustión (11%)

Las buenas prácticas de los jóvenes no quedarían ahí. Entre otras medidas adoptadas para salvaguardar la salud del planeta, está el evitar sacar fotocopias en las universidades, no arrojar basura en la calle, desenchufar los aparatos eléctricos que no se utilizan y hasta preferir productos biodegradables.

Y... ¿cuánto pinta la universidad en este panorama?

En su rol de ente formador de ciudadanos responsables con su entorno[3], son muchas las iniciativas que han tomado las universidades. Para la mayoría de los jóvenes (55%) sus respectivas universidades sí están preocupadas por el medio ambiente. Incluso, un 57% de los encuestados asegura que en sus casas de estudios se brindan cursos que guardan relación o que tratan que crear consciencia sobre la importancia del cuidado del medio ambiente.

¿Mea culpa?

Finalmente, cuando se les pregunta a los jóvenes sobre quiénes creen que son los principales responsables del deterioro del planeta, la primera respuesta fue "las mismas personas" (32%), seguido por "las industrias" (27%) y "el parque automotor" (20%), entre otros.

Siendo que somos nosotros mismos los que —en un afán industrialista— nos olvidamos del cuidado de nuestro entorno, o los que contaminamos con nuestros autos y maquinarias; no cabe duda —también— que esté en nuestras manos tomar acciones concretas para salvar a nuestro planeta.

www.universia.edu.pe

[1]tubo por donde sale el agua, también conocido como grifo (España) y llave (Latinoamérica) [2]encuestados, preguntados [3]medio ambiente
(*) Este sondeo se trabajó con la plataforma de encuestafacil.com, empresa con la cual Universia tiene una alianza estratégica que permite a estudiantes, docentes e investigadores universitarios realizar encuestas por Internet en forma gratuita, cuando estas se utilicen sin fines comerciales.

Después de leer

C. ¿ADIVINASTE BIEN? Ahora compara tus respuestas de la actividad anterior con lo que aprendiste al leer la selección. Completa las siguientes frases.

1. El porcentaje de estudiantes que...
   - se describe como "bastante" o "demasiado" preocupado por el medio ambiente: _____%
   - se describe como "poco interesado en el tema": _____%
   - ha participado en un movimiento ambientalista: _____%
   - cree que su universidad se preocupa por el medio ambiente: _____%

2. El orden de las medidas preferidas para conservar el medio ambiente fue:
   - _____ evitar el uso de aerosoles
   - _____ trasladarse en bicicleta para evitar una mayor combustión
   - _____ cerrar el caño (grifo / llave) mientras se jabonan o cepillan
   - _____ reciclar o separar los residuos orgánicos de los inorgánicos

3. Según los estudiantes encuestados, los principales responsables de conservar el medio ambiente son:
   a. _____
   b. _____
   c. _____

D. VAMOS MÁS A FONDO Ahora compara tus actitudes y creencias con las de los estudiantes peruanos y con las de tus compañeros de clase, analizando de manera más profunda los temas tratados en la lectura.

1. ¿Te consideras bastante, demasiado, medianamente o poco preocupado(a) por el medio ambiente? Explica. ¿Cómo se comparan los estudiantes peruanos contigo y con tus compañeros de clase, y con los estudiantes universitarios de EE. UU. en general? Si encuentras diferencias entre las dos culturas, ¿a qué se deberán?

2. ¿Has participado en un grupo o movimiento ambientalista? ¿Por qué sí o no?

3. ¿Se preocupa tu universidad por cuidar el medio ambiente? ¿Qué hace? Explica tu respuesta. ¿Qué otras medidas ambientalistas se podrían tomar?

4. En tu opinión, ¿quiénes son los principales responsables del deterioro del planeta? ¿Por qué? Compara tus opiniones con las de tus compañeros de clase y con las de los estudiantes peruanos.

PardoY/Shutterstock.com

EXTENSIÓN
VOCES DE LATINOAMÉRICA

Video

La agricultura sostenible y el medio ambiente

E. OTRAS OPINIONES

PASO 1: Ahora mira los videos del sitio web de *Relaciónate* para aprender más sobre el concepto de la seguridad desde la perspectiva de gente de varios países latinoamericanos. Luego completa las actividades que siguen.

PASO 2: Copia la siguiente tabla y llénala con la información que dan los hablantes. Luego contesta las preguntas que siguen.

Nombre y país de origen	Problemas medioambientales de su país	Cómo cuida él (ella) el medio ambiente

1. ¿Notas algunas semejanzas entre lo que dijeron varios de los hablantes sobre los problemas medioambientales de sus países? ¿Y diferencias? ¿Cómo se comparan los problemas que mencionaron ellos con los problemas de EE. UU.? Si hay diferencias, ¿por qué será?

2. ¿Te parecen ecológicos los hablantes? ¿Te sorprendió algo de lo que dijeron? Explica.

3. Si pudieras hacerle una pregunta a una de las personas, ¿cuál sería?

F. TU PROPIO VIDEO Ahora graba tú un video sobre la agricultura sostenible y el medio ambiente, usando los videos de "Voces de Latinoamérica" como modelo. Tu video debe durar solo 2–3 minutos y debe incluir lo siguiente:

1. ¿Cuáles son los problemas medioambientales más graves a que se enfrenta EE. UU.?

2. ¿Te importa mucho cuidar el medio ambiente? ¿Qué haces para conservar la naturaleza? ¿Cómo te compararías con la mayoría de los estadounidenses en cuanto a este tema?

3. ¿Qué sabes de la agricultura sostenible? ¿Es un tema muy discutido en tu comunidad? ¿Intentas comprar comida "ecológica"? Explica.

GRABACIÓN

GLOSARIO

VOCABULARIO

Para ver otra vez la lista de abreviaturas, ve a la página 26 del **Capítulo 1.**

aguantar (tr.)	soportar o tolerar cosas desagradables o que requieren esfuerzo o resistencia: *Mi hermana no aguanta bien el estrés.* También (intr.): *¡Cómo aguanta María! Lleva más de 5 horas estudiando sin parar. Esta mañana no pude arrancar mi coche; qué rabia porque la batería solo aguantó un año.*
amargado(a) (adj.; U. t. c. s.)	se dice de una persona que guarda resentimientos a causa de haber sufrido fracasos, disgustos, frustraciones, etc: *Sé que la ruptura con tu novio fue muy dura para ti, pero, por favor, deja de estar tan amargada ya.*
apuro (m.) (estar en apuros)	situación difícil; conflicto: *Necesito ayuda por favor, estoy en un apuro. Estamos en apuros económicos ahora mismo y necesitamos reducir gastos sea como sea.*
arrancar (tr., intr.)	(tr.) separar violentamente una cosa del lugar al que está sujeta o del que forma parte: *El niño arrancó la manzana del árbol.* (intr.) iniciar el funcionamiento de una máquina o vehículo: *El coche ya ha arrancado.* También (tr.): *Luis está aprendiendo a conducir y a veces no consigue arrancar el coche a la primera.*
bautizo (m.)	ceremonia y fiesta durante la cual se administra el sacramento del bautismo para darle la bienvenida a alguien, con frecuencia un bebé, a la iglesia: *Este sábado ya tengo planes; voy al bautizo de mi sobrino.*
candado (m.)	cerradura suelta dentro de una caja de metal por la que sale un gancho o armella que se utiliza para asegurar puertas, ventanas, maletas u otros objetos con tapa: *Puesto que en los aeropuertos revisan todas las maletas facturadas, ya no cierro el equipaje con candado.*
chiringuito (m.)	(Esp.) quiosco o puesto de bebidas y comidas al aire libre: *En este chiringuito de playa se venden bebidas, helados, perritos calientes y hamburguesas.*
cita (f.) a ciegas	cita durante la cual se encuentran por primera vez dos personas desconocidas: *Me niego a ir a una cita a ciegas porque puede ser una situación muy incómoda si no hay química o si no tenemos de qué hablar.*
desvelar(se) (tr., prnl.)	quitar, impedir el sueño o no permitir dormir: *Solo bebo café descafeinado a partir del mediodía porque la cafeína me desvela. Si algo me despierta casi siempre me desvelo y tardo bastante en volver a dormirme.*
dispararse (prnl.)	crecer o incrementarse excesivamente y con rapidez: *Se ha disparado la violencia en la frontera debido al tráfico de drogas.*
espantarse (prnl.)	sentir miedo o espanto (terror), asustarse: *No me gustan las películas de terror porque me espanto con demasiada facilidad.*
estallar (intr.)	dicho de una persona que siente y manifiesta de repente e intensa o violentamente un sentimiento como ira, alegría u otro estado de ánimo: *Ya no pudo controlar su rabia y estalló en insultos.*
estancar (tr.; adj.) (estancado/a)	suspender o detener la evolución de un asunto, proceso, negocio, etc.: *Actualmente Lucía vive estancada entre un matrimonio que ya no funciona y un trabajo que detesta.*

goloso(a) (adj.)	(Esp.) muy deseable, gustoso o codiciable: *Por su ubicación en pleno centro de la ciudad, es un piso muy goloso.*
grosero(a) (adj.; U. t. c. s.)	dicho de una persona descortés y sin educación: *Tu padre te hizo una pregunta. Contéstale; no seas grosero.*
guión (m.)	texto por el cual se expone el contenido (diálogos, distribución por escenas, elementos musicales, indicaciones técnicas, etc.) necesario para la realización de un filme o de un programa de radio o televisión: *Les acaban de enviar el guión a los actores y tendrán una semana para leerlo y memorizar sus diálogos.*
imprescindible (adj.)	dicho de una persona o de una cosa indispensable o esencial, o sea, de lo que no se puede prescindir: *Cuando se entra al coche, es imprescindible ponerse el cinturón de seguridad.*
mechero (m.)	(Esp.) aparato de bolsillo típicamente de gas que sirve para prender algo; en Latinoamérica se usa la palabra "encendedor": *Sé que no ha dejado de fumar porque sigue llevando ese mechero azul en el bolso.*
mote (m.)	sobrenombre que se le da a una persona especialmente por alguna característica peculiar suya: *Se llama Manuel, pero todos sus amigos y familiares le llaman por el mote "el Pescadero".*
ordeñar (tr.)	extraer la leche de un animal hembra exprimiendo la ubre: *¿Alguna vez has ordeñado una vaca?*
parado(a) (adj.; U. t. c. s.)	dicho de una persona que no tiene trabajo: *Debido a la crisis económica, el número de parados subió el mes pasado.*
rencor (m.)	sentimiento de odio o antipatía hacia alguien por alguna razón determinada: *A pesar del daño que me hizo, no le guardo rencor.*
rentable (adj.)	que merece la pena, pues produce ganancias o beneficio suficiente: *Acaban de publicar un artículo sobre los negocios más rentables del año.*
repente (m.)	impulso rápido e inesperado que mueve a hacer o decir algo: *Al jefe le dio un repente y empezó a gritar como un loco.*
ronchón (m.)	bulto pequeño y enrojecido que se forma en la piel: *Como es alérgico a las picaduras de mosquitos, le salieron ronchones en todo el brazo.*
salpicadero (m.)	(Esp.) en los automóviles el panel con el tablero de manos e indicadores situado enfrente de los asientos delanteros; en Latinoamérica se usa la palabra **tablero:** *El coche viene equipado con un sistema de navegación integrado en el salpicadero / tablero.*
semáforo (m.)	dispositivo con luces amarillas, verdes y rojas que se usa para regular la circulación: *Acaban de instalar un semáforo nuevo y los conductores todavía se están acostumbrando.*
socorrista (com.)	(Esp.) persona entrenada para ayudar a otras accidentadas o en peligro, especialmente en el agua; en Latinoamérica se usa **salvavidas** o **guardavidas:** *Este verano voy a trabajar de socorrista en la piscina de mi pueblo.*
tierno(a) (adj.)	afectuoso, dulce, cariñoso, etc.: *El niño le dio al bebé un tierno beso en la mejilla.*
título (m.)	profesión, preparación o grado que una persona tiene tras realizar los estudios y exámenes necesarios; el documento que acredita a esta persona: *Después de cuatro años de estudio, mi hermano sacó su título en educación infantil.*
vago(a) (adj.; U. t. c. s.)	dicho de una persona holgazana, perezosa o poco trabajadora: *No seas tan vago, ayúdame a recoger y limpiar los platos.*

velada (f.)	reunión nocturna de varias personas para distraerse o divertirse: *Anoche me junté con mis antiguas compañeras de piso de la universidad y tuvimos una velada fenomenal.*
zambullida (f.)	acción y efecto de zambullir o zambullirse, o sea, meterse debajo del agua de golpe: *Son impresionantes las zambullidas de los clavadistas desde los acantilados de Acapulco.*

AQUÍ SE HABLA ASÍ

Para ver otra vez la lista de abreviaturas, ve a la página 26 del **Capítulo 1.**

a mi / tu / su / etc. aire (loc. adv., col.)	con estilo propio: *Un grupo de mi universidad va a visitar Londres este verano, pero no voy porque prefiero viajar a mi aire.*
apañarse (prnl., col.)	(Esp.) darse maña para hacer, arreglar o resolver algo: *Ana gana poco, pero se las apaña para pagar todas las cuentas y ahorrar algo para sus vacaciones.*
hacer la cacha	(El Sal.)
llevarla	(Méx.)
baboso (m., col.)	un hombre que adula a las mujeres y cuyo fin principal es acostarse con ellas: *No puedo más con el amigo de tu hermano. No ha dejado de insinuarse toda la noche. ¡Menudo baboso!*
bocazas (m., f., col.)	(Esp.) alguien que habla demasiado e indiscretamente: *Esa Maite es una bocazas. No le voy a volver a decir ningún secreto.*
bocón	(Col.)
pajúo(a) / salido(a)	(Ven.)
tapudo(a) / zafado(a)	(Hon., Nic.)
buscarse la vida (prnl., col.)	resolver uno los problemas por su cuenta: *Búscate la vida ya, hombre, que no te voy ayudar de nuevo.*
chanchullo (m., col.)	manejo ilícito, fraude: *Esos dos, con sus chanchullos, un día de estos van a acabar en la cárcel.*
chivatazo (m., col.)	(Esp.) aviso que se le da a una persona que está cometiendo un acto ilegal: *Había varios vendedores en la plaza con su mercancía ilegal y alguien les dio un chivatazo para que se fueran antes de que viniera la policía.*
chollo (m., col.)	(Esp.) trabajo o situación que da gran beneficio por poco esfuerzo: *Tengo que encontrar un chollo de puesto como el tuyo. ¿No te sientes culpable cuando te pagan?*
corbata / ganga	(Col.)
cochino(a) (adj., col.)	malo, asqueroso, sucio: *Quiero deshacerme del cochino de mi compañero de cuarto. Nunca se ducha.*
dar / meter caña (loc., col.)	(Esp.) provocar o criticar a alguien: *Mi mamá nunca deja de meterme caña cuando hablamos por teléfono. ¡Ya no la voy a llamar!* aumentar la velocidad o la intensidad de algo: *¡Dale caña, Sergio! ¡Que nos van a alcanzar!*
despendolarse (prnl., col.)	(Esp.) desmadrarse, divertirse de manera alocada: *Vamos a llevar a Rebeca a la fiesta esta noche para que se despendole de una vez. Está tan tensa últimamente que nunca se divierte.*

estar colado(a) por alguien (loc., col.)	(Esp.) estar muy enamorado: *¡Germán está colado por Maribel! Ya verás que pronto se casan.*
agarrado(a)	(Chl.)
camote	(Bol., Ec.)
enchulao	(P.R.)
encamotado(a)	(Ec., Méx.)
encampanado(a)	(Guat.)
metejoneado(a)	(Arg., Ur.)
pepeado(a)	(C.R.)
tragado(a)	(Col., Ec.)
estar liado(a) (loc., col.)	tener una relación sexual y/o amorosa: *Se nota mucho que esos dos están liados.*
(estar) por los suelos (loc., col.)	tener el ánimo decaído, deprimido: *¿Has visto a David? Desde que perdió su trabajo está por los suelos. Debemos invitarlo a cenar.*
fetén (adj., col.)	(Esp.) maravilloso, estupendo, excelente: *¡La fiesta que diste estuvo fetén! ¿Cuándo vas a dar otra?*
a toda madre / chido(a)	(Méx.)
a todo dar	(Méx., Nic.)
bacán	(Chl., Ec., Pe.)
bárbaro(a)	(Arg., Pe., Ur.)
brutal / demasiao	(P.R.)
chivo(a)	(C.R.)
de la madona	(Col.)
mundial	(Ec.)
salvaje	(Nic.)
hacer bulto (loc., col.)	asistir a una reunión o a otro evento solo para que parezca más concurrido: *Ven conmigo a la manifestación esta tarde, porfa. Es necesario hacer bulto para que nos presten atención.*
no dar un palo al agua (loc., col.)	(Esp.) haraganear, vaguear, no esforzarse en el trabajo: *¿Has visto cómo esa Valeria no da un palo al agua? La van a despedir pronto.*
pasar de alguien (loc., col.)	(Esp.) ignorar: *Siempre pasas de Pablo, pero él sigue intentando llamar tu atención. No seas cruel. ¡Si no quieres salir con él, díselo!*
chifear	(Pan.)
chotear	(Pe.)
cortar la cara / pasarse por la galleta	(Col.)
dar (el) avión / tirar a lucas	(Méx).
pelota (m., f., col.)	(Esp.) persona aduladora y servil: *¡Qué pelota es Silvia! Es tan obvio que no es sincera.*
alcahuete	(Arg., Ur.)
perra (f., col.)	(Esp.) moneda: *No metas ninguna perra en esa máquina, que está rota.*
chirola	(Arg.)
ficha	(Guat., El Sal., Pe.)
petardo(a) (m., f., col.)	(Esp.) persona o cosa fea, aburrida o pesada: *El nuevo novio de Cristina es un petardo. Ojalá que no lo lleve a la fiesta esta noche.*
astilla	(Méx.) (solo se usa para una persona)
bostezo	(C.R.) (solo se usa para una persona)
jartera / mamera	(Col.) (solo se usan para cosas)
plomo	(Arg., Ur.) (solo se usa para una persona)

pillarle el toro a alguien (loc., col.)	no lograr hacer algo a tiempo o encontrarse desprevenido en una determinada situación: *Tío, como no estudies un poquito cada día, te va a pillar el toro en los exámenes.*
¿Cuánto te (le, etc.) pongo? (Ponme (le, etc.) (un kilo de...) (expr. col.)	se usa para preguntar / decir la cantidad que se quiere comprar: *—¿Cuánta carne te pongo? —Pues, ponme medio kilo, por favor, y también ponme... cinco tomates.*
ponerle (servirle) algo a alguien en bandeja (loc., col.)	hacer que sea fácil para que alguien consiga algo: *¡Qué suerte tienes! A mí se me hizo muy difícil encontrar empleo, pero a ti te lo han puesto en bandeja.*
restregar (por la cara, por las narices) (loc., col.)	presumir ante alguien de algo que tienes y de lo que él / ella carece: *No me lo restriegues por la cara, que ya sé que mi coche es una porquería.*
rollo (m., col.)	(Esp.) asunto o tema que aburre: *Ya me está cansando el rollo ese de que debemos comprar productos ecológicos.* También conversación larga y aburrida: *Corta el rollo, tío, que ya te dije que no me interesa.*

ESCRITURA

EXPONER UN PRODUCTO NUEVO Y ECOLÓGICO

Vas a escribir una exposición sobre un nuevo producto ecológico que te gustaría inventar (o reinventar, si prefieres hacer un producto popular más ecológico).

Si necesitas saber más sobre los productos ecológicos o "verdes", haz una investigación para aprender más sobre ellos.

PRIMER PASO: GENERACIÓN DE IDEAS Y SU ORGANIZACIÓN

1. Piensa en tu producto y contesta estas preguntas: ¿Cuál es el producto? ¿Qué hace? ¿Cómo se llama? ¿Cuesta mucho o poco dinero? ¿Para quién es este producto? ¿Por qué creen que la gente compraría —o debería comprar— este producto? ¿Por qué se considera ecológico este producto?

2. Piensa en cómo vas a presentar toda la información sobre tu producto para que la exposición sea **clara, sencilla** y **organizada.** También, recuerda ser objetivo(a) y emplear un tono apropiado para el público objetivo. ¿Qué cosas se deben mencionar en la exposición? ¿Qué información es importante?

3. Organiza tus ideas en un esbozo. Usa el siguiente esquema para ayudarte.

   - Presentar el producto, despertar el interés del público y explicar qué es el producto
   - Desarrollar tu explicación
     - Exponer toda la información sobre el producto despacio y con claridad
     - Concluir al reiterar tu opinión sobre el tema
   - Concluir con un resumen de las ideas más importantes e incluir una conclusión final

SEGUNDO PASO: REDACCIÓN

Ahora, escribe el **borrador preliminar** de la exposición de **400–450** palabras en el cual expondrás y harás público tu producto nuevo y ecológico. Recuerda que al escribir dentro de ciertos límites, **cada palabra cuenta.**

TERCER PASO: REVISIÓN Y PREPARACIÓN DEL SEGUNDO BORRADOR CORREGIDO

Lee tu borrador preliminar de la exposición y evalúa las ideas y el impacto general. Anota secciones que deben ampliarse o reducirse, descripciones que deben refinarse y explicaciones que necesitan más claridad. Luego, léelo de nuevo con un ojo crítico respecto al **contenido, organización** y **vocabulario / gramática.** Mientras estés revisando, escribe anotaciones y correcciones a mano **directamente** en el borrador preliminar. Luego escribe a máquina las revisiones y correcciones que anotaste para poder preparar el segundo borrador corregido. Lleva este borrador a clase para hacer el siguiente paso.

A continuación tienes una lista de verificación para consultar mientras revisas tu borrador preliminar.

Contenido y tono

☐ ¿Hay suficiente información para presentar y luego exponer el producto?

☐ ¿Se incluye suficiente información sobre el propósito del producto, el público a quien va dirigido, el precio y por qué alguien debería comprarlo?

☐ ¿Se emplea un tono apropiado para el público al que va dirigido? ¿Se evita el lenguaje ofensivo?

Organización

☐ ¿Hay una secuencia lógica: introducción, desarrollo y conclusión?

☐ ¿Hay palabras de enlace?

☐ ¿Es eficaz la división y organización de ideas en párrafos? ¿Hay párrafos que deban dividirse o reorganizarse?

Vocabulario / Gramática

☐ ¿He utilizado un vocabulario variado y descriptivo y he evitado palabras básicas?

☐ ¿He empleado una variedad de expresiones para expresar mi acuerdo o desacuerdo?

☐ ¿Hay concordancia entre los sustantivos y sus modificadores (fem./masc./sing./pl.)?

☐ ¿Hay concordancia entre los verbos y los sujetos?

☐ ¿He usado correctamente las estructuras estudiadas en los **Capítulos 1–6**?

☐ ¿He revisado la ortografía y la puntuación?

CUARTO PASO: REVISIÓN EN COLABORACIÓN

Intercambia tu segundo borrador corregido con el de otro(a) estudiante y utiliza la hoja que te ha dado tu profesor(a) para ayudar a tu compañero(a) a mejorar su exposición. Él (Ella) hará lo mismo con la tuya.

QUINTO PASO: PREPARACIÓN DE LA PRIMERA VERSIÓN

Primero, lee con cuidado los comentarios y sugerencias de tu compañero(a) de clase en la hoja de revisión en colaboración. Después, repite el **Tercer paso** con la lista de verificación que utilizaste para preparar el segundo borrador corregido. Finalmente, escribe una nueva versión de tu exposición que incorpore las correcciones y los cambios necesarios. Entrégale a tu profesor(a) los siguientes documentos, electrónicamente o una copia impresa, según las instrucciones de tu profesor(a), en este orden: primera versión, hoja para la revisión en colaboración, segundo borrador corregido, borrador preliminar.

Tu profesor(a) te dará sus comentarios sobre tu primera versión. Úsalos para revisar esta versión otra vez y después entregársela a tu profesor(a).

CAPÍTULO 7

El papel de los fármacos en la sociedad

En este capítulo verán el episodio de *La que se avecina* llamado "Mentiras, antidepresivos y una nevera de Troya".

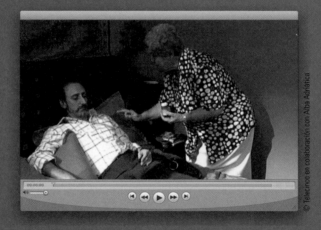

© Telecinco en colaboración con Alba Adriática

VOCABULARIO CONFUSO
desde (que), desde hace, puesto que / ya que / como, porque

GRAMÁTICA
El condicional y las cláusulas con **si**

PRONUNCIACIÓN
La acentuación

ESTRATEGIAS CONVERSACIONALES
Tranquilizar

LECTURA CULTURAL
El riesgo de jugar a médicos

VOCES DE LATINOAMÉRICA
Los fármacos y la medicina natural

© Ken Welsh / Alamy

PREPARACIÓN

Práctica de vocabulario

Antes de hacer las actividades de esta sección, repasa la lista de palabras nuevas y sus definiciones en el **Glosario** de las páginas 193–194.

A. RECAPITULACIÓN Y PREDICCIONES El siguiente texto incluye una recapitulación de algunos de los momentos más destacados del último episodio junto con preguntas sobre qué va a pasar en el siguiente episodio que vas a ver en este capítulo.

PASO 1: Completa los espacios en blanco con el vocabulario nuevo que se presenta a continuación. No olvides poner la forma correcta de la palabra según el contexto (de persona para los verbos y de número / género para los sustantivos y adjetivos).

anfitrión	desalojo	encerrar	pastilla
deprimido	desistir	encubrir	prospecto
derrama	desplomarse	fármaco	recetar

"Mentiras, antidepresivos y una nevera de Troya", el título del siguiente episodio que vamos a ver, de nuevo nos indica que los vecinos volverán a meterse en líos. Empecemos con las mentiras… ¿Quién le mentirá a quién? ¿Se tratará de una mentira piadosa (*white lie*) o de algo más grave? ¿Por qué **1.** _____ el secreto Cris y qué consecuencias tendrá para ella y los demás vecinos involucrados?

    ¿Y los antidepresivos? Pues, en este episodio Enrique **2.** _____ emocionalmente sin saber precisamente la causa. Será doña Charo la que se encargará de animar a su yerno **3.** _____ al darle una **4.** _____ antidepresiva. Tanto recuperará Enrique la energía y el buen humor que decidirá hacer una barbacoa e invitar a todos los vecinos. ¿Aceptarán la invitación los Recio? ¿Por fin harán las paces con Enrique y Araceli, los amables **5.** _____ de la barbacoa que no los excluyen a pesar de sus frecuentes diferencias en el pasado? ¿O seguirá la mala uva (*bad blood*) entre ellos? Y doña Charo se quedará tan satisfecha consigo misma cuando parece que a Enrique le va de maravilla el **6.** _____ que lo empezará a **7.** _____ a otros vecinos… ¡como si fuera médica! ¡Vaya cara que tiene la mujer!, ¿no? ¿Quiénes serán tan imprudentes de aceptar y tomar las pastillas de una abuela convertida en médica, y sin leer el **8.** _____? ¿Y qué les pasará?

    Todos conocemos el famoso caballo de Troya pero no la "nevera de Troya". ¿Quién se meterá dentro de la nevera y para qué? Como es de esperar, el plan no saldrá como habían previsto y la nevera se acabará perdiendo cuando todavía está alguien dentro. ¿Adónde acabará la nevera y qué le pasará a la desdichada persona que permitió que Eric y Raquel lo **9.** _____ dentro?

Aparte de estas historias anunciadas en el título mismo del episodio, se podrá añadir las siguientes: más desperfectos y accidentes. Y mientras Mari Tere e Izaskun no 10. _____ de luchar y de hacer todo lo posible para evitar su 11. _____, otros vecinos descubrirán más desperfectos, como la piscina comunitaria que pierde agua y una gotera que les sale a Cris y Silvio en el techo de la cocina. ¿Qué harán los vecinos cuando tengan que elegir entre pagar una 12. _____ para arreglar la piscina o pasar un caluroso verano madrileño sin poder darse un baño en la piscina? Y por último, aparte del sufrimiento de la persona que está dentro de la nevera, ¡otro vecino se golpeará, por andar deprisa, contra una puerta corredera de vidrio y un obrero que está trabajando en la segunda fase de pisos se caerá desde un tercer piso! ¡Qué dolor!

PASO 2: Ahora compara tus respuestas con las de un(a) compañero(a) y luego contesten las preguntas que se incluyen en el texto del **Paso 1.** ¿Tienen predicciones y opiniones parecidas sobre lo que van a ver?

B. ASOCIACIONES

PASO 1: Decide cuál de las palabras de cada grupo **no** se asocia con la palabra indicada.

1. medicamento
   - **a.** fármaco
   - **b.** fritanga
   - **c.** recetar
   - **d.** prospecto

2. mal estado de ánimo
   - **a.** desazón
   - **b.** deprimido
   - **c.** derrama
   - **d.** desplomarse

3. la justicia
   - **a.** presupuesto
   - **b.** juez
   - **c.** desalojo
   - **d.** juicio

4. acción negativa
   - **a.** desistir
   - **b.** encubrir
   - **c.** emprender
   - **d.** resentirse

PASO 2: Para cada pareja, indica si la palabra de vocabulario (en **negrita**) es sinónimo (**S**) o antónimo (**A**) de la otra palabra dada.

_____ 5. **atrincherarse** / descubrirse

_____ 6. **pastilla** / píldora

_____ 7. **adosado** / casa independiente

_____ 8. **empeño** / desinterés

_____ 9. **avería** / arreglo

_____ 10. **nevera** / frigorífico

_____ 11. **vergüenza** / atrevimiento

Aquí se habla así

C. SITUACIONES Lee las siguientes situaciones, y emplea el vocabulario citado para responder. Si prefieres, puedes usar los equivalentes latinoamericanos para el vocabulario peninsular.

1. Tu novio(a) parece estar muy triste últimamente. Utiliza las palabras **bajón, a que sí** y **chato(a)** para hablar con él (ella).

2. Tu compañero(a) de cuarto se ha puesto muy enojado(a) porque se rompió el sofá nuevo. Tranquilízalo(la) usando **armatoste, berrinche** y **chapuza.**

3. Tu amigo(a) te pregunta si te gusta su anillo nuevo. Utiliza las frases **monada** y **quedarse ancho** para responderle.

4. Tu hermano(a) menor te pide que le ayudes con su tarea. Ha sacado una F en una asignación, y tiene que volver a hacerla para mejorar su nota. Dile que no (porque no se permite recibir ayuda) utilizando **qué va, menos mal** y **poner tibio(a).**

5. Un(a) colega de trabajo ha dejado de fumar y siempre está de muy mal humor. Háblale utilizando **mono** y **palmar.**

6. Un(a) amigo(a) te pregunta si crees que su novio(a) le está poniendo los cuernos con otro(a). Utiliza las siguientes expresiones para contestar: **yo qué sé** y **una canita al aire.**

7. Estás hablando con tu mejor amigo(a) sobre sus clases cuando de repente él (ella) admite que ha tenido **un rollete** con otro(a) amigo(a) suyo(a). Reacciona utilizando: **qué va, no venir a cuento** y **majo(a).**

wavebreakmedia/Shutterstock.com

D. UN DIÁLOGO En grupos pequeños, escriban un diálogo original, incorporando por lo menos seis expresiones de la sección de vocabulario **Aquí se habla así.** Luego van a representar el diálogo para sus compañeros de clase. Consideraciones:

- La situación debe ser **informal,** ya que el vocabulario es coloquial.
- Para las expresiones que tienen variación dialectal, decidan si van a usar las variantes de España o las de una región latinoamericana. Deben ser consistentes con el dialecto que escojan.

A VER EL VIDEO

🌐 INFORMACIÓN DE FONDO: CULTURA
URLs

El sitio web de *Relaciónate* tiene unos enlaces y términos de búsqueda para ayudarte a empezar. Si tienes amigos hispanos, también puedes entrevistarlos para aprender más sobre algunos de los temas.

Busca información sobre los siguientes temas como preparación para ver el próximo episodio de *La que se avecina*. Compartirás la información que encuentres con tus compañeros de clase.

- A continuación hay un diálogo durante el cual los vecinos expresan opiniones opuestas sobre la función del gobierno español. Mientras Mari Tere e Izaskun están a favor del socialismo y del derecho de todo ciudadano a tener una vivienda digna, Berta y Antonio las llaman anarquistas y muestran su fuerte apoyo a la monarquía española.

  MARI TERE: ¡Nosotras luchamos por el fin de la especulación urbanística!

  IZASKUN: ¡Abajo el capitalismo! ¡Revolución en cada barrio!

  BERTA: ¡Inadaptadas! ¡Anarquistas!

  ANTONIO: ¡Viva el rey y viva España! ¡Hombre!

  ¿Qué sabes de los partidos políticos españoles actuales, por ejemplo, el Partido Socialista Obrero Español (PSOE) y el Partido Popular (PP), y el papel de la monarquía en España? ¿Cómo se comparan estos partidos políticos con los que hay en EE. UU. y en los países de América Latina?

- Enrique y Araceli hacen una barbacoa en este episodio. ¿Cuáles son los alimentos más comunes para las barbacoas en España, en América Latina y en EE. UU.? ¿Tienen algo en común los diferentes platos? ¿Cuáles te gustaría probar?

- Vas a ver que Lola se quita la camisa para tomar el sol en su patio. ¿Es común hacer *topless* en España? ¿Y en América Latina? Las partes del cuerpo que se consideran "sexys" o que son tabú varían en diferentes partes del mundo. En América Latina, por ejemplo, las piernas de las mujeres se consideran muy sexys y como consecuencia, llevar pantalones cortos si no estás en la playa se puede ver como arriesgado en algunas regiones. ¿A qué se deben estas diferencias?

- Como ya sabes, Mari Tere e Izaskun son "okupas" del piso piloto. ¿Qué es el movimiento para proteger los derechos de los okupas? ¿Existen okupas en otras partes del mundo?

© Kamira/Shutterstock.com

Charlemos un poco antes de ver

A. NUESTRAS OPINIONES Habla con tus compañeros de clase sobre las preguntas que siguen, las cuales los ayudarán a prepararse para ver este episodio de *La que se avecina*. Es posible que tu profesor(a) también te asigne uno de los temas para escribir en tu diario de clase.

1. ¿Sufres de claustrofobia? ¿Cómo reaccionarías si estuvieras atrapado(a) en un espacio pequeño? ¿Alguna vez te ha pasado?

© Telecinco en colaboración con Alba Adriática

2. ¿Cuáles son los ingredientes necesarios para mantener una relación amorosa o un matrimonio? Comenta si las siguientes parejas de la serie los tienen y haz predicciones sobre su futuro: Lola y Javi, Amador y Maite, Araceli y Enrique, Antonio y Berta, Goya y Vicente.

3. ¿Qué crees que van a hacer Raquel, Eric y Joaquín acerca de la okupación del piso piloto? ¿Lograrán echar a las okupas?

© Telecinco en colaboración con Alba Adriática

A ver

Ahora mira el episodio para el **Capítulo 7**.

Comprensión y conversación

B. ¿ENTENDISTE? Pon los siguientes eventos en orden cronológico (#1–9), según cuándo ocurrieron en el episodio que acabas de ver. El primero está señalado.

_____ **A.** En su afán por parar la barbacoa, Antonio corre hacia la fiesta con un extintor en las manos. De tanta prisa choca contra la puerta de cristal de salida al jardín, haciéndola añicos y lastimándose.

___1___ **B.** A Mari Tere e Izaskun les llega una notificación de demanda por parte de la constructora, acusándolas de un delito de usurpación. Sus amigos anarquistas les aconsejan que no recojan más notificaciones, que se hagan las locas, que se lleven bien con los vecinos y que no salgan del piso bajo ninguna circunstancia.

_____ **C.** Al quitarle todas las pastillas a doña Charo, Araceli y Fran tienen que huir de los desesperados vecinos que tienen mono y que iban en búsqueda de más pastillas antidepresivas.

_____ **D.** Al terminar la ceremonia de la primera comunión y cuando Mari Tere está a punto de regalarle a su sobrino de ocho años la nevera, ella e Izaskun se dan cuenta de que alguien les ha robado el coche.

_____ **E.** Bajo la influencia de las pastillas antidepresivas que han tomado, Goya, Vicente, Antonio, Berta, Maite, Amador y Enrique se llevan de maravilla durante la junta que se convoca para ver los presupuestos para arreglar la piscina. ¡Y Antonio está de tan buen humor que se ofrece a pagar toda la derrama él solo!

_____ **F.** Cuando a Enrique le entra un bajón, doña Charo le da unas pastillas "buenísimas para la depresión, lo último del mercado, éxito en USA", para que salga lo antes posible de su estado depresivo.

_____ **G.** Cuando llegan a la puerta de Mari Tere e Izaskun los matones de "Desalojo Express" contratados por Raquel, las ancianas se la devuelven (_turn the tables_) a sus adversarios y les dan un susto de muerte cuando ven que el piso está lleno de anarquistas y amigos que han venido a apoyar a las mujeres y a defender su hogar.

_____ **H.** Enrique decide que quiere ser el próximo presidente de "Mirador de Montepinar" y con ese fin planea una barbacoa para ganar la amistad y, lo más importante, los futuros votos de los demás vecinos.

_____ **I.** Se celebra una junta para informar a los vecinos del retraso indefinido de la apertura de la piscina a causa de una avería grave no identificada (la piscina pierde agua pero no se sabe por dónde).

C. ¿QUÉ OPINAS? Compartan sus opiniones de las siguientes preguntas.

1. En la peluquería, Cris, Fabio y Sandra hablan de la situación de Maite. Fabio mantiene que la infidelidad es tan común que no tiene tanta importancia, y Silvio añade que es una industria que ayuda a la economía. ¿Cuál es su opinión sobre la infidelidad?

2. Hay desacuerdo entre los personajes sobre si Maite debe decirle a Amador que se ha acostado con Sergio. Cris dice que "vivir en la ignorancia es maravilloso", pero Sandra cree que confesar la verdad podría fortalecer su relación. ¿Qué opinan ustedes?

3. Cuando cree que va a morir, Joaquín llama a Eric, a Sergio y a su mamá. ¿A quiénes llamarían ustedes en una situación parecida? ¿Qué les dirían?

4. ¿Qué piensan de la "okupación" del piso piloto por Izaskun y Mari Tere? Eric simpatiza con ellas y les avisa que van a llegar unos matones. ¿Habrían hecho ustedes lo mismo? ¿Qué opinan de la okupación en términos generales?

5. En su opinión, ¿por qué creen que doña Charo les da a todos píldoras antidepresivas? ¿Debía de habérselas quitado Araceli?

6. ¿Qué opinan sobre el comentario que le hace Amador a Javi cuando cree que Cris le está tirando los tejos? (*"Javier, prepárate, prepárate porque a ti también te va a pasar, ¿eh? Es el poder del anillo. Las tías dicen: si está casado es que algo tiene".*) ¿Tiene razón Amador? ¿Por qué sí o no?

7. ¿Cuál fue la historia de este episodio que más les gustó? Expliquen.

8. Basándose en lo que vieron en este episodio, ¿qué predicciones tienen sobre los siguientes personajes y las historias (en paréntesis) en las cuales se ven involucrados?
   - Maite / Amador / Sergio (la infidelidad)
   - Mari Tere / Izaskun (la okupación)
   - Cris / Maite (su "amistad" tras decirle Amador a Maite que Cris le estaba tirando los tejos)
   - Maite / Amador, Goya / Vicente, Berta / Antonio, Enrique y Lola (cuando dejan de tomar las pastillas antidepresivas)

EXPANSIÓN

1. **Diario** Escribe una entrada en tu diario, reaccionando al tratamiento dado en el episodio al tema de la depresión. ¿Consideras la manera en que se trató realista, poco realista, chistosa, ofensiva, etc.? Explica tu opinión.

2. **Diálogo** Con unos(as) compañeros(as) de clase, escojan una de las historias sobre las cuales ya hicieron predicciones (#8 de la actividad **C**) para continuarla. ¿Qué pasará en el siguiente episodio? Escribe un guión nuevo y practica con accesorios (*props*), elementos visuales, etc. Luego representarán su escena a la clase.

MEJOREMOS LA COMUNICACIÓN

Vocabulario confuso

Since / Because

desde (que)	*since + a point in time*	Ellos viven aquí **desde** el año pasado. Ellos viven aquí **desde que** empezaron a trabajar.
desde hace	*since + a period of time*	Ellos viven aquí **desde hace** tres meses.
puesto que / ya que / como	*since / because (may be used at the beginning of a sentence)*	**Puesto que** no me gustan las películas románticas, no voy al cine con mis amigos esta noche. **Como** hace buen tiempo, voy a dar un paseo.
porque	*since / because (cannot be used at the beginning of a sentence)*	No me llevo bien con mi compañera de cuarto **porque** es muy egoísta y presumida.

A. CITAS Escoge el vocabulario que mejor complete cada frase. En algunos casos hay más de una respuesta correcta. Las citas son de este capítulo y del anterior.

1. **BERTA:** ¡Antonio, la palangana! ¡Coge algún huevo ya, (**desde / ya que / porque**) estás!

2. **VETERINARIO:** Ustedes verán, pero estos animales no son para tenerlos aquí.

   ENRIQUE: Claro que no, si yo lo dije (**desde / desde hace / como**) el principio.

3. **RAQUEL:** ¿O sea que va en serio? ¿Vas a comprar el piso solo por ayudar a tu hermano?

   SERGIO: Es una tradición familiar. Llevo (**desde / porque / puesto que**) el colegio sacándole de marrones.

4. **RAQUEL:** No, es que ya me explicaréis cómo vendo yo una promoción de viviendas de lujo con vacas y cerdos en vuestro jardín.

   DOÑA CHARO: ¡Ahí está! Nuestro jardín. Y (**desde / desde que / como**) es nuestro hacemos lo que nos da la gana.

5. **DOÑA CHARO:** Ten cuidado (**desde / porque / ya que**) ahí están mis laxantes.

   ARACELI: ¿Esto es todo?

6. **ARACELI:** O que te has dado cuenta que mudarnos aquí ha sido un error, y (**desde / como / puesto que**) fue idea tuya y nos arrastraste a todos, pues, ¡ah!, te sientes culpable.

   ENRIQUE: Ya.

7. **CRIS:** No, espera. Ah... ¿Quieres tomar algo?

   AMADOR: ¿Cómo?

   CRIS: Que somos vecinos y casi no nos conocemos. (**Desde / Como / Porque**) soy alquilada no puedo ir a las juntas.

8. **JAVI:** ¿Pero todavía estás en la cama?

   LOLA: Total, tampoco tengo nada que hacer, (**desde / como / ya que**) soy una parada mantenida.

9. **ENRIQUE:** Mirad, os juro que nuestra intención ha sido siempre (**desde que / como / porque**) llegamos aquí llevarnos bien con vosotros. Sería tan bonito que fuéramos amigos. Que nuestras mujeres intercambiasen recetas, que nos prestáramos la taladradora...

10. **SILVIO:** Ay, ¿qué hacen aquí los Gremlins?

    CRIS: La Cuqui, que me los ha dejado.

    SILVIO: Y tú, ¿(**desde / porque / puesto que**) cuándo eres *babysitter*?

11. **CRIS:** ¡A que ha estado bien la broma! La teníamos preparada (**desde hace / desde / ya que**) tiempo, pero no surgía la ocasión.

    ANTONIO: Como te ponemos mala, hablas tú con los de arriba para que te arreglen esto.

12. **ENRIQUE:** Y me encanta mi trabajo, (**desde que / porque / como**) me deja tiempo para otras cosas. Creo que ha llegado el momento de involucrarme seriamente en los asuntos de esta comunidad.

B. LA FELICIDAD En este episodio, los personajes de *La que se avecina* buscan la felicidad. ¿Qué te aporta felicidad a ti? Completa las siguientes frases según tu vida y tus preferencias. Luego compara tus respuestas con un(a) compañero(a) de clase. Concluyan la actividad compartiendo con la clase una cosa que les trae felicidad a los (las) dos.

1. Ya que soy de _____, disfruto de _____

2. Me encanta _____, puesto que _____

3. Paso mucho tiempo con _____, porque _____

4. Conozco a mi mejor amigo(a) desde _____ y nos llevamos bien porque _____

5. Como me relaja mucho, me gusta _____

6. Desde hace mucho tiempo, me divierto _____

Gramática
Práctica comunicativa con el conditional y las cláusulas con *si*

C. EN CONTEXTO Lee las siguientes citas, que son del episodio que acaban de ver, analizando cada verbo que está en **negrita**.

- ¿Qué tiempos verbales se utilizan?

- ¿Es una situación hipotética o posible / real?

- Finalmente, identifica qué personaje(s) habla(n) en cada escena y explica la situación.

1. —¿Será mala la película? ¿O me tocará al lado uno comiendo nachos con queso líquido de ese que huele como si **hubiera profanado** un sepulcro?

2. —Oye, este es el que pinta las pancartas, ¿no?
   —Bueno, si **necesitáis** cualquier cosa, ya **sabéis** dónde encontrarnos.

3. —¡A ver, por favor, queremos piscina o no queremos piscina! ¡Porque si **queremos** piscina, **habrá** que arreglarla, porque la constructora no va a hacer nada! ¡Así que tendremos que pagarlo nosotros! ¡Pero si no **queremos** pagar, pues no **hay** piscina!

4. —¿Qué le pasa?
   —No lo sé. Pero si lo **supiera**, tampoco lo **iba** a contar aquí.

5. —Bueno, pues ya está. Yo llamo al seguro, y si **es** verdad lo que dice la pegatina que me regalaron para la nevera, en veinticuatro horas te lo **arreglan**.
   —Ah, pues muy bien, muchas gracias.

6. —Fíjate que yo creo que es cosa del lavavajillas.
   —Ah, pues si **hay** que hacer obra, igual ya **reformamos** toda la cocina, ¿eh?

7. —Mira, Javier, si tú no **paras** esta barbacoa, la **paro** yo, ¿eh?, ¡la paro yo!

8. —Javier, prepárate, prepárate porque a ti también te va a pasar, ¿eh? Es el poder del anillo. Las tías dicen: si **está** casado es que algo tiene.

9. —Si la gente **dejase** de ponerse los cuernos, **habría** una crisis mundial. Hay toda una industria de la infidelidad.
   —Prostitución, hoteles, preservativos, detectives, abogados... **Sería** como si se **acabase** el petróleo de repente.

10. —¡Por favor señorita Villanueva, sáqueme de aquí! ¡Parezco un japonés echando la siesta en el trabajo!
    —Tranquilo, tú aguanta. Si... si no **puedes** abrir **espera** a que te abran ellas.
    —¡Y si no la **abren**! ¡Lo mismo no les ha gustado y la devuelven a fábrica!

11. —Que sí, que lo sé. Tranquilo, no pasa nada.
    —Hombre, que si tú **ves** que es mucho lo que te atraigo y tal, pues ya **podemos** ir...

12. —¡La culpa es tuya! Si no te **hubieses tirado** a la Cuqui yo ahora **podría** seguir con mi maravillosa vida aburrida en la que nunca pasa nada.

D. ¿QUÉ HARÍAS / HACES TÚ? Completa las siguientes frases según tus opiniones y luego compártelas con un(a) compañero(a). **OJO:** Algunas frases se refieren a situaciones hipotéticas, y otras a situaciones posibles / reales.

1. Si mi amiga(a) me dijera que le había puesto los cuernos a su novio(a), yo _____
   _____

2. Si yo estuviera a punto de morir como Joaquín, _____
   _____

3. Si noto que uno(a) de mis amigos(as) se siente tan triste o deprimido(a) como Enrique y Lola,
   _____

4. Si tuviera a los Recio como vecinos _____

_____

5. Si alguien me tira los tejos (como Amador cree que lo hace Cris) pero no me interesa,

_____

6. Si pudiera pasar una hora con cualquier personaje de *La que se avecina*, _____

_____

E. ORACIONES CREATIVAS Y DISPARATADAS

PASO 1: En parejas, escriban una lista de oraciones incompletas. Usen su imaginación para escribir frases locas y creativas. Su profesor(a) les dirá qué tiempo y modo verbal deben usar. Algunos grupos (A) escribirán frases con **si + imperfecto del subjuntivo** y otros (B) usarán el condicional, pero los dos tipos de grupos no se hablarán.

Modelo: Grupo A: *Si tuviera un elefante morado...*

Grupo B: *Podría bailar salsa...*

PASO 2: Cada Grupo A se juntará con un Grupo B y combinarán sus frases para crear oraciones completas.

PASO 3: Escriban su oración más divertida en la pizarra, y luego la clase votará para elegir la mejor oración.

Pronunciación

La acentuación

Las reglas

Como ya sabrás, las palabras del español que no llevan acento ortográfico siguen las siguientes reglas de acentuación:

1. Si la palabra termina en vocal, **n** o **s**, la penúltima sílaba lleva el acento tónico: **casa, libro, estante, cantan, escritorios**.

2. Si la palabra termina en consonante (excepto **n** o **s**), la última sílaba lleva el acento tónico: **papel, conducir, arroz, pared**.

3. Si una palabra no sigue estas reglas, lleva acento ortográfico (también llamado "tilde").

  ▪ Palabras que "rompen" la regla #1: **película, habló, están, compartirás, periódicos**

  ▪ Palabras que "rompen" la regla #2: **útil, fácil, inverosímil, lápiz, césped**

También llevan tilde la **i** y la **u** (llamadas vocales "débiles" o "cerradas") cuando están al lado de otra vocal, pero no forman un diptongo, o sea, cuando las dos vocales se dividen en dos sílabas (es decir, un "antidiptongo" o "hiato"). Por ejemplo: **baúl, país, frío, continúa, leíste, haríamos, grúa**.

Por último, llevan tilde las palabras monosilábicas que son homófonas y las palabras interrogativas e interjecciones.

- Ejemplos de pares de homófonos: **más / mas, té / te, mí / mi, tú / tu, sí / si**
- Palabras interrogativas: **qué, cómo, cuándo, cuánto, cuál, dónde, por qué, quién**

Errores comunes de los anglohablantes

1. El acento ortográfico: Los errores más comunes se cometen con las palabras que llevan acento ortográfico. Hay que prestar atención a la tilde para pronunciar bien estas "excepciones" a las reglas.

2. Cognados: Muchos cognados llevan el acento tónico en una sílaba diferente en inglés y en español, y por eso pueden causarles problemas a los hablantes de inglés. Ejemplos incluyen: **demócrata** / *democrat*, **preocupo** / *preoccupy*, **comunica** / *communicate*, **hospital** / *hospital*, **horror** / *horror*, **participar** / *participate*.

F. PRÁCTICA DE PRONUNCIACIÓN EN CLASE Escucha de nuevo la siguiente escena del episodio, prestando especial atención a la pronunciación de la acentuación / las sílabas tónicas. Luego lean el diálogo en parejas, centrándose en pronunciar la acentuación de manera correcta.

Pronunciation Audio

MARI TERE	¿**Dí**game?
JOAQUÍN	¿Ma**rí**a Teresa Valverde, por favor?
MARI TERE	Sí, soy yo.
JOAQUÍN	Enhorabuena. En nombre de Supermercados Comuñas me complace comunicarle que ha sido usted la ganadora de un mag**ní**fico premio.
MARI TERE	¡Izaskun, nos ha tocado un premio!
IZASKUN	No te **fí**es, eso es que te quieren vender algo.
MARI TERE	¿Qué premio?
JOAQUÍN	Un fan**tás**tico frigo**rí**fico *no-frost*, con puertas de acero inoxidable antihuellas y filtro antibacterias.
MARI TERE	¡Un frigo**rí**fico *no-frost*!
JOAQUÍN	Pueden venir a recogerlo esta misma tarde.
MARI TERE	Ay, es que no podemos salir, estamos muy mayores ya. ¿No nos lo po**drí**an traer a casa? Ave del para**í**so, **nú**mero 7, Bajo A.
JOAQUÍN	Mmm... espere un segundo que consulto al encargado. Que dicen que se lo llevemos.

© Telecinco en colaboración con Alba Adriática

Estrategias conversacionales
Tranquilizar

No se preocupe... Todo va a salir bien. Y relájese... ¡Todavía puede mandar mensajes de texto!

Expresiones para tranquilizar	Ejemplos
tranquilo(a)	**Tranquila,** mi vida. Ya vamos a llegar.
no se (te) preocupe(s)	**No se preocupe,** señor, que pronto le atiende alguien.
no pasa nada	Venga, que **no pasa nada.**
ya pasó	**Ya pasó, ya pasó,** mi hijito. Vamos a lavarlo y ponerle hielo.
ya, ya	**Ya, ya,** no te enojes, por favor. Que no lo hice a propósito.
todo va a salir bien	No llores, mi vida, que **todo va a salir bien.**
relájate / relájese	**Relájate,** papá. Tendré cuidado y volveré a casa antes de la medianoche.
cálmate / cálmese	**Cálmese,** señora, que no se ha dañado el coche.

También es muy común combinar dos frases o más para aumentar los efectos tranquilizantes. Por ejemplo: **Ya, ya, tranquilo, Martín, que no pasa nada.**

G. ESCENAS ¡Los personajes de *La que se avecina* tienen muchas preocupaciones y por eso tienen que tranquilizarse con frecuencia! Lee las siguientes escenas que son de varios episodios de la serie. Subraya todas las expresiones que se usan para tranquilizar, y luego considera por qué tiene que tranquilizar un personaje al otro. O sea, ¿cuál es el problema o la preocupación que tiene el personaje? Al leer los diálogos o recordar los episodios, determina si se logra tranquilizar al personaje.

1. **COQUE:** Sí, es verdad, usted. ¿Qué le pasa (a Lola)?
   MAXI: Es que un verano sin piscina es muy duro.
   COQUE: Tranquila, mujer, si la vamos a arreglar.

2. **ANTONIO:** Álvaro, ese chaval viene de un hogar desestructurado. ¡Fíjate cómo tiene el pelo, hombre, si parece una de Las Virtudes!
   ÁLVARO: Pero papá, relájate que no pasa nada.
   ANTONIO: Uy, me ha contestado.

3. **ARACELI:** ¡Uy, los "Rancio"! Vamos por el garaje.
   ENRIQUE: No, que no pasa nada, tranquila. Si les he invitado. ¡Hola vecinos!

4. **RAQUEL:** Tranquilo, tú aguanta. Si... si no puedes abrir espera a que te abran ellas.
   JOAQUÍN: ¡Y si no la abren! ¡Lo mismo no les ha gustado y la devuelven a fábrica!
   ERIC: Tú por si acaso respira despacio, ahorra oxígeno.
   JOAQUÍN: ¿Qué? ¡Que se me va a acabar!
   RAQUEL: No, no, no. Anda, tú tranquilo, si eso estará ventilado. Que... ¿qué hacen las viejas? ¿Oyes algo?

5. **ABOGADO:** No se preocupe señor San Cristóbal, ya está todo en manos de la justicia. En ocho o diez meses el desalojo de esas señoras será un hecho.
   SR. SAN CRISTÓBAL: ¡Diez meses!

6. **SR. SAN CRISTÓBAL:** ¡Raquel, las quiero fuera del piso piloto ya! ¡Vivas, muertas o catatónicas, me da igual!
   RAQUEL: No se preocupe, señor San Cristóbal, nosotros nos encargamos.
   SR. SAN CRISTÓBAL: ¡Que no me preocupe, dice, que no me preocupe! ¡Os doy cuarenta y ocho horas para recuperar mi piso, si no os pongo a los tres de patitas en la calle! ¡Vamos, vamos!

7. **ENRIQUE:** No sé qué me pasa. Es que llevo unos días como con un vacío, una tristeza infinita. Esta mañana he ido a sacarme un café solo de la máquina del ayuntamiento, me lo ha puesto con leche y me he derrumbado.
   ARACELI: Pues haber sacado otro.
   ENRIQUE: Es que no tenía más suelto.
   ARACELI: Ay ya, bueno, ya, ya, ya, ya pasó, ya pasó, hale, nada...

8. **ARACELI:** ¡Shsssss! ¡Haced el favor! ¡Tranquilizaos todos! No perdamos la calma. ¡Aaaau! Venga, Sandra, péinala.
   SANDRA: ¿Qué? ¿Que la peine?
   FABIO: Pero... pero... pero habrá que llamar a la familia, ¿no?, o la metemos en un taxi...

9. **LOLA:** No sé qué programa poner, hay muchos botones... Me he visto reflejada en el tambor y tenía la misma cara que pone tu madre delante del video.
   JAVI: Venga, ya pasó... Mira, una lavadora es como una tragaperras: tú dale a cualquier botón y que se ponga a dar vueltas, a ver qué sale.
   LOLA: Javi, esto no va a funcionar, cuando empiezas a lavarle los calzoncillos a tu chico es el principio del fin. Necesitamos una asistenta.

10. **ERIC:** ¡Lydia, Lydia! ¡Tranquila Lydia! ¡Espera, espera!
    LYDIA: ¿Quiénes son esas?
    ERIC: Son... unas tías de mi amigo, que han venido... de Tordesillas.

H. ¿QUÉ TE PREOCUPA? TERAPIA EN EQUIPO
Trabajarán en grupos pequeños para compartir sus preocupaciones. Túrnense para expresar las situaciones y/o problemas de la vida que les causan estrés, frustración o preocupación. Los (Las) estudiantes del grupo usarán las estrategias comunicativas para tranquilizar. Luego el (la) profesor(a) pedirá que algunos estudiantes compartan una situación con la clase para que la clase ayude.

Modelo: —*Tengo tres exámenes la semana que viene y no voy a tener tiempo para estudiar porque vienen mis padres a visitarme.*

—*No te preocupes, que ya verás que todo va a salir bien. Puedes estudiar mucho esta semana, y durante el fin de semana tus padres pueden visitar el museo de arte unas horas para que puedas estudiar.*

Yuri Arcurs/Shutterstock.com

gualtiero boffi/Shutterstock.com

OLJ Studio/Shutterstock.com

Andresr/Shutterstock.com

MÁS ALLÁ

LECTURA CULTURAL
La automedicación

Antes de leer

A. EL USO DE LOS FÁRMACOS En el episodio de *La que se avecina* que viste en este capítulo, Enrique se automedica, tomando unas pastillas antidepresivas que "le receta" su suegra. En esta sección vamos a tratar más a fondo el tema de la automedicación y el uso de fármacos. A continuación vas a leer un artículo de un periódico boliviano sobre este tema.

PASO 1: Antes de leer el artículo, considera las siguientes preguntas.

1. Lee el título y el subtítulo del artículo. ¿Te sorprende la proporción de gente que se automedica? ¿Por qué se automedica la gente?

2. ¿Cuáles serán los fármacos que más se utilizan?

3. ¿Cuáles podrían ser las consecuencias de la automedicación?

PASO 2: Ojea las preguntas de comprensión que siguen a la lectura para ayudarte a comprenderla.

A leer

B. LA AUTOMEDICACIÓN Ahora lee el artículo sobre el uso de fármacos y la automedicación.

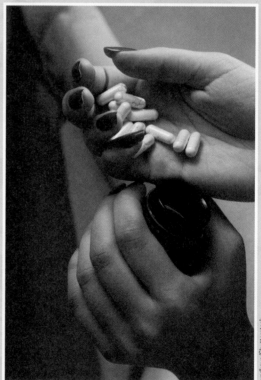

Sundkova/Shutterstock

© James Brunker / Alamy

El riesgo de jugar a médicos

Siete de cada 10 personas se automedica. Aquí algunos de los fármacos que más se utilizan.

Marciana Soliz Roca

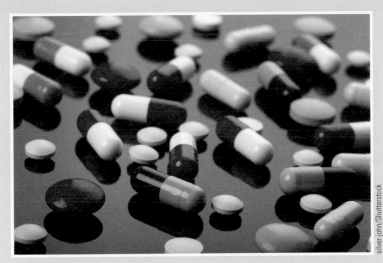

silver-john/Shutterstock

Se estima que 7 de 10 personas se automedican antes de recibir asistencia médica. Lo que pocos conocen, es que al realizar esta práctica complican su cuadro clínico y pueden tener consecuencias severas para su salud e incluso la muerte. De acuerdo con el Director de Epidemiología del Sedes, Roberto Tórrez, tabletas como la aspirina, amoxicilina, ibuprofeno, paracetamol o siproxacina son los medicamentos más consumidos por los pacientes que asisten a los centros hospitalarios con cuadros avanzados por infecciones respiratorias o intestinales. El problema se debe a que mientras el paciente se automedica erróneamente, la enfermedad avanza y puede ser mortal en algunos casos como sucede actualmente con la epidemia del dengue[1], puesto que la toma de antiinflamatorios ha provocado hemorragias severas en el paciente.

Reforzando al enemigo

Asimismo, Tórrez explicó que las dosis incorrectas y por tiempo inadecuado van a llevar a resistencias de los microbios ante los antivirales y antibióticos por dosis insuficientes o en sobredosis que pueden llevar a efectos adversos graves como alergias en la piel o producir obstrucciones en la garganta que pueden llevar a la muerte.

Peligro al alcance del bolsillo

Según el especialista, el problema radica en la venta libre de antibióticos, antiinflamatorios y calmantes en las farmacias. A ello sumó la imprudencia de las personas que recurren a las farmacias en lugar de ir al médico en busca de una solución al problema. "Los antibióticos producen alergias graves o fiebre permanente, las bacterias pueden crear resistencia y cuando los necesiten no les servirá de nada", dijo el especialista que también alertó que la toma errada de calmantes produce anemia o disminución de glóbulos[2] blancos, entre otras complicaciones al organismo.

Cuidado con los antiácidos

Por su parte, el médico Juan Saavedra indicó que el consumo de antiácidos ante males

[1] enfermedad causada por un virus transmitido por mosquitos [2] células de la sangre

Marciana Soliz Roca www.elsol.com.bo

estomacales debe ser moderado y usado solo en situaciones leves o temporales, ya que su uso incorrecto puede retrasar diagnósticos de enfermedades del hígado e intestinales. "El consumo de bicarbonatos a veces resuelve los problemas pero otros no y ahí está el peligro", dijo el especialista.

Sepa cuándo automedicarse

Ante la situación, el médico recomendó hacer la automedicación solo cuando se presenten dolores leves, una vez hecha esta acción esperar máximo tres horas, de lo contrario y si el dolor persiste no repetir la dosis y acudir al médico.

"Nunca la automedicación es buena, lo recomendable es buscar asistencia médica y profesional para no exponer la salud", dijo. La medicina natural no es descartada por ninguno de los dos expertos aunque señalaron la importancia de acompañarla con la consulta médica ya que su consumo también puede retardar el diagnóstico temprano de la enfermedad y el tratamiento preciso.

Los antibióticos: los más consumidos

Causan entre otros el incremento de las tasas de resistencia bacteriana.

Uso de antiácidos no debe ser frecuente

Causan efectos adversos como gastritis y hemorragias.

La intoxicación: la peor consecuencia

Se manifiesta con vómitos, gastritis, insomnio y visión borrosa.

El entorno determina el consumo de remedios

La automedicación es estimulada por diversos factores: patrones[3] culturales, promovidos por las sociedades de consumo, al ofertar gran cantidad de medicinas adquiribles sin receta y que prometen la curación o alivio rápido a diferentes molestias así como la presión de familiares y amigos al ofrecernos o recomendarnos la ingestión de alguna medicina cuando tenemos algún problema de salud.

iStockphoto/Steve Debenport

[3]comportamientos que se repiten, que son comunes

Después de leer

C. ¿CIERTO O FALSO? Indica si las siguientes frases son ciertas (**C**) o falsas (**F**) según lo que leíste en el artículo, y luego corrige las frases falsas.

1. _____ Al automedicarse incorrectamente, una persona puede enfermarse más o incluso morir.

2. _____ El uso incorrecto o innecesario de los antibióticos puede resultar en la resistencia bacteriana.

3. _____ En las farmacias bolivianas no se venden antibióticos, antiinflamatorios ni calmantes.

4. _____ Según el médico Juan Saavedra, los antiácidos no causan problemas graves, y por eso sí se pueden usar sin consultar a un médico.

5. _____ El uso de la medicina natural es una excepción y se puede consumir sin riesgo.

6. _____ La cultura es un factor que contribuye a la automedicación.

D. VAMOS MÁS A FONDO Ahora comparte tus ideas y experiencias con tus compañeros de clase, analizando de manera más profunda los temas tratados en la lectura.

1. ¿Qué medicinas han tomado ustedes sin consultar a un médico (aspirina, jarabe para la tos, etc.)? ¿Les parece que la automedicación es una práctica tan común en EE. UU. como en Bolivia? Expliquen las situaciones más comunes en que uno se automedica. ¿Y cuáles son los medicamentos más comunes para automedicarse en EE. UU.? ¿Son diferentes de los que se incluyen en la lectura?

2. En el artículo se menciona "la venta libre de antibióticos, antiinflamatorios y calmantes en las farmacias" y se mantiene que algunas personas "recurren a las farmacias en lugar de ir al médico". ¿Qué saben de esta práctica común en los países de habla española? Compárenla con los EE. UU., donde es necesario una receta médica para comprar la mayoría de estos tipos de medicamentos. ¿Qué opinan de esta diferencia? Leyeron de sus desventajas, ¿pero hay también ventajas? ¿Por qué existe esta diferencia entre las dos culturas?

3. También se incluye en el artículo el hecho de que los expertos "no descartan" la medicina natural, aunque sí recomiendan acompañarla con una visita al médico. Comenten lo que saben sobre el uso de la medicina natural en los países hispanos. ¿Qué tipos de medicina natural han usado ustedes? ¿Cuál es su opinión de la medicina natural u homeopática? ¿Por qué creen que se utiliza más en América Latina que en EE. UU.?

4. ¿Han comprado medicina natural o fármacos por Internet o conocen a gente que lo haya hecho? ¿Qué opinan de la venta de medicamentos en Internet? ¿Hay suficientes restricciones / precauciones para prevenir el abuso y/o la compra ilegal? ¿O creen que la gente debe poder comprar lo que necesite, sin tantas leyes? Expliquen.

EXTENSIÓN
VOCES DE LATINOAMÉRICA

Video

Los fármacos y la medicina natural

E. OTRAS OPINIONES

PASO 1: Ahora mira los videos del sitio web de *Relaciónate* para aprender más sobre el concepto de la automedicación desde la perspectiva de gente de varios países latinoamericanos. Luego completa las actividades que siguen.

PASO 2: Copia la siguiente tabla y llénala con la información que dan los hablantes. Luego contesta las preguntas que siguen.

Nombre y país de origen	Opinión de la compra / venta de fármacos en su país	Abuso en su país	La medicina natural / homeopática

1. ¿Notas algunas semejanzas entre lo que dijeron varios de los hablantes sobre los fármacos? ¿y diferencias? Si entrevistaras a estudiantes estadounidenses de tu universidad o gente de tu edad de tu comunidad, ¿crees que tendrían respuestas semejantes o diferentes de las de los hispanos entrevistados? ¿Por qué?

2. ¿Estás de acuerdo con los hablantes con respecto a la compra y venta de fármacos? ¿y con respecto a la medicina natural?

3. ¿Te sorprendió algo de lo que dijeron los hablantes? Explica.

4. Si pudieras hacerle una pregunta a una de las personas, ¿cuál sería?

F. TU PROPIO VIDEO Ahora graba tú un video sobre este tema, usando los videos de "Voces de Latinoamérica" como modelo. Tu video debe durar solo 2–3 minutos y debe incluir lo siguiente:

1. ¿Qué opinas de la manera en que se recetan y se venden fármacos en EE. UU.?

2. ¿Te parece que hay mucho abuso de fármacos legales en EE. UU.? ¿Y hay mucha automedicación? Explica.

3. ¿Qué sabes de la medicina natural u homeopática? ¿Es popular en EE. UU.? ¿Quiénes la usan? ¿Qué experiencias tienes tú con ella?

GRABACIÓN

GLOSARIO

VOCABULARIO

Para ver otra vez la lista de abreviaturas, ve a la página 26 del **Capítulo 1**.

adosado (adj., U. t. c. s.)
tipo de viviendas individuales, situadas en fila, que comparten algún lateral o parte trasera: *Nuestro sueño es comprarnos un chalé adosado en una zona playera.* También U. t. c. s.: *Si gano la lotería, me compro un adosado en Madrid.*

anfitrión / anfitriona (m., f.)
persona que tiene invitados: *Siempre asisto a las fiestas de Iván porque es un gran anfitrión; al tío no se le escapa ni un detalle.*

atrincherarse (prnl.)
ponerse en trincheras a cubierto del enemigo; esconderse y encerrarse en un lugar con el fin de protegerse del enemigo (especialmente en situaciones de guerra durante las cuales los soldados se ponen en trincheras, o lugares excavados en la tierra): *Los okupas se han atrincherado en el piso y hasta ahora la policía no ha podido hacer nada al respecto.*

autogestión (f.)
sistema de gobierno de una nación o grupo a través de una elección directa de sus miembros: *Los anarquistas reclamaban la derrota del sistema político actual en favor de uno de autogestión.*

avería (f.)
desperfecto o deterioro que imposibilita el funcionamiento de algo: *Debido a la fuerte tormenta, hubo una avería en el suministro de electricidad y nos quedamos sin luz durante tres horas anoche.*

deprimido(a) (adj.)
triste y/o con falta de ánimo, fuerza o energía: *Ánimo, mi amor, sé que te encuentras deprimido por el despido, pero no estabas contento en esa empresa y ahora tienes la oportunidad de buscarte un puesto que te guste.*

derrama (f.)
división de un gasto ocasional o accidental entre los vecinos de una comunidad o población: *El presidente de la comunidad convocó una junta extraordinaria de vecinos para la votación de la derrama para el arreglo del ascensor.*

desalojo (m.)
evacuación o vaciado de un sitio de los objetos o personas que lo ocupan: *Hubo manifestaciones en contra y a favor del desalojo de los okupas de un céntrico edificio de Barcelona; fue un tema polémico durante meses.*

desazón (f.)
malestar, inquietud, enfado o disgusto: *Las noticias en la tele esta mañana me provocaron desazón; vaya manera de empezar el día.*

desistir (intr.)
abandonar una empresa, un intento o un derecho: *Los manifestantes no desistieron de luchar por cambios en el sistema electoral con el fin de erradicar el sistema bipartidista.*

desplomarse (prnl.)
perder una persona la voluntad, fuerza o esperanza: *El padre se desplomó ante la noticia del encarcelamiento de su hijo.*

empeño (m.)
pasión intensa de hacer o lograr algo: *La joven puso todo su empeño en terminar sus estudios universitarios.*

emprender (tr.)
empezar una obra, negocio, etc. que típicamente conlleva cierta importancia o algún obstáculo o peligro: *He decidido emprender una nueva aventura al hacerme voluntario del Cuerpo de Paz en Venezuela.*

encerrar (tr.)
meter a una persona u objeto en un sitio y no dejarla(lo) salir: *Cuando estaban jugando al escondite, Rosa encerró a su hermano en el armario sin querer. El pobre se quedó atrapado hasta que su madre lo oyó gritando.*

encubrir (tr.)	evitar que se llegue a saber algo: *El gobernador intentó encubrir el escándalo financiero pero al final salió a la luz y tuvo que dimitir.*
fármaco (m.)	medicamento: *¿Crees que hoy en día abusamos demasiado de los fármacos para sentirnos bien o evitar sentirnos mal?*
fritanga (f.)	fritada; conjunto de alimentos fritos: *Cada vez que como una hamburguesa y patatas fritas en un restaurante de comida rápida, salgo oliendo a fritanga.* **OJO:** En España se emplea más en sentido despectivo para referirse a baja calidad y/o abundancia de grasa del alimento frito.
gotera (f.)	agujero o grieta (típicamente del techo) producido por una filtración de agua en el interior de un edificio y por donde caen gotas de agua: *Esta mañana descubrimos una gotera en el techo del baño, y tuve que hacer una cita urgente con un fontanero para esta tarde. Espero que no sea nada grave.*
juez(a) (Der., com.)	persona que tiene autoridad para juzgar y sentenciar en un tribunal: *El juez sentenció al criminal a cinco años de cárcel.*
juicio (Der., m.)	proceso legal durante el cual se resuelve un delito ante un juez o tribunal: *Mi hermano tiene que declarar como testigo en el juicio del accidente de coche que ocurrió el mes pasado.*
madrina (f.)	mujer que asiste a otra persona que va a recibir un sacramento (madrina de boda, de bautizo, etc.), honor, grado, etc.: *Le he pedido a mi hermana que sea mi madrina de boda.*
nevera (f.)	electrodoméstico para conservar o enfriar alimentos y bebidas; también conocido como frigorífico, fresquera o refrigerador: *Cariño, ¿incluimos esa nevera chulísima que vimos ayer en la lista de boda o crees que nadie nos la comprará porque vale 1.800 euros?*
pastilla (f.)	porción pequeña y sólida de medicamento, típicamente de forma redondeada para que se pueda tragar con facilidad o disolverse en agua: *Mi abuelo sufrió un infarto el año pasado y desde entonces tiene que tomar varias pastillas todos los días.*
presupuesto (m.)	cantidad de dinero calculado o disponible para una finalidad: *Si tienes un presupuesto mensual para la comida, es importante no excederlo.*
prospecto (m.)	folleto informativo / explicativo que acompaña algunos productos, sobre todo los medicamentos, en el cual proporciona información sobre su utilización, función y otros datos de interés: *Es imprescindible leer el prospecto antes de tomar cualquier medicamento.*
pulular (intr.)	moverse de un lado a otro; bullir en algún sitio personas, animales u objetos: *He estado pululando por Internet y al final pienso que perdí toda la mañana.*
racha (f.)	período breve de suerte o adversidad: *Solamente estás pasando por una mala racha. Ya verás como se mejorará todo dentro de nada.*
recetar (tr.)	cuando un(a) médico(a) prescribe un medicamento y le indica al paciente su dosis y período de administración: *Mi médico me recetó un nuevo medicamento para mis alergias estacionales; espero que funcione porque estoy harta de tanto estornudar.*
resentirse (prnl.)	perder fuerza una persona o un objeto a causa de otro(a): *La economía local se resiente debido a las protestas de la población.*
vergüenza (f.)	sentimiento provocado por cometer alguna falta o realizar alguna acción deshonrosa y humillante: *¡Qué vergüenza sentí cuando mis padres le enseñaron las fotos de mi niñez a mi novio!* un acto o acontecimiento escandaloso e indignante: *Me parece una vergüenza como ha subido el precio de la gasolina. No tiene ninguna justificación que no sea hacer más ricas a las empresas del sector petrolero.*

AQUÍ SE HABLA ASÍ

Para ver otra vez la lista de abreviaturas, ve a la página 26 del **Capítulo 1.**

a que sí (loc., col., interj.)	expresión que pide que el (la) interlocutor(a) exprese acuerdo, como **¿no es cierto?** o **¿verdad?**: —¡Vamos a ganar esta noche! ¿A que sí? —Sí. Claro. Usado como interjección también puede expresar acuerdo, que la otra persona tiene razón: —¡Qué guapa es ella! —¡A que sí!
armatoste (m., col.)	mueble u objeto grande, pesado y poco útil: Ayúdame a sacar este armatoste a la calle. Que por fin he comprado un sofá nuevo y no necesito este.
bajón (m., col.)	depresión: Sebastián ha sufrido un bajón bien fuerte tras la muerte de su hermano.
berrinche (m., col.)	enojo grande, normalmente por parte de los niños: A mi sobrino le dio un berrinche tremendo ayer cuando mi hermana le dijo que no iban al parque.
camello(a) (m., f., col.)	(Esp.) persona que vende droga en cantidades pequeñas: A Seve lo han pillado otra vez. A ver si un día de estos deja de ser camello y busca un empleo decente.
buchón / buchona	(Méx.)
jíbaro(a)	(El Sal.)
puchitero(a)	(Col., Ven.)
recetador(a)	(C.R.)
tirador(a)	(Méx., P.R.)
una canita al aire (f., col.)	una aventura amorosa, sin ningún compromiso; normalmente implica infidelidad: Uy, mira como coquetea Maite con ese tío. Seguro que va a echar una canita al aire.
chapuza (f., col.)	(Esp.) obra mal hecha, de poca calidad. Ayer vino el fontanero a mi casa y todo lo que hizo fue una chapuza.
chato(a) (m., f., col.)	(Esp.) apelativo cariñoso, como el vocabulario previo **cariño, cielo** o **muñeca:** No te preocupes, chata, que todo va a salir bien.
mi vida	(Esp. y LAm)
querido(a)	(Esp. y LAm)
dar el alta (loc., col.)	dar (el / la médico/a) permiso para trabajar o para salir del hospital después de un accidente o de una enfermedad: Por fin me han dado el alta y puedo volver a la oficina. Pensaba que me iba a volver loca quedándome tanto tiempo en casa.
estar a punto (loc.)	señala que queda poco tiempo para que alguien haga algo, que están listos o preparados para hacerlo: Estoy a punto de salir. ¿Puedo llamarte en unas horas?
furcia (f., col., desp.)	(Esp.) prostituta: No debes andar por aquí de noche, que hay muchas furcias y se pone un poco peligroso.
cuero(a)	(Col., P.R., R.D.)
gato(a)	(Arg., Ur.)
leona	(Guat.)
jinetera	(Cu., Méx.)
piruja	(Chl., Méx.)
majo(a) (majete) (adj., col.)	(Esp.) agradable, amable: Es una chica muy maja. Debes invitarla a salir.
buena nota	(Col., C.R., Ec., Guat., Ven.)
buena onda	(Méx., El Sal., Guat., Ur.)

menos mal (que...) (loc.)	al menos (y a veces con la idea de "por suerte"): *Pues sí que es una lástima que se haya cancelado la boda, pero menos mal que no gastaste mucho dinero en un vestido nuevo.*
monada (f.)	cosa bonita, delicada: *Qué monada es ese vestidito que lleva tu hija. ¿Dónde lo compraste?*
curiosito(a) (adj.)	(Méx.)
mono (m.)	(Esp.) síndrome de abstinencia de droga u otra adicción: *Uy, he dejado de tomar café y qué mono tengo. Mi dolor de cabeza es insoportable.*
estar en ayunas	(Méx.)
pasma	(Col.)
palmar (intr., col.)	morirse: *Ven a ver la novela. ¡Miguel está en el hospital y es posible que la palme!*
poner tibio(a) a alguien (loc., col.)	(Esp.) regañar, criticar: *El profesor puso tibio a mi novio cuando supo que había hecho trampa en el examen. ¡No volverá a tomar una clase suya!*
rajar	(Col., Pe.)
recortar	(Méx.)
quedarse ancho(a) (loc.)	(Esp.) Quedarse tan tranquilo, sin alterarse ni preocuparse: *Ella le dijo a su jefe todo lo que no le gustaba de él y se quedó tan ancha.*
qué va (interj., col.)	manera enfática para decir **no**, **en absoluto** o **no lo creo**: —*¿Vas a la fiesta esta noche?* —*¡Qué va! Ya sabes que me llevo fatal con Víctor.*
rollete (rollo) (m., col.)	relación amorosa o sexual, por lo general pasajera: *Martín no deja de hablar de sus rolletes. Se cree un verdadero donjuán.*
entrevero	(Arg., Ur.)
vacilón	(Pe.)
se (me, te, nos, etc.) va de las manos (loc.)	se pierde el control de algo: *Cada vez que tenemos un profesor sustituto se le va de las manos la clase.*
(sin / no) venir a cuento (loc.)	sin ningún motivo: *¿Por qué hablas de eso? Que no viene a cuento.*
yo qué sé (loc.)	expresión que significa **no sé** o **no tengo idea**, a veces con tono irritado de **no me importa** o **¿por qué me lo preguntas?** —*¿Dónde está tu hermano?* —*¡Yo que sé! Nunca me dice nada.*

CAPÍTULO 8

Medios de comunicación

En este capítulo verán el episodio de *La que se avecina* llamado "Un chantaje, una exclusiva y un escándalo inmobiliario".

© Telecinco en colaboración con Alba Adriática

PREPARACIÓN

Práctica de vocabulario

Antes de hacer las actividades de esta sección, repasa la lista de palabras nuevas y sus definiciones en el **Glosario** de las páginas 223–224.

A. RECAPITULACIÓN Y PREDICCIONES El siguiente texto incluye una recapitulación de algunos de los momentos más destacados del último episodio junto con preguntas sobre qué va a pasar en el siguiente episodio que vas a ver en este capítulo.

PASO 1: Completa los espacios en blanco con el vocabulario nuevo que se presenta a continuación. No olvides poner la forma correcta de la palabra según el contexto (de persona para los verbos y de número / género para los sustantivos y adjetivos).

cadena	escombro	revista del corazón
descalabro	involucrar	revuelo
desmentir	portavoz	rueda de prensa
encajar	renegar	

Estamos a punto de ver el último episodio de la serie *La que se avecina*. ¿Habrá un desenlace feliz para los vecinos de la urbanización Mirador de Montepinar como lo hay para los personajes de los cuentos de hadas que "viven felices y comen perdices"? Pues conociendo a los excéntricos vecinos, diríamos que no, porque es más lógico prever más

1. _____ que felicidad para todos ellos, ¿no? Veamos qué nos revela el título del episodio culminante: "Un chantaje, una exclusiva y un escándalo inmobiliario".

Respecto al chantaje, no será la primera vez que uno de los vecinos emplee el arte del chantaje. Todos nos acordamos del chantaje emocional que Eric le hizo a Joaquín cuando quería usar el piso piloto como picadero, ¿no? Y cuando Javi estaba atrapado en el ascensor, vimos como empleó Maxi el arte del chantaje para negociar y mejorar sus vacaciones de verano. En este episodio, ¿quién chantajeará a quién, con qué fin y qué **2.** _____ causará en la urbanización?

La exclusiva a la que se hace referencia **3.** _____ a Joaquín, Esther (una mujer con quien Joaquín tiene una cita), Sergio y todos los medios y seguidores de la prensa rosa española. Sin saber que Esther trabaja como becaria en una **4.** _____, Joaquín le dirá algo sobre su hermano Sergio. ¿Qué le dirá? ¿Qué consecuencias tendrá para Sergio tanto personal como profesionalmente, siendo galán de culebrón? ¿Cómo reaccionará Sergio cuando Joaquín le propone hacer una **5.** _____ conjunta para **6.** _____lo todo?

¿Y el escándalo inmobiliario, de qué se tratará? Desde el primer episodio hemos visto a los vecinos quejándose sobre los desperfectos de la obra, pero estos resultarán ser solamente la punta del iceberg. No, no se derrumbará el edificio dejando a los vecinos atrapados bajo los **7.** _____. ¡Menos mal! Pero sí saldrá a la luz información que pone en duda la legalidad del edificio Mirador de Montepinar. ¿Qué habrá hecho la constructora y/o el ayuntamiento local para que se construyera un edificio ilegal? Temiendo lo peor, los vecinos empezarán a intentar vender como locos sus viviendas antes de que salga la noticia en la tele. Y tanto será su desesperación que incluso Leo les mentirá a los posibles compradores diciéndoles que todos han **8.** _____ tan bien que la razón por la cual venden los pisos es para poder ir a vivir todos juntos a unos adosados nuevos. ¿Se tragarán las mentiras los posibles compradores? ¿Quiénes lograrán vender sus pisos y quiénes no?

Además de estas historias, Mari Tere e Izaskun seguirán su lucha contra la constructora hasta tal punto que se convertirán en **9.** _____ del movimiento okupa. Las señoras seguirán los consejos de sus nuevos amigos anarquistas al intentar ganar la simpatía y el apoyo de otros. Puesto que eso no será posible con los demás vecinos de la comunidad, Mari Tere e Izaskun se aprovecharán de las **10.** _____ de televisión para demostrarle a todo el mundo que no son dos okupas marginadas que **11.** _____ de la sociedad, sino dos mujeres que están activamente contribuyendo a la mejora de ella. ¿Y cómo demostrarán eso? Pues, al realizar cursos y actividades culturales para la gente del barrio. ¡Qué señoras más taimadas *(crafty, cunning)*!, ¿no? Pero, hablando en serio, ¡¿qué cursos darán?!

PASO 2: Ahora compara tus respuestas con las de un(a) compañero(a) y luego contesten las preguntas que se incluyen en el texto del **Paso 1.** ¿Tienen predicciones y opiniones parecidas sobre lo que van a ver?

B. SITUACIONES

PASO 1: Completa los siguientes fragmentos de diálogo del episodio que vas a ver en este capítulo con las siguientes palabras de vocabulario. Haz los cambios necesarios (de número o forma verbal) para el contexto dado.

calumnia	inscripción	rebajarse
desmentir	matrícula	soborno
fugarse	negarse	
huir	panda	

1. **BERTA:** El sueldo de un concejal no da para un bajo con jardín.
   MAITE: No, y la peluquería que la tienen ahí por capricho.
   ENRIQUE: ¡ _____ a seguir escuchando _____ y difamaciones sin base alguna! ¡Jamás en mis veinticinco años de carrera política he aceptado un _____!
   ARACELI: En cualquier caso, si lo ha aceptado yo no he visto un duro.

2. JOAQUÍN: Todavía puedo arreglarlo. Me han llamado de un programa de la tele para que vaya esta noche para hablar de Sergio. Podría ＿＿＿＿＿＿lo todo.

ERIC: ¿Te vas a ＿＿＿＿＿＿ a ir a un programa de esos?

JOAQUÍN: Me ofrecen dos mil euros.

3. REPORTERA 1: ¿Queréis enviar algún mensaje a todos los que nos están viendo?

MARI TERE: Sí, sí, sí, sí. Que vengáis a nuestra casa cultural, que está abierta a todo el mundo, jóvenes y mayores.

IZASKUN: Y estamos preparando más cursos: cómo ＿＿＿＿＿＿ de una residencia, sobrevive con trescientos euros de pensión, tu dentadura y los mazapanes...

MARI TERE: ＿＿＿＿＿＿ gratuita. Ya está abierto el plazo de ＿＿＿＿＿＿.

4. JAVI: ¡Escuchadme, por favor! ¿Pero de verdad vais a ser capaces de venderle un piso ilegal a alguna pareja inocente ilusionada?

TODOS: Sí.

JAVI: ¿Y vais a poder vivir con eso?

TODOS: Que sí.

JAVI: Pero bueno, ¿qué clase de personas sois? Tenemos que pelear por nuestras casas, por nuestro futuro. Porque vinimos aquí buscando un sueño y nadie nos lo va a quitar. Es el momento de demostrar que no somos una ＿＿＿＿＿＿ de vecinos peleles. Somos una comunidad. ¿Qué vamos a hacer, ¡vender y ＿＿＿＿＿＿ como ratas asustadas!? ¿¡O quedarnos y luchar juntos defendiendo nuestros hogares?!

© Telecinco en colaboración con Alba Adriática

 PASO 2: En grupos pequeños, comparen sus respuestas del paso anterior y luego discutan las preguntas que siguen sobre las situaciones que se plantean en los fragmentos de diálogo del **Paso 1.**

1. En el fragmento de diálogo #1, algunos vecinos acusan a Enrique de ser un político corrupto.

- ¿Crees que hay algo de verdad en las acusaciones de Berta y Maite?

- En vez de defender a su marido, Araceli se limita a decir que ella nunca se ha aprovechado de dinero sucio. ¿Cómo te parece esta reacción de Araceli frente a las acusaciones? ¿Debería haber contestado de otra manera? Explica.

- ¿Qué opinas de la corrupción política actual tanto en tu país como en otros? ¿Hay algún remedio? Explica.

- ¿Alguna vez te has encontrado en una situación similar a la de Enrique donde intentabas defenderte de una acusación? ¿De qué te acusaron, cómo te defendiste, y cómo se resolvió la situación?

2. En el fragmento de diálogo #2 vemos cómo Joaquín contempla la idea de salir en la tele para intentar remediar los daños que sin querer él provocó por lo que le dijo a Esther. "El programa de esos" a que se refiere Eric se trata de un programa de corazón (de prensa rosa).

- ¿Te parece buena idea? ¿Cómo sería recibido Joaquín y cómo reaccionaría la gente al contarles Joaquín la verdad? ¿Es un lugar apropiado / ideal / común para desmentir acusaciones?

- ¿Estás de acuerdo con Eric? ¿Sería una experiencia humillante para Joaquín aparecer en "un programa de esos" y contarles la verdad?

- ¿Qué opinas del hecho de que Joaquín recibiría dinero por aparecer en el programa? ¿Es ético? Según lo que conoces del carácter de Joaquín hasta ahora, ¿piensas que la remuneración es el único motivo que le impulsa a hacer la entrevista televisiva?

© Telecinco en colaboración con Alba Adriática

3. A través del fragmento de diálogo #3 descubrimos el tipo de cursos que Mari Tere e Izaskun planean ofrecer.

- ¿Cómo te parece la oferta de cursos? ¿Tienen Mari Tere e Izaskun los conocimientos necesarios para darlos? ¿Son de utilidad? ¿Para quién(es)?

- ¿Hay personas u organizaciones en tu comunidad que ofrezcan cursos gratuitos? ¿Dónde? ¿De qué temas son?

- Si tuvieras la oportunidad o necesidad de dar un curso a los demás compañeros de tu clase de español, ¿qué les ofrecerías y por qué? ¿Y a los miembros de tu comunidad local?

4. En el fragmento de diálogo #4 vemos como Javi condena el plan de los demás vecinos y propone una táctica alternativa mucho más digna.

- ¿Crees que, como propone Javi, los vecinos podrán trabajar juntos y defender sus hogares? ¿Por qué sí o no?

- Suponiendo que los vecinos poco honestos logren vender sus pisos ilegales, ¿se saldrán con la suya o con el tiempo recibirán su merecido? En tu opinión, ¿cuál sería un castigo apropiado para ellos?

- Imagínate como propietario(a) de uno de los pisos y por consiguiente involucrado(a) completamente en el escándalo inmobiliario. ¿Te pondrías de parte de Javi o de los demás vecinos? Explica.

Aquí se habla así

Antes de hacer las actividades de esta sección, repasa la lista de palabras nuevas y sus definiciones en el **Glosario** de las páginas 225–226.

C. MÁS SITUACIONES

PASO 1: Lee las siguientes situaciones y, consultando el **Glosario** de este capítulo, haz una lista de todo el vocabulario coloquial que se podría usar para responder / conversar.

1. Un hombre corpulento te sigue en la calle y quieres deshacerte de él.

2. Caminas por la calle con un(a) amigo(a) y hay mucho tráfico y ruido.

3. Vas de compras con una amiga y ella se prueba un vestido elegante que te gusta.

4. Un(a) amigo(a) tuyo(a) llama por teléfono a sus padres y les pide que manden $1.000 para su viaje durante las vacaciones de primavera.

5. Tu hermano(a) va a cuidar a los hijos de los vecinos. Los has cuidado tú antes, y se portaron horriblemente. Hablas con tu hermano(a).

6. Tu hermano(a) quiere entrar al cine sin pagar.

7. Estás con un(a) amigo(a) en un coche y los detiene la policía porque las placas del coche están vencidas.

8. Dos ladrones (jóvenes, sin armas) acaban de robarte la cartera. Tú y tu amigo(a) los ven corriendo por la calle.

PASO 2: Compara tus listas con las de un(a) compañero(a), y luego realicen un mini-diálogo para todas las situaciones. Su profesor(a) pedirá que algunos grupos presenten un diálogo para la clase.

D. UN DIÁLOGO En grupos pequeños, escriban un diálogo original, incorporando por lo menos seis expresiones de la sección de vocabulario **Aquí se habla así.** Luego van a representar el diálogo para sus compañeros de clase. Consideraciones:

- La situación debe ser **informal,** ya que el vocabulario es coloquial.
- Para las expresiones que tienen variación dialectal, decidan si van a usar las variantes de España o las de una región latinoamericana. Deben ser consistentes con el dialecto que escojan.

A VER EL VIDEO

🌐 INFORMACIÓN DE FONDO: CULTURA
URLs

El sitio web de *Relaciónate* tiene unos enlaces y términos de búsqueda para ayudarte a empezar. Si tienes amigos hispanos, también puedes entrevistarlos para aprender más sobre algunos de los temas.

Busca información sobre los siguientes temas como preparación para ver el último episodio de *La que se avecina*. Compartirás la información que encuentres con tus compañeros de clase.

- En este episodio se menciona a Pedro Almodóvar. ¿Quién es? En el mismo diálogo también se habla de los Premios Goya, conocidos como los Óscar españoles. ¿Qué sabes de estos premios y de los artistas y profesionales que han sido ganadores?

- El tema del aire acondicionado se trata en este episodio. ¿Qué tiempo hace en Madrid durante el verano? ¿Es común el aire acondicionado? ¿Y en los países de América Latina?

- En 2005, España se convirtió en el cuarto país del mundo en reconocer el derecho de parejas del mismo sexo a contraer matrimonio. Investiga esta legislación. ¿Hay legislación parecida en el estado donde vives? ¿Por qué sí o no? ¿Y en los países latinoamericanos?

- Prolifera la corrupción e interés personal en este episodio y es un tema, desafortunadamente, que casi a diario sale en las noticias. ¿Qué casos específicos de corrupción son temas de investigación y/o discusión ahora mismo en tu comunidad / estado / país? ¿Y en los países de habla española?

Charlemos un poco antes de ver

A. NUESTRAS OPINIONES Habla con tus compañeros de clase sobre las preguntas que siguen, las cuales los ayudarán a prepararse para ver este episodio de *La que se avecina*. Es posible que tu profesor(a) también te asigne uno de los temas para escribir en tu diario de clase.

1. ¿Cómo te informas de lo que sucede en el mundo? ¿Ves las noticias en la tele? ¿Escuchas la radio? ¿Lees el periódico, sitios de Internet, Facebook, Twitter, etc.? ¿Por qué prefieres ciertos medios de comunicación?

2. Se supone que los medios de comunicación deben ser imparciales. En tu opinión, ¿existe rigor e imparcialidad periodística? Explica y justifica tu opinión con ejemplos específicos.

3. ¿Prestas atención a las noticias sobre las celebridades? ¿Por qué sí o no? ¿Qué medios específicos hay en EE. UU. que se dedican a ese tema y cómo son? ¿Cómo se compara la situación de la prensa rosa o prensa del corazón en los países de habla española con la de EE. UU.?

4. ¿Qué entiendes por la no discriminación? ¿Conoces a alguien que haya sufrido discriminación y/o alguna vez has sido víctima de discriminación basada en género, raza, etnia, orientación sexual u otra condición? ¿Qué pasó?

🌐 A ver
Video

Ahora mira el episodio para el **Capítulo 8.**

Comprensión y conversación

B. ¿ENTENDISTE? Decide qué respuesta es la correcta, basándote en lo que viste en el episodio.

1. En este episodio los vecinos se enojan con la constructora porque...
   a. no funciona el ascensor.
   b. se niega a arreglar los desperfectos.
   c. no hay aire acondicionado.
   d. los pisos son más pequeños de lo que se les prometía.

2. Para resolver el problema de las okupas, Joaquín decide...
   a. llamar a un canal de televisión.
   b. apagar su aire acondicionado.
   c. llamar a la policía.
   d. pagarles el alquiler de otro piso.

3. Los Recio dicen que Silvio y Cris tienen que desocupar el piso porque...
   a. vuelve su hijo Álvaro de Irlanda y necesitan más espacio.
   b. vieron al amante de Silvio y ya saben que Silvio y Cris no son novios.
   c. Cris le tira los tejos a Antonio.
   d. no han pagado el alquiler.

4. La mujer con quien Joaquín tiene una cita romántica sale rápido porque...
   a. le cae mal Joaquín por hablar tanto de su hermano.
   b. quiere salir con Sergio.
   c. tiene otro compromiso.
   d. quiere compartir con los medios lo que le dijo Joaquín sobre Sergio.

5. Después de que los medios anuncian que Sergio es homosexual...
   a. Sergio gana popularidad y sube la audiencia de la telenovela.
   b. Sergio pierde su trabajo.
   c. Sergio admite que es cierto.
   d. Sergio aparece en la tele negándolo.

6. Berta está triste porque…

   a. echa de menos a su hijo.

   b. cree que Antonio le pone los cuernos con Cris.

   c. quiere mudarse.

   d. Antonio ha perdido su trabajo.

© Telecinco en colaboración con Alba Adriática

7. Todos los vecinos intentan vender su piso porque…

   a. no funciona la piscina.

   b. no se llevan bien el uno con el otro.

   c. las okupas se niegan a desocupar el piso piloto.

   d. temen perder su piso por ser construido en una zona protegida.

8. Al final, la policía…

   a. obliga a las okupas a desocupar el piso piloto.

   b. sale porque no puede usar violencia contra unas ancianas.

   c. echa a todos los vecinos por ser ilegales sus pisos.

   d. detiene a Antonio por haber entrado sin permiso en el piso de Cris.

C. ¿QUÉ OPINAS? Compartan sus opiniones de las siguientes preguntas.

1. Los vecinos amenazan demandar a la constructora por la falta de aire acondicionado (el cual creían que se incluía en el contrato). En la sociedad estadounidense la gente se preocupa mucho por las demandas. ¿Qué opinan ustedes de las demandas? ¿En qué tipos de situaciones son justificables o hasta necesarias? ¿Y cuáles son algunos ejemplos que consideran innecesarios o hasta ridículos?

2. Mientras Joaquín sufre de muchas presiones, a Eric no le parece afectar el estrés de su trabajo. ¿Por qué será? ¿Ustedes son más como Joaquín o como Eric? ¿Qué les suele causar estrés? ¿Y qué hacen para aliviarlo o evitarlo?

3. Joaquín afirma que "los medios de comunicación controlan la opinión pública". ¿Están de acuerdo? Expliquen sus opiniones.

4. Araceli quiere vender el piso en parte porque prefiere vivir en el centro que en las afueras de la ciudad. Ella dice: "Yo echo de menos vivir en el centro, en un edificio antiguo, sin ascensor, sin zonas comunes, con su patio interior... maloliente... lleno de tendederos con calzoncillos. Que abres la ventana por la noche, está lleno de adolescentes todos borrachos, ¿eh?, con su calimocho (*bebida que se compone de vino tinto y refresco de cola*)...". ¿Qué prefieren ustedes el centro o las afueras? ¿Por qué? Compartan sus opiniones y hagan una lista completa de las ventajas y desventajas de los dos.

5. La relación de hermanos entre Sergio y Joaquín es complicada. Han sido siempre muy competitivos, pero parece también que se quieren. Y al final del episodio, Joaquín se sorprende cuando Sergio lo perdona. ¿Por qué lo ha perdonado tan fácilmente? ¿Les parece verosímil su relación? Si tienen hermanos(as), describan su relación. ¿Son competitivos? ¿Se llevan bien o mal?

6. Javi es el único vecino que se preocupa por la honradez, sintiéndose culpable por intentar vender los pisos a gente inocente que luego tendrá problemas legales y financieros. Los otros quieren vender los pisos cuanto antes para no perder su casa y su dinero. ¿Qué harían ustedes en su lugar?

EXPANSIÓN

1. Diario En tu diario, escribe una entrada sobre tu opinión de los medios de comunicación. ¿Es exagerada la manera en que se retratan en este episodio de la serie o son en realidad tan manipuladores y parciales? ¿Tienen tanta influencia en los eventos que reportan? Explica tus percepciones y experiencias.

© Telecinco en colaboración con Alba Adriática

2. Diálogo Con unos(as) compañeros(as) de clase, van a realizar la escena final de la serie. Imaginen que queda una escena más que le sigue al episodio que acaban de ver. Escriban un guión y practiquen con accesorios, elementos visuales, etc. Luego representarán su escena a la clase.

MEJOREMOS LA COMUNICACIÓN

Vocabulario confuso

To become

ponerse + adjective	*to become / get (sudden, involuntary, and temporary change in emotion, color, behavior, etc.)*	La profesora **se pone** muy enojada cuando llegan tarde los estudiantes.
convertirse / transformarse en + noun	*to become / turn (into something new or different)*	¡La oruga ya se **convirtió** en mariposa! ¡Qué bella!
volverse + adjective	*to become (sudden, out of one's control, somewhat lasting)*	Uy, últimamente mi hijo **se ha vuelto** imposible. ¡Ayer tuvo una pataleta tan fuerte en el súper que me largué de allí!
hacerse + adjective or noun	*to become (more active, controlled change, often with effort or intent)*	Quiero **hacerme** miembro del gimnasio para poder levantar pesas.
llegar a ser	*to become (after a long time and/or much effort)*	Mi hermana por fin va a **llegar a ser** médica este año.
alegrarse, asustarse, enfermarse, etc.	*to become / get (verbs of emotion and change of state)*	**Me asusté** mucho cuando vi una tarántula durante nuestro viaje a Costa Rica. ¡Era grande y peluda!

A. CITAS Escoge el vocabulario que mejor complete cada frase. En algunos casos hay más de una respuesta correcta. Las citas son de todos los episodios de *La que se avecina* que has visto.

1. **ANARQUISTA 2:** ¡Sois un orgullo para el movimiento okupa! Habéis encendido la mecha de la revolución para combatir al estado represor. (**Os habéis convertido en / Os han puesto / Os han vuelto**) el símbolo de nuestra lucha. ¡Las generaciones futuras os recordarán como las madres de la nueva sociedad que está por venir!

   IZASKUN: Hombre, madres a nuestra edad...

2. **ERIC:** La propia palabra lo dice: pre-instalación.

   BERTA: ¡Uy, si se nos (**convierten en / llegan a ser / ponen**) irónicos encima!

3. **REPORTERA 1:** Hola, ¿son ustedes las okupas?

   MARI TERE: ¡Izaskun, la tele! ¡Nos vamos a (**llegar a ser / poner / hacer**) famosas!

4. **NOTARIO:** Y la parte adquiriente se subroga al préstamo hipotecario antes mencionado por la cantidad observada, (**convirtiéndose en / poniéndose / volviéndose**) parte deudora y respondiendo de la misma solidariamente en los términos previstos por el código civil...

   COMPRADORA: ¿Qué es eso?

5. ENRIQUE: Enrique Pastor, concejal de juventud y tiempo libre. Bienvenidos a "Mirador de Montepinar".

FRAN: Donde los sueños (**se ponen / se hacen / llegan a ser**) realidad.

6. ENRIQUE: Ah, pues muchísimas gracias, de verdad. ¿Y cuándo vendrían a llevarse a los animales?

DOÑA CHARO: Que no se van. ¡Son míos!

ENRIQUE: Sí, sí, yo (**me pongo / me convierto en / me hago**) socio de lo que sea. Apunte: Enrique Pastor, calle Ave del Paraíso, número... ¿¡Qué haces!? ¡Era una protectora de animales de Soria; están dispuestos a llevárselos!

7. MARI TERE: Pobre Joaquín. ¿Por qué esperamos siempre a que nos eche?

IZASKUN: Porque (**se pone / llega a ser / se convierte en**) muy gracioso cuando se cabrea.

8. ARACELI: Y dale, ¡que aquí no vive ninguna Fátima!

FRAN: Vivía pero la matamos. ¡Y no llames más, petarda!

BERTA: Oye, niño, tampoco hace falta (**ponerse / hacerse / convertirse en**) grosero, ¿eh?

9. SERGIO: Le dije claramente: "¿Quieres ser mi amiga?" No mi mujer, no mi compañera de cópulas. Mi amiga.

ERIC: Tío, eres el Rey Midas de las relaciones, todo lo que tocas (**se pone / se convierte en / llega a ser**) sexo.

© Telecinco en colaboración con Alba Adriática

10. JAVI: A ver, llenar de agua la piscina cuesta ochocientos euros, y no los tenemos.

LEO: No, y luego está el socorrista, y el cloro. Y el líquido este que (**se pone / se hace / se convierte en**) rojo cuando te haces pis.

11. ENRIQUE: Araceli, es muy pronto para juzgar; el primer encuentro vecinal es como una primera cita: (**te pones / te haces / llegas a ser**) nervioso, sonríes mucho, dices tonterías... Con esta pareja yo creo que nos podemos llevar muy bien.

12. ANTONIO: Mujer, que eso no es un virus. Es vicio a secas.

BERTA: ¿Lo ves? Ya te estás (**poniendo / volviendo / llegando a ser**) como ellos.

ANTONIO: ¡Ay, la virgen!

B. ¿QUIÉN TIENE LA MISMA RESPUESTA? Completa las siguientes frases según tus preferencias y experiencias personales. Luego, para cada frase, busca a alguien que tenga la misma idea que tú y escribe su nombre en el espacio. No repitas ningún nombre.

1. Me pongo rojo(a) cuando _____

   Nombre de otro(a) estudiante: _____

2. Mi meta profesional es llegar a ser _____

   Nombre de otro(a) estudiante: _____

3. Me gustaría hacerme miembro de _____

   Nombre de otro(a) estudiante: _____

4. Me enojo mucho cuando _____

   Nombre de otro(a) estudiante: _____

5. Me preocupo cuando _____

   Nombre de otro(a) estudiante: _____

6. Si me hago rico(a), voy a _____

   Nombre de otro(a) estudiante: _____

7. Me vuelvo loco(a) cuando _____

   Nombre de otro(a) estudiante: _____

8. Me pongo contento(a) cuando _____

   Nombre de otro(a) estudiante: _____

9. Si pudiera convertirme en "Superhombre" o "Supermujer", yo _____

   Nombre de otro(a) estudiante: _____

10. Cuando me pongo enfermo(a), _____

    Nombre de otro(a) estudiante: _____

Gramática

Práctica comunicativa con el **se** impersonal / pasivo y la voz pasiva con **ser**

C. EN CONTEXTO Lee las siguientes citas, que son del episodio que acaban de ver, y para cada cita:

    a. Subraya el ejemplo del **se** impersonal / pasivo o de la voz pasiva con **ser.**

    b. Explica por qué se usa la voz pasiva en vez de la voz activa.

    c. Traduce el ejemplo al inglés.

    d. Identifica qué personaje(s) habla(n) en cada escena y la situación en la que lo dice(n).

© Telecinco en colaboración con Alba Adriática

1. —Enrique, colocamos esto fuera y ya está. Es un gesto que puede cambiar nuestras vidas. La felicidad son dos palabras: se vende.

2. —Soy Joaquín Arias, un humilde comercial de esta constructora, y lo único que quiero es que se haga justicia y echen cuanto antes a estas señoras para que podamos seguir vendiendo pisos.

3. —Enrique Pastor, concejal de juventud y tiempo libre. Bienvenidos a "Mirador de Montepinar".
   —Donde los sueños se hacen realidad.

4. —Es que hemos estado investigando. "Mirador de Montepinar" fue construido sobre un terreno declarado Paraje Agrario Singular de protección especial en el plan de ordenación urbana. Al parecer los terrenos fueron recalificados de forma muy sospechosa.
   —Ah, ¿y eso es grave?
   —Hombre, si el delito se confirma un juez podría ordenar el derribo del edificio. No sería la primera vez.

5. —Debido a la ilegalidad del inmueble se recomienda a los señores propietarios vender sus viviendas antes de cuarenta y ocho horas para evitar descalabros económicos.

6. —Vosotros lo tenéis peor. El mío es de un dormitorio, que son los que más rápido se venden.

7. —Detrás de esa pared tenéis el motor del ascensor, ¿eh? ¡Ojo! Cla-clá pa' arriba, cla-clá pa' abajo, cla-clá, cla-clá, cla-clá... un jaleo a tener en cuenta.
   —Que no se oye. Si está muy bien aislado.

8. —No, no, no. A ver, el... el abogado dice que necesitamos pruebas para echarla, y... y no tenemos pruebas de que haya estado realquilando la habitación al cubano.
   —Pues se consiguen, Antonio. Ahí no se pueden quedar.

9. —Aquí se está dando una versión adulterada de los hechos y se está poniendo en cuestión la honradez y la reputación de la empresa a la que represento.
   —¿Pero es cierto que un empleado de la constructora intentó sacar a las señoras del piso armado con una motosierra?
   —La... la única verdad es que esas señoras han ocupado una propiedad que nos les pertenece. De hecho, y después de haber estudiado todos los informes que obran en su poder, el juez nos ha dado la razón y van a ser desalojadas por las fuerzas de orden público.

10. —Lo siento, se han suspendido los cursos.

11. —Perdonen, no se puede pasar.

—¿Pero no hemos quedado que no se puede poner armarios en el rellano?

12. —Por tanto, yo el notario doy fe de que el consentimiento ha sido libremente prestado y que el otorgamiento se adecúa a la legalidad y a la voluntad debidamente informada de todos los intervinientes.

© Telecinco en colaboración con Alba Adriática

D. LA VOZ ACTIVA ® LA VOZ PASIVA Traduce las siguientes frases utilizando (1) **se** y (2) **ser.**

1. Los periódicos publican muchos artículos parciales.

2. Los vecinos colgaron carteles anunciando la venta de los pisos.

3. Todos perderán dinero si el gobierno decide que son ilegales.

4. Las okupas ofrecieron clases de pintura y de tai chi.

5. Una revista anunció que Sergio era gay.

6. La reportera entrevista a los residentes del edificio.

E. ADIVINEN EL LUGAR El (La) profesor(a) le va a asignar a su grupo un lugar. Utilizando el **se** impersonal o el **se** pasivo, escriban una lista de las actividades que se hacen en ese lugar. Luego van a compartir su lista con la clase, y la clase adivinará cuál es el lugar.

Pronunciación
El enlace y la diptongación entre palabras

Al contrario del inglés, en español la división entre palabras no siempre se respeta en el habla. Si una palabra termina en consonante y la palabra siguiente empieza con vocal, estas se combinan para formar una sílaba. Este proceso se llama **enlace.** La frase "Mis amigos van a viajar al este" se silabifica: **mi-sa-mi-gos-va-na-via-ja-ra-les-te.** Los ejemplos de enlace están subrayados.

En español los diptongos también se forman entre palabras. Si una palabra termina o empieza con una vocal débil (**i** o **u**) átona (sin acento tónico) y la palabra anterior o posterior termina o empieza con vocal, se combinan para formar una sola sílaba. Por ejemplo: **la imaginación** se silabifica **lai-ma-gi-na-ción; mi amigo** es **mia-mi-go; su abuela** es **sua-bue-la** y **se utiliza** es **seu-ti-li-za.**

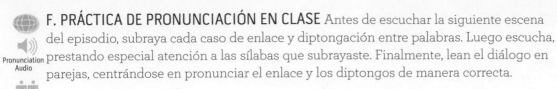

F. PRÁCTICA DE PRONUNCIACIÓN EN CLASE Antes de escuchar la siguiente escena del episodio, subraya cada caso de enlace y diptongación entre palabras. Luego escucha, prestando especial atención a las sílabas que subrayaste. Finalmente, lean el diálogo en parejas, centrándose en pronunciar el enlace y los diptongos de manera correcta.

Pronunciation Audio

RAQUEL	Aquí se está dando una versión adulterada de los hechos y se está poniendo en cuestión la honradez y la reputación de la empresa a la que represento.
REPORTERA 1	¿Pero es cierto que un empleado de la constructora intentó sacar a las señoras del piso armado con una motosierra?
RAQUEL	La... la única verdad es que esas señoras han ocupado una propiedad que no les pertenece. De hecho, y después de haber estudiado todos los informes que obran en su poder, el juez nos ha dado la razón y van a ser desalojadas por las fuerzas de orden público.
REPORTERA 1	¿La constructora piensa dejarlas sin hogar?
RAQUEL	Insisto en que no es un hogar, es un piso piloto. Por supuesto, no somos insensibles a su drama y estamos dispuestos a encontrarles una residencia en la que las traten como se merecen.
REPORTERA 1	Gracias.
RAQUEL	De nada.
REPORTERA 1	Hemos hablado con Raquel Villanueva, la directora comercial de la constructora que va a poner en la calle a estas pobres ancianas. No os perdáis mañana a las seis nuestro especial "Ladrillos y chanchullos" desde "Mirador de Montepinar".

© Telecinco en colaboración con Alba Adriática

© Telecinco en colaboración con Alba Adriática

Estrategias conversacionales
Invitar y aceptar o rechazar una invitación

¿Te apetece dar una vuelta por la pecera?

© Cengage Learning 2014

Expresiones para invitar	Ejemplos
¿**Quiere(s) (quedar para)**...?	¿**Quieres quedar para** tomar un café mañana?
¿**Quedamos para**...?	¿Qué tal si **quedamos para** ir al centro esta noche?
¿**Te (le, les, etc.) apetece / interesa**...?	Mira, Sandra, ¿**te apetece** salir a bailar el sábado?
¿**Qué te (le, les, etc.) parece**...?	¿**Qué les parece** si vamos al festival de música este fin de semana?
Te (le, les, etc.) invito a...	**Te invito** a tomar una copa esta noche.
¿**Te (le, les, etc.) gustaría / apetecería / interesaría**...?	Buenos días, doña Rosa, ¿**le gustaría** acompañarnos al parque esta tarde?

Expresiones para aceptar	Ejemplos
me encantaría	Sí, sí, **me encantaría**. ¿A qué hora quedamos?
claro (que sí) / por supuesto / cómo no	Sí, **cómo no**. Gracias por la invitación.
vale / venga / está bien	**Venga,** pues, nos vemos esta noche.

Expresiones para rechazar	Ejemplos
Me gustaría, pero (no puedo porque)...	**Me gustaría, pero** he quedado con mi hermana para ir al centro.
Lo siento, pero...	**Lo siento, pero** ya tengo planes para esta noche.
(Muchas) Gracias, pero...	**Gracias, pero** no puedo porque tengo que trabajar.

G. ESCENAS ¡Los personajes de *La que se avecina* han hecho muchas invitaciones durante esta temporada! Lee las siguientes escenas que vienen de los episodios de la serie que has visto en los **Capítulos 1–8**. Subraya todas las expresiones que se usan para invitar y para aceptar o rechazar una invitación y luego considera:

- ¿Cuál es la expresión que se usa para invitar o responder? ¿Se acepta la invitación?
- ¿Es formal, informal o íntimo el contexto?

1. **CRIS:** ... Y ahora, ahora tengo que vender la casa, con todos los muebles... está tan bonita...
   FABIO: Un segundito.
   SANDRA: ¿Quieres tomar algo?
   CRIS: Me da igual...

2. **IRENE:** Encantada, señora. A ver si quedamos un día y tomamos café.
   IZASKUN: Vale, así te cuento cosas del niño, que tiene tela.

3. **RAQUEL:** Esta noche si quieres cenamos en mi casa.
   SERGIO: Venga.

4. **SERGIO:** ¡Qué sorpresa! Ay, qué pesados los clientes: que si la piscina era pequeña, que si no hay papeleras... Ven, te invito a un desayuno romántico.
   DIANA: Si estás muy liado, quedamos luego, ¿eh?

5. **SERGIO:** ¿Rebeca? Hola, ¿qué tal?, soy Sergio Arias. Oye, ¿te apetecería quedar para tomar un café...? ¿Hola?

6. **FRAN:** Oye, ¿qué hacemos luego? ¿Quedamos para tomar algo?
   ÁLVARO: Vale.

© Telecinco en colaboración con Alba Adriática

© Telecinco en colaboración con Alba Adriática

7. **SERGIO:** ¡Zulema! ¡Hola, hola! Soy… soy Sergio Arias, ¿te acuerdas? Sí, sí, nos enrollamos en una fiesta en primero de B.U.P., sí. Estaba yo pensando a ver si podíamos quedar, pues, para tomar un café y hablar de nuestras co… Nooo, no, no, pero mujer, no, pero no me llores, no, Zulema, no me, no me…

8. **SERGIO:** Oye, Raquel, ¿te apetece venir conmigo a tomar un café y hablar así en plan amigos? ¿eh?

   RAQUEL: Sergio, eres el tío más inmaduro, imbécil y misógino que he tenido la desgracia de conocer en toda mi vida.

9. **CRIS:** Bueno, yo… ya me voy a ir yendo, ¿eh? Hale.

   LEO: ¿No quieres…? Cuando te planche la ropa te la acerco, y por la tarde si quieres, pues no sé, vamos al cine, o… o damos un paseo y te invito a una horchata…

   CRIS: Hablamos, ¿eh? Ya…

> En España, la horchata (en valenciano, orxata de xufa) es una bebida refrescante (también postre), que se prepara con agua, azúcar y chufas. Las chufas son unos pequeños tubérculos que vienen de las raíces de la juncia avellanada (*Cyperus esculentus*) que se llama así por la forma de su fruto, parecido a la avellana.

10. **CRIS:** No, espera. Ah… ¿Quieres tomar algo?

    AMADOR: ¿Cómo?

    CRIS: Que somos vecinos y casi no nos conocemos. Como soy alquilada no puedo ir a las juntas.

    AMADOR: Eh… Bueno, venga.

    CRIS: ¿Qué te apetece?

    AMADOR: No sé, algo *light*, que llega el veranito y hay que marcar… ¡chocolatina!

11. **ALFONSO:** Claro que sí. Por cierto, ¿te apetece que vayamos a tomar una copita a algún sitio para… celebrar el acuerdo?

    ANTONIO: ¿Ah? Bueno… eh… voy a llamar a mi mujer que si no se preocupa la pobre.

12. **JOAQUÍN:** ¡Oye! ¡Oye, oye, qué te iba a decir, qué te iba a decir!… ¿Quieres subir a ver las estrellas?

    ESTHER: Mañana te llamo.

H. ¡INVITÉMONOS! Trabajarán en parejas para invitar y aceptar / rechazar las invitaciones. Realicen las situaciones que siguen, turnándose para que los (las) dos puedan invitar y responder. También varíen sus respuestas para usar vocabulario diferente. Luego el (la) profesor(a) pedirá que algunos estudiantes compartan una situación con la clase.

1. Un(a) amigo(a) invita a otro(a) al cine.
2. En una fiesta universitaria, una persona invita a la otra a tomar un café.
3. Una persona invita a su jefe(a) a una cena en su casa.
4. Un(a) estudiante invita a su profesor(a) a su fiesta de graduación.
5. Un(a) amigo(a) invita a otro(a) a su casa para estudiar.
6. En una disco, un(a) desconocido(a) invita a un(a) muchacho(a) a bailar.

Kzinon/Shutterstock

bikeriderlondon/Shutterstock.com

StockLite/Shutterstock.com

Andresr/Shutterstock.com

MÁS ALLÁ

LECTURA CULTURAL
Los medios de comunicación

Antes de leer

A. EL PODER MEDIÁTICO

En el episodio de *La que se avecina* que viste en este capítulo, la manipulación y el poder de los medios de comunicación se ven tanto con la situación de las okupas como con el tema de la orientación sexual de Sergio. En esta sección vamos a tratar más a fondo el tema de los medios de comunicación. A continuación vas a leer una entrevista con Unai Aranzadi, un periodista español, en la cual él comenta y critica el poder y la manipulación de los medios de comunicación, entre otros temas.

Reprinted by permission of Unai Aranzadi

PASO 1: Antes de leer la entrevista, considera las siguientes preguntas.

1. Lee el título de la entrevista y las preguntas que se le hacen a Aranzadi y luego haz predicciones sobre el contenido de la lectura. ¿Por qué se sentirá "incómodo" Aranzadi? ¿Cuáles serán sus críticas de los medios de comunicación?

2. ¿Qué sabes de los siguientes temas? Haz una investigación en la red para aprender más.
   - La historia de la libertad de prensa en España (y específicamente, en el País Vasco)
   - El golpe de estado / la situación política actual de Honduras
   - La guerra en Somalia
   - La situación política actual de Venezuela (y Hugo Chávez)
   - El conflicto armado de Colombia

PASO 2: Ojea las preguntas de comprensión que siguen a la lectura para ayudarte a comprenderla.

A leer

B. ¡INFÓRMATE! Ahora lee la entrevista sobre los medios de comunicación.

Unai Aranzadi, "incómodo" periodista de guerra y utopías

Karlos Zurutuza and Unai Aranzadi

AFP/Getty Images

Gaza, Somalia, Chechenia, Irak, Afganistán... Unai Aranzadi (Getxo,* 1975) trabaja en lugares de los que la mayoría lucha por huir. [...] Al Jazeera, BBC o CNN son algunos de los medios de los que se ha servido para acercarnos visiones de las que muchos prefieren apartar la vista. [...] Le hemos pedido a Unai que nos hable desde las tripas[1] de una profesión, la de periodista de guerra.

Vice: Llevas metiéndote en fregados[2] muy serios desde los 20 años, ¿cómo y por qué te dio por ahí?

Unai Aranzadi: Siempre quise ser reportero especializado en guerras, desde mi adolescencia. Era un sueño, una obsesión. [...] Yo en un principio miraba este oficio como una posibilidad de viajar y vivir la historia en primera persona, pero luego me asqueé[3] de esta visión egoísta y equidistante, y descubrí que donde encontraba más fuerza, más verdad y más motivos para informar, era en la utilización de la herramienta comunicativa para precipitar el cambio social en el mundo. [...]

¿Eres un "paracaidista" que salta de guerra en guerra o prefieres currártelo[4] con más tiempo?

He saltado de guerra en guerra durante años, aunque ya lo hago menos. Prefiero acercarme a ellas de otra manera, menos superficial. A lo colonial que ha sido siempre este oficio, hoy se le suma lo turístico. Hordas de muchachos y muchachas europeos, japoneses y estadounidenses con un equipo carísimo y sin necesidad real de publicar, recorren los sufrimientos que el *status quo* mediático les ha sugerido denunciar como si de un deporte de riesgo se tratara. Yo tiendo a huir de los escenarios por los que se mueve la prensa más oportunista. Elijo las historias de las guerras que deben ser contadas y no acepto que el poder económico que paga por historias determine qué historias cuento. [...]

[1] honestamente [2] líos, problemas [3] sentí repugnancia [4] trabajar duro
*Getxo en euskera (o Guecho en castellano) es el nombre del pueblo en el País Vasco, España, donde nació Unai Aranzadi en el año 1975.

Recientemente has rechazado ofertas de trabajo de grandes cadenas de televisión; dicen que estás loco, que el clima de Estocolmo te está agriando[5] el carácter...

Ja, ja, quizá estoy loco, pues creo que he sido el único reportero que ha pasado por la CNN española, y en plena crisis. Tras un largo viaje como enviado especial cubriendo desastres en África, les dije: "No me ha gustado la experiencia de hacer periodismo para vuestra televisión". Así han sido varias oportunidades desechadas en medios de mucho poder. [...]

Respecto a mi fama de crítico, sé que la tengo y lo curioso es que a los lectores les gusta, pero no a los periodistas. Eso dice mucho del daño hecho por la prensa, de lo corporativistas que son, de su prepotencia y del divorcio existente entre ellos y el pueblo. La crítica a este cuarto poder está muy mal vista y aún mas si se hace desde dentro del oficio. Esto sucede también en mi país de residencia, Suecia, pero mucho menos. [...] Un dato comparativo. España tiene regulada una relativa libertad de prensa desde 1978, y Suecia desde 1766; es decir, nos llevan literalmente mas de dos siglos de ventaja. Son 200 años discutiendo en democracia, rompiendo muros y abriendo mentes. Si bien obviamente esta democracia no es perfecta, como periodista oficialmente acreditado aquí me siento mucho más libre para pensar, crecer y expresarme que en el País Vasco, por ejemplo. Digamos que en Suecia la caverna mediática y la persecución de las ideas no existe. Luego también está la forma de hacer las cosas. Un reportaje de televisión español —cuando los hay— no contiene un plano de más de 3 segundos, son pura histeria... Para evitar que la gente cambie de canal, tienen un ritmo frenético que casi no permite pensar al espectador. En la SVT* sueca o la NRK noruega, además de producir docenas de grandes documentales al año, lo hacen sin caer en sensacionalismos, respetando al sujeto de la historia y al consumidor de esta. Si una explicación requiere un total (plano continuo) de un minuto, pues se mete. Eso no lo he visto yo ni cuando trabajaba en el elitista Canal Plus. [...]

¿Por qué oímos hablar de Libia pero apenas de Chechenia o Colombia? ¿Quién decide la importancia de un conflicto?

En Occidente, el Poder dice a la clase periodística qué conflicto se ha de cubrir y cuál no, pagando por lo que quiere y no pagando por lo que no quiere. En un sistema-mundo en el que todo depende del dinero, esa es su forma de censurar ciertos temas o conflictos. Su criterio no responde casi nunca a una urgencia humanitaria como pretenden vender. Eso es una mentira contrastable. Su criterio responde a la agenda de intereses de Washington y Bruselas. Sí, vale, en este "mundo libre", del "libre mercado", tú puedes montar una agencia con otros colegas y viajar a donde quieras con tu cámara. Eres todo lo "libre" que tu cartera te permita y si puedes pagarlo lo haces, pero luego nadie de los medios que pueden asumir esos costes pagará por el reportaje. Ese es el mecanismo censurador del latifundio[6] mediático y eso es lo que lo hace totalmente político, además de mercado. [...]

¿Un minuto de vídeo desde Somalia vale lo mismo que uno desde Honduras?

Honduras no vale absolutamente nada en el mercado de las noticias. ¿Por qué? Porque el mercado de las noticias lo llevan unos pocos grupos mediáticos, y "perro no come perro", es decir, habiendo ahora una dictadura de derechas pitiyanki[7], amiga del libre mercado y contenedora del ALBA[8] no conviene sacar a la luz que desde el golpe de Estado se han asesinado a 18 periodistas o que la oposición al régimen de la oligarquía esté siendo semanalmente masacrada. Un rico opositor venezolano o un disidente cubano en huelga de hambre cuentan más para los mercaderes de la información, que docenas de catrachos[9]

---

[5]te está haciendo amargado, irritable, desagradable [6]algo grande que pertenece a un solo dueño [7]que imita/admira de manera servil a EE. UU. [8]ALBA es un canal de televisión comunitaria en América Latina [9]hondureños

*SVT es la empresa de televisión pública de Suecia, NRK es la compañía de radio y televisión pública de Noruega, y Canal Plus es un canal de pago de España.

asesinados. [...] En fin, al menos me queda el consuelo de haber mantenido viva la llama que advertía, "señores de la prensa, algo pasa en Honduras", aunque el coste personal y profesional ha sido grande.

Por el otro lado, Somalia vende como un espacio descontextualizado, es decir, como una historia morbosa de estado fallido tipo *Mad Max* que, por el riesgo que tiene el visitarlo, vende de vez en cuando en los mercados. [...] El mercado te va a retratar Somalia como un excitante bastión de bárbaros, donde, como decía un medio español: "La guerra es parte de su cultura". De nuevo, el periodismo como actor racista y colonial.

Parece que últimamente te has centrado en América (centro y sur). ¿Ya vende eso?

Puede vender mucho. Si vas a Venezuela y haces montajes periodísticos contra Chávez, como han hecho varios reporteros españoles, venderás muy bien. Si vas a Colombia para hablar de las víctimas de crímenes de Estado que se dan, no venderás nada. Es un hecho. [...]

Para terminar, ¿cuál es tu consejo para un periodista que empiece en este mundo? ¿Y para un consumidor habitual de actualidad internacional?

A un periodista que empiece le diría que haga lo que su conciencia le exija, lo que le pidan sus entrañas, que construya su mirada con lo que lleva dentro y no con lo que le impongan de fuera. Sea cual sea, esa será siempre la historia atemporal, esa que siempre será releída por muchos años que pasen.

Al consumidor de noticias le diría que consuma menos prensa y más literatura, cine, política o arte. Hoy en día, el periodismo está peligrosamente sobrevalorado y no ha de ser más representativo de la realidad que cualquier otra forma de expresión. Hay más verdad en un disco de Calle 13* que en todo el grupo PRISA.

Angel Simon/Shutterstock.com

Picsfive/Shutterstock.com

*Calle 13 es un grupo musical de Puerto Rico que suele hacer comentarios sociales a través de su música, mientras que el Grupo PRISA es el primer grupo de España de prensa, radio, televisión, etc.

Después de leer

C. CRÍTICAS DE LOS MEDIOS Lee la lista de críticas que sigue y marca con una **X** las que mencionó Aranzadi en la entrevista.

1. _____ Los intereses de los gobiernos y los políticos poderosos determinan qué temas se reportan.

2. _____ Son demasiado pesimistas los reportajes sobre la guerra.

3. _____ Los reportajes de los grandes medios son superficiales y sensacionalistas.

4. _____ Los reporteros son jóvenes que se interesan más por el turismo que por el periodismo.

5. _____ Las historias que se cuentan dependen del dinero que los medios puedan ganar.

6. _____ Los medios populares tienden hacia el colonialismo y el racismo.

7. _____ Hay demasiados reportajes sobre Latinoamérica; se deben cubrir más los eventos del resto del mundo.

8. _____ Unos pocos grupos mediáticos controlan la difusión de información.

9. _____ Los medios son demasiado liberales e izquierdistas.

10. _____ Los intereses capitalistas, del libre mercado, controlan los medios.

D. VAMOS MÁS A FONDO Ahora comparte tus ideas y experiencias con tus compañeros de clase, analizando de manera más profunda los temas tratados en la lectura.

1. ¿Están de acuerdo con las críticas de Aranzadi? Usando las respuestas a la Actividad C como guía, comenten qué críticas son las más importantes. Den ejemplos para apoyar sus opiniones. ¿Hay otras críticas de los medios que no se mencionen en el artículo?

2. Aranzadi dice que le motiva la posibilidad de usar su oficio para "precipitar el cambio social en el mundo". ¿Les parece que los reporteros tienen esta capacidad? ¿Qué otros oficios pueden promover el cambio social? Expliquen. ¿Les interesan a ustedes estas carreras?

3. El periodista comenta que "Si vas a Venezuela y haces montajes periodísticos contra Chávez... venderás muy bien. Si vas a Colombia para hablar de las víctimas de crímenes de Estado que se dan, no venderás nada". Expliquen el significado de esta afirmación. ¿Qué / Quién determina si se vende o no? ¿Pueden pensar en otras historias que "se venden" y "no se venden"?

4. Reaccionen a este comentario: "Hoy en día, el periodismo está peligrosamente sobrevalorado y no ha de ser más representativo de la realidad que cualquier otra forma de expresión". ¿Están de acuerdo? Si no son confiables los medios de comunicación, ¿cómo podemos informarnos de lo que pasa en el mundo?

jocic/Shutterstock.com

EXTENSIÓN
VOCES DE LATINOAMÉRICA

Video

Los medios de comunicación

E. OTRAS OPINIONES

PASO 1: Ahora mira los videos del sitio web de *Relaciónate* para aprender más sobre los medios de comunicación desde la perspectiva de gente de varios países latinoamericanos. Luego completa las actividades que siguen.

PASO 2: Copia la siguiente tabla y llénala con la información que dan los hablantes. Luego contesta las preguntas que siguen.

Nombre y país de origen	Medios de comunicación que usa (y que se usan en su país)	Categorías de noticias que le importan	Opinión de los medios (¿Confía en ellos?)

1. ¿Notas algunas semejanzas entre lo que dijeron varios de los hablantes sobre los medios de comunicación en sus países? ¿Y diferencias? Si entrevistaras a estudiantes de tu universidad o gente de tu edad de tu comunidad, ¿crees que tendrían respuestas semejantes o diferentes? ¿Por qué?

2. ¿Estás de acuerdo con las opiniones de los hablantes? Explica.

3. ¿Te sorprendió algo de lo que dijeron los hablantes? Explica.

4. Si pudieras hacerle una pregunta a una de las personas, ¿cuál sería?

F. TU PROPIO VIDEO Ahora graba tú un video sobre los medios de comunicación, usando los videos de "Voces de Latinoamérica" como modelo. Tu video debe durar solo 2–3 minutos y debe incluir lo siguiente:

1. ¿Cómo aprendes sobre lo que pasa en el mundo, tu región, etc.? ¿del periódico, de la televisión, de la radio, en Internet, etc.? ¿Por qué usas esas fuentes (en vez de otras)? ¿Crees que eres "típico(a)" en cuanto a tu uso de los medios de comunicación?

2. ¿Qué tipo de noticias te importa más (internacional, nacional, regional, deportivo, de prensa rosa, etc.)? Explica.

3. En EE. UU., ¿crees que confía la mayor parte de la población en los medios? ¿Te parece que hay mucha manipulación o engaño por parte de los medios de comunicación? Explica tu opinión.

GRABACIÓN

GLOSARIO

VOCABULARIO

Para ver otra vez la lista de abreviaturas, ve a la página 26 del **Capítulo 1.**

afín (afines) (adj.)   afinidad (similares caracteres, gustos, etc.) entre dos o más personas: *Espero que nuestros hijos tengan gustos afines.* **OJO:** se emplea más en plural con el mismo significado que en singular.

aterrizaje (m.)   acción de aterrizar, o sea cuando los aviones o sus pasajeros toman tierra: *Papá, acabo de ver el aterrizaje del vuelo de Juan. Te llamaré cuando estemos en el coche en ruta a casa.* **OJO:** en el episodio se emplea la palabra **aterrizaje** para referirse a la bajada (caída) del mercado inmobiliario.

cadena (f.)   canal de televisión: *La serie "La que se avecina" se emite en la cadena de televisión española Telecinco.*

calumnia (f.)   acusación falsa, hecha con malicia para ocasionar daño: *Muchos famosos se quejan de la llamada "prensa rosa" o "prensa del corazón" que según ellos se dedica a la calumnia con el fin de vender.*

calzoncillo(s) (m.)   ropa interior masculina cuyas perneras (la parte que cubre cada pierna) pueden variar de longitud: *A mi hijo le encantan los calzoncillos nuevos que le compré porque son de su dibujo animado favorito.* **OJO:** se emplea más en plural con el mismo significado que en singular.

descalabro (m.)   dificultad, adversidad, daño o pérdida: *La universidad sufrió un descalabro tras la repentina dimisión de su rector.*

desmentir (tr.)   revelar la falsedad de algo hecho o dicho: *El abogado defensor desmintió las acusaciones y dijo que no era su cliente el que conducía el coche involucrado en el terrible accidente.*

despedir (tr.)   echar a una persona de su trabajo o prescindir de los servicios de algo o alguien: *Esta mañana han despedido a tres empleados del mismo departamento.*

encajar (intr.)   coincidir, concordar: *Lo que acabas de añadir a tu composición no encaja con la tesis principal; por lo tanto, lo tendrás que volver a pensar y redactar.*

escombro (m.)   conjunto de desechos que quedan de una obra, de un edificio derrumbado o de una mina: *Los equipos de rescate encontraron a un niño entre los escombros del edificio.* **OJO:** es más común emplear la palabra en plural.

fugarse (prnl.)   escaparse, huir: *Los guardias capturaron a los dos presos que intentaron fugarse de la cárcel.*

huir (intr.)   alejarse rápido, debido a miedo u otro motivo, de personas, animales o cosas y así librarse de un mal, disgusto o molestia: *Los presos de la cárcel huyeron por un túnel cavado por ellos mismos.*

indigente (adj., com.)   pobre, necesitado; persona falta de recursos para alimentarse, vestirse, etc.: *El ayuntamiento local acaba de aprobar fondos para la apertura de un centro de refugio para indigentes.*

inscripción (f.)   acción y resultado de inscribir(se) o registrar(se), o sea, de poner el nombre de una persona en una lista para un objetivo concreto: *Se anunciarán los plazos de inscripción para los programas de estudio en el extranjero el lunes que viene.*

involucrar (tr.)   implicar a alguien en un asunto, comprometiéndolo en él: *El delito financiero involucra al actual presidente de la empresa.* (También prnl.)

juerguista (adj., com.)	apasionado a las juergas y al entretenimiento: *Sé que eres juerguista por naturaleza, pero no todo en la vida es fiesta. Madura, por favor.*
mariscada (f.)	(Esp.) comida formada primordialmente por marisco cuantioso y variado: *Si vienes a Galicia, te llevaré a mi restaurante favorito para que pruebes su famosa mariscada. Está riquísima.*
matrícula (f.)	acción y resultado de inscribir(se) o registrar(se): *Hay hasta tres meses de plazo para pagar la matrícula del curso.*
mirilla (f.)	agujero en la puerta de una casa que da al exterior que se emplea para ver quién llama: *Antes de abrir la puerta, mira por la mirilla para ver quién es.*
negarse (prnl.)	no querer hacer algo: *Me niego a participar en tu absurdo plan.*
panda (f.)	grupo de amigos: *Este fin de semana voy a ir de copas con mi panda.* pandilla (f. desp.) grupo de personas que se forma para hacer daño
porrazo (m.)	golpe que se da utilizando una porra (palo que tiene un extremo en forma de bola) u otro objeto: *El policía paró con un porrazo al motociclista que huía de la escena del accidente.*
portavoz (com.)	persona que tiene la autoridad para hablar en nombre de otra persona o grupo, compartir información y contestar a ciertas preguntas: *Alicia fue nominada como portavoz del comité de padres de la escuela primaria.*
rebajar(se) (tr.)	degradar, humillar, subestimar: *Sara, no te rebajes tanto por ese chico. Tú vales mucho más.* (También prnl.)
renegar (intr.)	rechazar y negar alguien su religión, creencias, raza, familia, etc.: *Muchos jóvenes reniegan de la religion católica.*
retortijón (m.)	dolor de estómago o vientre muy agudo y repentino: *Anoche no pude dormir; tenía unos retortijones terribles.*
revista del corazón (f.)	revista que presenta información sobre la vida de los famosos: *A mi madre le encantan las revistas del corazón. Las compra todas las semanas.*
revuelo (m.)	conmoción, trastorno, confusión: *La llegada de la estrella de pop inglesa causó un gran revuelo en la capital.*
rueda de prensa (f.)	charla que una celebridad mantiene con un grupo de periodistas: *La actriz ganadora del Óscar presentará su nueva película en una rueda de prensa esta tarde.*
soborno (m.)	dinero, regalo o cualquier cosa que se da para conseguir un favor, normalmente inmoral o ilegal: *El gobernador fue acusado de aceptar sobornos de la empresa petrolera.*
trepar (intr.)	subir a un lugar difícil o alto con la ayuda de las manos y los pies: *El gato trepó por el árbol para cazar a los pájaros.* (También tr.)

AQUÍ SE HABLA ASÍ

Para ver otra vez la lista de abreviaturas, ve a la página 26 del **Capítulo 1.**

andar(se) con ojo (loc., col.) — tener cuidado: *Ándate con ojo, que por ahí ha habido varios asaltos.*

¡a por ellos! (interj.) — (Esp.) exclamación que anima a alguien a alcanzar, atrapar o atacar a otros: *¡A por ellos! ¡Que han robado nuestro balón!*

colar(se) (prnl., col.) — entrar sin permiso, a escondidas: *No te cueles en el cine, Pepe, que te pago el boleto si tú no puedes.*

cuco(a) (adj., col.) — (Esp.) bonito, mono, lindo: *¡Qué cuca es la nueva novia de Beto! ¿La has conocido?*
- chilero — (Guat.)
- chulo, curiosito — (Méx.)
- de alante alante — (Pan.)

desfachatez (f., col.) — desvergüenza, descaro: *¿Sabes qué me pidió Valeria? Que le preparara el pastel para su fiesta. ¡Y ni me ha invitado! ¡Qué desfachatez!*

despotricar (intr., col.) — criticar fuertemente, sin reparo: *Mi novio no deja de despotricar contra su compañero de cuarto. Uy, pero qué fatal se llevan ellos.*

(un) dineral (m.) — mucho dinero: *Creo que ellos deben de haberse gastado un dineral en ese coche. Es bonito, pero uy, ¡qué caro!*

hacerse el (la) tonto(a) (loc., col.) — fingir que no se sabe algo: *¿Qué crees? Si me hago el tonto sobre el examen, ¿la profesora me dejará que lo haga mañana?*

jaleo (m., col.) — (Esp.) tumulto, alboroto, confusión: *¡Qué jaleo! Hasta que terminen de construir ese nuevo edificio no voy a tomar esta ruta.*
- chongo — (Pe.)
- conventillo — (Arg.)
- crical, revolú — (P.R.)
- jelengue — (El Sal.)
- merequetengue — (Guat., Méx.)
- zaperoco — (Col., C.R., Pan., Ven.)

¡jolín! (interj.) — (Esp.) muestra de asombro, enojo o admiración: *¡Jolín, pero qué frío hace!*
- alagrán — (Guat.)
- ay, güey — (Méx.)
- cónchole/cónchale — (P.R., R.D.)
- miércoles — (Col., Pe.)
- pah — (Arg., Ur.)
- y diay — (Nic.)

largarse (prnl., col.) — irse: *Pues, lárgate ya, que no te quiero ver más por aquí.*

machote(a) (adj., m., f., col.) — (persona) que tiene características tradicionalmente asociadas con la masculinidad, como valiente: *No te pongas machote conmigo, Julio. No quiero que arriesgues tu vida.*

pataleta (f., col.) — enojo grande, normalmente por parte de los niños (Véase **berrinche** del **Cap. 7**): *Mi sobrino armó una pataleta tremenda ayer cuando mi hermana le dijo que no iban al parque.*

pelele (m., col.) — persona inútil, que se deja manejar por otros: *Qué peleles son esos. El jefe les ha pedido que trabajen este fin de semana y no han dicho ni pío.*

perder el hilo (loc.)	olvidarse de lo que se estaba hablando: *Ay, ya perdí el hilo. ¿Qué te estaba contando?*
por un tubo (loc., adv., col.)	(Esp.) en gran cantidad, excesivamente. *Anoche dormí por un tubo. Esta noche ni tengo que meterme en la cama.*
a la lata	(Col.)
grueso	(Hon.)
que juega garrote	(Ven.)
¡qué fuerte! (interj., col.)	muestra sorpresa, incredulidad o admiración: *¡Qué fuerte! ¿Viste? Que ese tío acaba de pedir la mano de su novia enfrente de todos y ella lo ha rechazado.*
qué tontería (exprs.)	indica que algo es tonto, bobo: *¿Oíste lo que dijo sobre el presidente ese reportero? Qué tontería. Se ve muy claro que es parcial.*
salir pitando (loc., col.)	(Esp.) salir muy rápido, irse corriendo: *No sé quién lo llamó, pero debe de haber sido importante porque salió pitando.*
tener ramalazo (loc., col.)	ser afeminado, con comportamientos o gestos femeninos: *Aunque tiene ramalazo, a Felipe le gustan las mujeres.*
untar (tr., col.)	(Arg., El Sal., Esp.) sobornar: *Intenté untar al policía en vez de pagar la multa, pero no lo aceptó.*
aceitar	(Arg., Pe.)
maicear	(Méx.)
mojar (la mano)	(Chl., Esp., Ven.)
pistiar	(Hon.)
platiar	(El Sal.)
¡la virgen (santa)! (interj.)	(Esp.) expresión que se usa para mostrar sorpresa, disgusto, miedo, etc.: *¡Ay, la virgen! ¿Cómo te atreves a insultarme así?*
ave maría purísima, puñalada	(Méx.)
Dios mío, ay Dios	(Esp., LAm)
Jesús	(Hon.)

ESCRITURA

ARGUMENTAR EL RIGOR E IMPARCIALIDAD PERIODÍSTICA

En este capítulo se trató el tema de los medios de comunicación y expresaste tu opinión con respecto al rigor e imparcialidad periodística que existe hoy en día. Ahora vas a escribir un texto argumentativo sobre este tema de la imparcialidad periodística.

PRIMER PASO: GENERACIÓN DE IDEAS Y SU ORGANIZACIÓN

1. Mira los titulares de noticias de actualidad en varios periódicos del mismo país o países diferentes para encontrar **una noticia particular** que te interese y sobre la cual tengas una fuerte opinión.

2. Ahora, compara las distintas maneras de redactar esa misma noticia empleadas por los diversos periódicos y elige **dos periódicos** que hayan empleado **redacciones contrarias y/o contradictorias.**

3. Lee de nuevo las dos redacciones contrarias y/o contradictorias y haz una lista de las semejanzas (si las hay) y diferencias de opinión, perspectiva, tono, etc. Luego, analiza esta lista para poder formar tu propia opinión sobre la noticia.

4. Piensa en cómo vas a presentar tu texto argumentativo para asegurarte de emplear un tono apropiado para el público al que se está dirigiendo y de elaborar y apoyar los argumentos con base en hechos, evidencias, testimonios, etc. para que sean convincentes y relevantes. También debes asegurarte de refutar las posturas que pueda haber en contra de tu tesis.

5. Organiza tus ideas en un esbozo. Usa el siguiente esquema para ayudarte.
   - Presentar la noticia – emplear las técnicas de descripción y narración para dar información de fondo sobre la situación / el evento / el problema, y plantear la **tesis** (tu postura sobre la noticia bajo discusión).
   - Desarrollar tu argumento —defender con razones y evidencia tu tesis así como rechazar y refutar las posturas contrarias expuestas en los dos artículos sobre la misma noticia.
   - Concluir con una afirmación de la **tesis.**

SEGUNDO PASO: REDACCIÓN

Ahora, escribe el **borrador preliminar** de **450–500 palabras** de tu texto argumentativo. Recuerda que al escribir dentro de ciertos límites, **cada palabra cuenta.**

Consulta el sitio web de Relaciónate para ver una lista de vocabulario útil para escribir una argumentación.

TERCER PASO: REVISIÓN Y PREPARACIÓN DEL SEGUNDO BORRADOR CORREGIDO

Lee tu borrador preliminar de la exposición y evalúa las ideas y el impacto general. Anota secciones que deban ampliarse o reducirse, descripciones que deban refinarse y explicaciones que necesiten más claridad. Luego, léelo de nuevo con un ojo crítico respecto al **contenido, organización** y **vocabulario / gramática.** Mientras estés revisando, escribe anotaciones y correcciones a mano **directamente** en el borrador preliminar. Luego escribe a máquina las revisiones y correcciones que anotaste para poder preparar el segundo borrador corregido. Lleva este borrador a clase para hacer el siguiente paso.

A continuación tienes una lista de verificación para consultar mientras revisas tu borrador preliminar.

Contenido y tono
- ☐ ¿Hay suficiente información para presentar la información de fondo y para apoyar mi tesis y argumentos?
- ☐ ¿Reconozco y he respetado otras posturas y perspectivas que están en contra de las mías y he previsto las preguntas y/u objeciones del lector? ¿Se emplea un tono apropiado (objetivo, con lenguaje educado y refinado)? ¿Se evita el lenguaje ofensivo?

Organización
- ☐ ¿Hay una secuencia lógica: introducción, cuerpo y conclusión?
- ☐ ¿Hay palabras de enlace?
- ☐ ¿Es eficaz la división y organización de ideas en párrafos? ¿Hay párrafos que deban dividirse o reorganizarse?

Vocabulario / Gramática
- ☐ ¿He utilizado un vocabulario variado y descriptivo y he evitado palabras básicas?
- ☐ ¿He empleado una variedad de expresiones para expresar mi acuerdo o desacuerdo?
- ☐ ¿Hay concordancia entre los sustantivos y sus modificadores (fem./masc./sing./pl.)?
- ☐ ¿Hay concordancia entre los verbos y los sujetos?
- ☐ ¿He usado correctamente las estructuras estudiadas en los **Capítulos 1–8**?
- ☐ ¿He revisado la ortografía y la puntuación?

CUARTO PASO: REVISIÓN EN COLABORACIÓN
Intercambia tu segundo borrador corregido con el de otro(a) estudiante y utiliza la hoja que te ha dado tu profesor(a) para ayudar a tu compañero(a) a mejorar su exposición. Él (Ella) hará lo mismo con la tuya.

QUINTO PASO: PREPARACIÓN DE LA PRIMERA VERSIÓN
Primero, lee con cuidado los comentarios y sugerencias de tu compañero(a) de clase en la hoja de revisión en colaboración. Después, repite el **Tercer paso** con la lista de verificación que utilizaste para preparar el segundo borrador corregido. Finalmente, escribe una nueva versión de tu exposición que incorpore las correcciones y los cambios necesarios. Entrégale a tu profesor(a) los siguientes documentos, electrónicamente o una copia impresa, según las instrucciones de tu profesor(a), en este orden: primera versión, hoja para la revisión en colaboración, segundo borrador corregido, borrador preliminar.

Tu profesor(a) te dará sus comentarios sobre tu primera versión. Úsalos para revisar esta versión otra vez y después entregársela a tu profesor(a).